国家自然科学基金资助（61772062），基于网络理论的城市物流供应链协同调拨

U0673681

城市物流管理

王红春　著

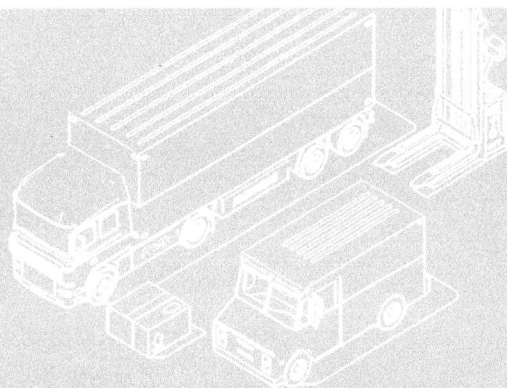

中国建筑工业出版社

图书在版编目（CIP）数据

城市物流管理 / 王红春著 . —北京：中国建筑工
业出版社，2021.6（2022.7重印）
ISBN 978-7-112-26185-7

Ⅰ.①城…　Ⅱ.①王…　Ⅲ.①城市—物流管理　Ⅳ.
①F252

中国版本图书馆 CIP 数据核字（2021）第 098989 号

责任编辑：张智芊
责任校对：焦　乐

城市物流管理

王红春　著

*

中国建筑工业出版社出版、发行（北京海淀三里河路 9 号）
各地新华书店、建筑书店经销
逸品书装设计制版
北京建筑工业印刷厂印刷

*

开本：787 毫米 × 1092 毫米　1/16　印张：17¾　字数：323 千字
2021 年 9 月第一版　　2022 年 7 月第二次印刷
定价：65.00 元
ISBN 978-7-112-26185-7
（36735）

出版说明

随着科技和大规模城市化的发展，产业密度与人口密度的提高，城市物流在城市经济、产业布局和居民生活中发挥了越来越重要的作用。大力发展城市物流对于改进和提高城市经济运行质量，完善城市现代化功能，提升城市综合竞争力，具有十分重要的意义。

本书从城市物流发展的外部环境、城市物流发展模式、城市物流节点竞争力及布局演化、城市物流配送及需求分析等角度分析城市物流发展的问题，并以京津冀为例，提出区域城市物流协同发展的策略。

本书在撰写过程中，王红春教授提供了严谨的写作思路和大纲，并撰写了本书第一章；庞静茹撰写第二章；刘红云撰写第三章；李笑涵撰写第四章；李梦瑶撰写第五章和第六章；吴丹丹撰写第七章；马欣颖撰写第八章；陈杨撰写第九章；第十章由马欣颖和陈杨共同撰写；李梦瑶和吴丹丹负责全书的统稿，吕眹苗和刘帅负责全书的校稿。在此，对参与本书编写的各位表示感谢！编写过程中参阅了较多的国内外文献资料，主要参考文献已列在全书之后。在此，也对国内外有关作者表示衷心的感谢！

由于编者水平有限，书中不妥之处，敬请读者批评指正。

本书适应于从事物流管理、区域经济、城市管理、供应链管理等方向的研究生、科研人员参考使用。

前言

　　城市物流衔接生产、流通和消费，属于中观物流领域，是现代物流的一个重要分支，是城市经济的重要组成部分。随着城市物流需求的快速增长，不断以其广泛的产业关联性、独特的社会属性、显著的外部环境而受到广泛关注。本书共分十章，分别从城市物流发展环境、城市物流发展模式、绩效评价、城市物流竞争力及物流网络协同演化、配送及需求预测、城市物流发展联动效应等方面进行分析和探讨。

　　第一章，对城市物流的起源、概念、特点、意义及理论基础和研究路径逐一进行阐述。

　　第二章，通过探究国内外城市物流的发展现状，进一步研究如何解决目前城市物流存在的发展困境，以及未来的发展趋势，最终以促进整个城市的发展。

　　第三章，主要针对现代城市物流发展环境进行展开。

　　第四章，从物流发展模式出发，分析国内外城市物流发展的典型模式，总结出成功的经验。分析影响城市物流发展模式选择的主要因素，并通过定性和定量相结合的方法来确定影响城市物流发展模式的主要因素，根据主要因素来选择适合各个不同区位、不同经济发展水平城市的物流发展模式。

　　第五章，对城市物流绩效评价进行研究，构建城市物流绩效评价体系，在构建之初，确定评价原则，在整个原则的框架下，进行指标体系的建立，然后对每个指标进行具体解读，并对案例应用进行简单分析。

　　第六章，评价针对城市物流竞争力问题，通过引力模型方法和聚类分析方法对城市物流竞争力进行分析，并以京津冀区域为例，找到京津冀区域有竞争力的物流节点。

第七章，对京津冀地区城市物流网络的特征进行分析，认知该地区城市物流网络现阶段所呈现的结构状态，了解城市物流网络的本质，探索影响京津冀城市物流网络特征形成的影响因素，并以此为基础，构建基于节点吸引力及边权赋值的城市物流网络演化模型。

第八章，分析城市物流配送中的三个问题：配送中心选址、配送路径优化以及配送末端——物流最后一公里。

第九章，介绍几种常用的需求预测，并结合城市物流的预测方法及城市物流需求预测方法的应用，包括一般指标体系和方法的选择并进行对比分析。最后结合京津冀案例，对京津冀城市物流进行需求预测，并对京津冀城市物流发展提供一定的建议与参考。

第十章，分析全球化背景下，城市物流发展联动效应研究。城市物流迅速发展，被誉为促进经济发展的"加速器"、国民经济发展的动脉和基础。城市物流在城市中的迅速发展，对社会、经济、环境要素等产生作用和影响，也将对城市经济结构、产业结构、综合交通、区域物流等产生变化。

目 录
CONTENTS

9

第一章

导　论

　　随着科技和大规模城市化的发展，以及产业密度与人口密度的提高，城市物流在城市经济、产业布局和居民生活中发挥着越来越重要的作用，城市物流的组织与管理越来越引起关注。大力发展城市物流对于改进和提高城市经济运行质量，完善城市现代化功能，提升城市综合竞争力，都具有十分重要的意义。发展城市物流有利于促进区域生产力发展，优化区域生产力布局，改善产业结构，缓解城市就业压力，提高国民综合素质和企业经济效益，进而增强区域经济核心竞争力。本章将对城市物流的起源，城市物流的概念、特点、意义，城市物流研究的理论基础和研究路径逐一进行阐述。

第一节　城市物流问题的提出

　　众所周知，城市集聚了大量的工商企业、市政机构、文化教育机构、居民、道路、公共设施等，这决定了城市是一个区域的经济、政治、文化与生活中心，是商品流通的集散地，也是一个区域的物流中心。随着城市规模的扩大、产业密度与人口密度的提高，城市物流规模与密度也会越来越大，从而使城市物流的组织与管理也显得越来越重要，也越来越复杂。对城市物流进行专门研究，探索与改进城市物流的组织与管理模式，提高城市物流绩效，降低或减少城市物流的外部不经济，是世界各国物流理论界与实业界普遍关心与重视的课题。

一、城市物流的由来

物流最初源自20世纪初时的美国，当时主要有两个观点：一个是在1905年美军少校琼西·贝克提出的logistics概念；另外一个是在1915年美国市场营销学学者阿奇·萧提出的PD（Physical Distribution）概念。而我国的"物流"一词起源于1979年日本的"Logistics"。我国的《物流术语》标准将其定义为："物流是根据需要将一些基本功能有机结合起来，把物品从供应地流向接收地，从而实现用户需求的一种特殊的经济活动。"

城市是人类社会发展到一定阶段的产物，有着深刻的社会经济和历史根源。对于城市的定义有很多种，从社会、经济、政治、地理、生态、军事以及行政等多个方面对城市进行了阐述。经济学家是从城市的经济内涵进行定义，例如，英国城市经济学家巴顿（k. Button）所说，"城市是一个坐落在有限空间内的各种经济市场——住房劳动力、土地、运输等相互交织在一起的网状系统"。从物流的角度说，主要还是物流行业本身以及物流行业在经济社会发展中的资源配置和效率提升的问题。所以，城市物流中的"城市"应采用经济学意义上的城市定义。

马克思和恩格斯曾经在《德意志意识形态》中指出："城市本身表明了人口、生产工具、资本、享乐和需求的集中。"这表明从经济学角度看，城市是工业、商业、信贷的集中地，体现了居住、生产、消费和资金的集中。这种集中体现在物流服务上，就要求在一定的空间里，实现大量的生活物资、生产物资、办公用品流入和大量产品、废旧品流出，这就是实践中城市物流的由来。

二、城市物流的产生

城市物流是指为城市服务的物流，它服务于城市经济发展的需要，指物品在城市内部的实体流动，城市与外部区域的货物集散以及城市废弃物清理的过程，并存在不同的模式、体系和存在形态，与其他形式的物流有一定的区别。运输是物流的主要环节。任何物品，从其生产地至消费地的空间位移都是依靠运输来完成的。传统的运输形态即一般送货由来已久，可以说是随市场而诞生的一种必然行为，特别是伴随着资本主义经济的生产过剩，在买方市场条件下，送货是作为一种不得已的推销手段。从一般送货，发展到以信息技术支撑的城市物流，也就是近20年的事情。可以说，城市物流是有千年历史的送货形式在现代经济社会中的发展、延伸和创新，许多国家甚至到20世纪80年代才真正意识到这点，这种认识的转变具有深刻的社会背景。

1.商业商务的拓展

目前，商业业态正朝着多元化的态势发展，在传统百货商店、综合超市发展的基础上，涌现了一批诸如大卖场、购物中心、便利店、专业超市（食品超市建材超市、家电超市）、折扣店以及网上商店等新型业态。为了使商业企业能迅速、灵活地满足瞬息万变、日益扩张的市场需求，规避传统货运分散、低效的状况，就必须拥有强大的物流支撑系统。同时，伴随金融、信息咨询等商务服务业的迅速壮大，票据、包裹、文件等需要在跨地区、跨城市，乃至跨国界的各个企业、办事机构之间实现及时传递，从而诞生了一批以快件运输为主的城市物流企业。

2.生产观念的转变

随着现代科学技术的迅猛发展，全球经济一体化的日趋加强，生产和流通都面临着前所未有的机遇和挑战，利润越来越少，产品生命周期越来越短，在经济活动中如何能够降低成本提高效率，成为生产和流通企业不懈追求的目标。JIT（Just In Time，及时供货）模式和"零库存"思想起源于美国，由日本企业在20世纪70年代的成功运用而闻名于世，其核心是零库存和快速应对市场变化，这种管理理念对企业经营产生了巨大的影响。JIT生产观念的转变，引发了有效降低企业物流成本的配送中心的需求。

3.信息技术的发展

信息技术是现代物流的基础和灵魂，正是由于信息技术的迅猛发展，才使城市物流成为一种可能。由于配送中心必须随时掌握市场供求状况，进行物资资源和用户需求预测，编制配送计划，进行订货、进货、存货、配货等信息处理，以及对经济活动、配送计划执行情况进行分析，合理确定配送范围，合理选择配送路径等。以上信息的收集和处理，都需要通过计算机信息系统来实现。总之，电子计算机的普及、互联网和条形码技术的普遍应用，不仅提供了更多的需求和库存信息，提高了信息管理的科学水平，也降低了物流成本，大大提高了配送物流的运作效率。

4.交通环保的压力

除了上述经济活动引发出强烈的城市物流需求外，近几年，随着城市经济的加速发展，交通环保方面的压力也是催生城市物流兴起的重要原因之一。传统的城市货物运输是各个零售商分别直接从工厂接受货物，构成蛛网状交叉运输线

路，运输混乱、效率低下，而且占用了大量的道路资源，引发严重的交通问题的同时，大量货运车辆的无序运行还带来了大气污染、交通噪声等一系列环保问题，据统计，大城市的大气污染70%以上是由汽车尾气排放造成的。因而，优化货运车辆的调度、降低运输成本，成为缓解城市交通和环保压力的必然选择。

由此可见，在商业商务拓展、生产观念转变、信息技术发展和交通环保压力等多重因素的影响下，如果还沿用以前的方法"送货"，就会产生一系列的问题：服务质量下降，不能满足客户的要求；大量不合理的运输调度出现，使物流成本难以控制；车辆调度的不合理，使货物运输车辆的出行次数增加、路线增长，从而导致城市交通负担的增加。要解决这些问题，就必须对送货行为进行优化，于是实践上便出现了合理的货物配备、合理的车辆调配、合理的路线规划、合理的配装及送达这些新的内涵，这些新内涵和送货有机结合在一起，便成了现代社会中的城市物流。

第二节　城市物流的定义、概念及特征

一、城市物流的定义

1997年7月，在澳大利亚召开的第一届城市物流国际会议上，日本学者谷口荣一等人将城市物流管理定义为："在市场经济框架下，综合考虑交通环境、交通阻塞、能源浪费等因素，对城市内私有企业的物流和运输活动，进行整体优化的过程"。

唐秀丽等在其编著的《城市物流》（2011年）一书中认为，"城市物流是指物品在城市内的实体流动、城市与外部区域的货物集散，以及城市废弃物的清理等活动。城市物流考虑的是货物在城市内的流动以及在城市外的交换，以城市配送为主。城市物流的任务是合理组织整个城市的物流活动，使其以经济高效的方式，满足人们生产、生活的需要，保障城市运行，是城市运行的物流服务保障系统"。

有些观点认为，城市物流是以城市为主体的，围绕城市的需求所发生的物流活动，不论城市地域范围的大小，物流活动都有共同的属性；还有些观点认为，城市物流是在一定城市规划及其产业政策规制条件下，为满足城市经济发展要求和城市发展特点而组织的区域性物流。

城市物流是指在一定时间和空间范围内，由城市的物流企业、物流工作者、物流设施、物流对象和物流信息等要素构成的具有组织、运行城市物流功能的有机整体。城市物流系统由三大部分构成：物流基础设施平台、物流信息平台和物流政策法规平台。这些由软、硬件技术共同组合而成的三大平台，共同支持城市物流系统中制造、商贸、物流、信息服务等企业运作，完成存储、保管、运输、配送等功能，实现提高整个城市效益和竞争力的目标。

城市是从事物资生产、商品交易、文化交流的集中地，也是各种物品的集中消费地，而且还是大量废弃物的产生地。因此，为了保证城市生产、生活的正常进行，原材料的供应、生产成品的储存、配送以及废弃物的回收处理等一系列活动必不可少，而这些活动都属于物流活动的范畴。城市是物流活动最为活跃的空间场所，然而由于物流本身的发展变化、物流发展途径的差异以及对物流研究角度的不同等原因，目前各国不同的学者对于城市物流的定义也不尽相同。

二、城市物流的概念

日本京都大学的Taniguchi等是较早论述城市物流的学者，他们在1999年对城市物流的定义是："在市场经济中，考虑城市交通环境、交通堵塞和能源消耗，由个体企业全面优化城市区域内的物流和交通行为的过程。"从这个定义可以看出，城市物流是由企业物流所构成，并从城市区域层面考虑交通环境、交通堵塞和能源消耗等社会问题，因此具有明显的社会属性。

后锐等人提出城市物流是依据城市发展的客观需要，区域内的生产要素和产品流动不断进行重组和优化的活动。

我国著名物流专家王之泰在其《新编现代物流学》一书中对城市物流的定义是："城市物流是以城市为主体的，围绕城市的需求所发生的物流活动，不论城市地域范围大小，物流活动都具有共同的属性。"

Behrends S在2009～2013年国际城市物流会议综述中提到，城市是频繁地依靠提供杂货和零售商品，快递给企业和快速增长的送货市场消费的场所，而城市物流越来越被视为客运活动和提升市民生活质量的活动，是城市经济活力的重要组成部分，对现代城市经济的运作至关重要。

Maja Kiba-Janiak在2015年第九届城市物流国际会议综述中提到，城市物流的主要目标是通过实施各种活动来实现可持续性、流动性和提升生活质量。

Mesjasz-Lech A在第二届主题为"绿色城市—绿色物流"的国际会议中提到，

城市物流是城市可持续发展的战略要素，可持续城市物流的主要趋势是供应商、客户和公共行政部门之间的合作。

从上面的定义可以看出，城市物流就是指物品在城市空间内的实体流动。它属于区域物流的概念范畴，是服务于城市经济发展和居民生活需求的物流活动，也是众多企业微观物流向城市之间宏观物流的过渡，具有企业行为和社会行为双重属性。不论城市地域范围大小，物流活动都有共同的属性。随着新型城镇化进程的加快和网络技术的普及，城市物流在基础设施建设、信息化、政策制定等方面的先进经验，将对农村物流体系的发展带来重要启示。

城市配送是城市物流的重要内容，是指在经济合理区域内，根据客户的要求对物品进行加工、包装、分割、组配等作业，并按时送达指定地点的物流活动。城市配送的主要对象为居民生活用品，也包括部分工业品。

随着科学技术和经济的快速发展，新零售、大数据带来的物流需求将成为城市物流发展的新生力量，末端配送的需求量激增，推动了其他各种形式末端配送的全面发展。电商快递、快运专线成为城市物流中规模迅速增长的新业态。

三、城市物流的特征

城市物流是以城市为依托的物流，为城市活动进行服务的物流，在一定约束的条件下，为实现城市商品流通最优化形成的物流活动体系。它具有一般意义上的物流的属性，同时相对增加了"城市"边界，需要在物流涉及的诸多方面"叠加"上地域的限制和城市的属性。与其他物流相比，城市物流的特点归纳起来为以下几点：

1. 城市物流属于中观物流

城市物流属于中观物流领域，介于宏观物流和微观物流之间。城市中的微观物流可以通过城市物流聚集成宏观物流，流通到其他区域，而输入到城市的宏观物流也是通过城市物流分散到城市中，满足城市的需求。城市物流可以看作是众多企业的微观物流向城市之间宏观物流的一种过渡。一方面，城市中大多数企业都拥有大量的物流基础设施，这些也是城市物流基础设施体系的一部分；另一方面，输入城市的宏观物流通过城市物流分解为成千上万的微观物流，而企业输出的微观物流也必须通过城市物流系统才能汇集成输出城市的宏观物流。

2. 物流活动涉及面广、信息量大

从静态来看，城市物流包括了许多城市经济社会发展总体规划的内容，涉及

软件和硬件、宏观和微观、企业和社会方方面面，如重点物流基础设施及重大物流工程项目，包括公路、港口、机场、物流基地和仓库的布局建设等；城市物流信息系统，包括公共信息平台和企业信息平台等；物流政策体系，包括法律法规、行业标准、扶持政策等。从动态来看，城市物流的许多内容是动态的、变化的，包括物流量的动态预测、货物和客流的动态位移、物流信息的动态流动、物流主体的动态培育等。城市是社会经济活动的中心，经济运行速度快，所以物流活动频繁、信息量大，受时节影响，波动幅度也较大。城市物流的实体流动包括企业与个人之间，也包括与外界之间的货物集散。

3.物流节点多、运送批量小、品种多、频率快

城市物流的节点大到包括企业、各类商场、配送中心等，小到每个家庭和个人，节点种类多，分布范围广。城市物流网络就是由这些节点和节点之间的连接共同构成。而且城市物流很大程度上是为最终消费者服务，消费者具有小批量、多品种、高频率的需求特点。

4.运输距离短、主要为公路运输

从较大范围的区域物流来看，物流运输涉及铁路、公路、航空、水运、管道等多种运输方式，而且往往是多种运输方式综合使用。受城市区域的影响，城市物流的运送距离较短，基本上不涉及航空、铁路和远洋运输，主要以公路运输为主。在运输方式上，主要以直线运输、联合运输和中转运输为主。城市物流具有小批量、多品种、高效率、近距离的特点，这决定了城市物流运输工具朝小型化方向发展。

5.受城市发展规划的制约较多

城市建造仓储、配送中心，会受到城市发展规划的限制，对位置要进行相应的调整。城市会制定相应的管制方法。密集分布着各种商业旅游设施、文化体育设施、教育医疗设施、工厂、居民住宅等建筑物及其生产和生活设施，这些都会影响和制约物流网点的布局和路网的选择。此外，物流发展的滞后性，即城市建设一般要先于城市物流的建设，进一步加剧了城市物流的复杂性。

第三节　城市物流与城市经济发展的关系

一、城市物流对城市经济发展的作用

在经济社会的大系统中，流通时间越短，资金流通速度越快，资本的功能发挥越大，资本的生产效率也越高，其自行增值也就越大。因此，在现代社会中城市物流系统运作的效率和水平，对于城市经济活动的效率水平及城市综合经济实力都有着极为重要的影响。根据增长极理论、系统学理论等，一个高效的城市物流系统能促进城市经济社会的快速发展。具体来说，主要体现在以下几个方面。

1. 对城市内部的集聚作用

城市物流系统对城市内部的集聚作用主要体现在两个不同层面上：一是能把城市内各种商品进行集中，这里所说的商品可以是实物的集中，也可以是概念的集中，即中心城市不但是一个商品源，也是一个信息源、资金源、人才源；二是能够把物流市场主体集中，形成合理化竞争，从而发挥整体优势和规模优势，向专业化方向发展。城市物流系统的集聚作用，可以大大降低城市经济交易成本，具体表现为降低寻找物流合作伙伴的成本、获得各种物流服务信息的成本等。

2. 对城市外部的扩散作用

城市物流是区域物流、国内物流、国际物流的有机组成，是城市之间、区域之间、国家之间流通的重要窗口。城市物流对外部的扩散辐射作用具体表现为实物流动的辐射、信息流的辐射、资金流的辐射等。区域物流中心城市作为一个区域的龙头，与区域外部政府和企业进行交流、合作、交易，就把原来相对混乱无序的交易关系转换为有机的稳定交易网络，不但具有规模经济效益，降低交易成本，而且可以提升城市战略地位。

3. 对城市发展的综合效应

主要是指城市物流对城市发展产生的前向、后向以及旁侧效应。城市物流产生的前向效应是指城市物流产业的发展能促进物流装备制造业、物流新工艺、物流新技术的发展，提高物流活动的效率，促进物流产业提升发展，推动全市经济社会发展。城市物流的后向效应是指城市物流产业的发展将拉动公路、铁路、航空、管道、仓储、通信等行业的发展，进而拉动对钢铁、煤炭、水泥相关制造业的发展。城市物流业的外部效应是指城市物流产业的发展将对城市的商业、供

销、粮食、外贸等行业乃至城市内所有行业的生产、销售、供应物流活动产生一系列影响，提高城市内各类经济活动的效率和水平。

二、城市物流对城市经济增长的贡献

物流的贡献率是指物流产业的增长占整个经济增长的比重，是以衡量物流产业对整个国民经济贡献大小的重要指标。根据上述物流产业的特征和发展趋势，物流产业对其他产业以及整个国民经济发展的贡献主要表现在市场范围扩大的贡献、调节市场供求的贡献、对国民生产总值的贡献以及对社会消费的贡献等方面。具体表现如下：

1. 城市物流对城市生产总值的贡献和经济增长方式的贡献

物流产业对城市生产总值的贡献程度，可通过物流产业所创造的产值占国民生产总值的比例来衡量。从国外物流产业实现的产值来看，这一比例越大，产业的贡献也就越大。一个国家或地区物流产业的产值占国民生产总值的比重的高低，与该国的商品与服务的市场化程度以及中间需求率有关。商品与服务的市场化程度越高，中间需求率就越高，那么物流产业对国民生产总值的贡献就越大。物流产业对国民生产总值的贡献率也是衡量一国经济市场化程度的重要指标。中心城市的经济增长是国家和区域经济增长问题的核心。现代物流业作为以现代科技、现代管理理念和信息技术为支撑的新兴综合服务行业，已经成为促进中心城市经济增长的有效途径之一。从市场运行成本的角度分析，物流业的突出作为表现在对普遍降低社会交易成本方面。从交易的全过程看，现代物流业的发展，可大幅降低搜寻交易对象信息方面的费用，减少各种履约风险，从而避免仲裁法律诉讼等行为所产生的费用。从交易主体的行为看，现代物流业的发展将减少因交易主体的"有限理性"而产生的交易费用，这使得交易双方的机会主义交易费用有望控制在最低限度。物流业能够显著降低交易成本，主要是因为，现代物流业的主体是由诸多节点和线路组成的网络体系，各结构稳定、高效运作的物流网络，不仅可以减少组成要素之间的磨损和交易成本，减少用户使用网络资源和要素的成本，还可以放大各要素的功能，提高要素和整个网络的收益。

2. 城市物流能形成城市新的产业形态，调整和优化经济结构

根据产业结构发展演进规律，城市产业结构的发展方向是合理化和高度化。产业结构合理化是以第三产业的发展水平来衡量的。产业结构高度化是从第一产业向第二、第三产业升级演进，由劳动密集型向资本、技术密集型产业演进。现

代物流的实现方法之一就是通过培育并集中物流企业，使其发挥整体优势和规模效益，促使城市物流业形成并向专业化、合理化的方向发展。现代物流产业的本质是第三产业，是现代经济分工和专业化高度发展的产物。物流产业的发展将对第三产业的发展起到积极的促进作用，将进一步带来商流、资金流、信息流、技术流的集聚，以及交通运输业、商贸业、金融业、信息业和旅游业等多种产业的发展，这些产业都是第三产业发展的新增长点，是第三产业重要的组成部分。现代物流有利于对分散的物流进行集中处理。现代物流属于技术密集型和高附加值的高科技产业，具有资产结构高度化、技术结构高度化、劳动力高度化等特征。从这个角度来说，建立现代物流有利于城市产业结构向高度化方向发展。

3.城市物流对调节和平衡市场供需方面的贡献

城市物流所辐射的经济城市就是"极化城市"。在市场经济条件下，商品流通将成为国民经济健康运行的调节器。物流产业促使经济运行和商品流通的调节与平衡，更趋向于合理化和科学化，它不仅对生产及国民经济的运行具有高效率与高效益的自动调节作用，而且还加速了商品流通领域中相关产业，如金融业、交通运输业、商品零售和批发业等行业增长方式的转变，同时也是国家赖以进行经济调控的重要领域。物流产业的社会职能正在悄然改变着生产、流通、消费领域的发展格局，市场供需的动态变化随物流产业的发展正在发生一场前所未有的革命，即由粗放型发展模式向集约型发展模式的飞跃。物流产业的市场贡献表现在推动市场范围扩张、促进市场体系发展和完善等方面的作用。物流产业的发展，尤其是物流活动中出现的技术创新、各环节职能的整合、组织形式与运作方式创新，大大地降低了商品交易费用，物流产业的触角延伸至国民经济发展的各个产业，不仅提高了国民经济发展总体效益和效率，而且物流产业促使商品交换的市场逐步扩大，国民经济各产业之间的产业链和价值链的建立并进一步加固。物流活动所表现出来的这种强劲增长势头，有效地满足了经济发展过程中生产领域、流通领域及消费领域迅速增长的物流服务需求。更为重要的是，物流产业的扩张导致交换与贸易活动的地域范围越来越广，规模日趋扩大，加速了地区之间、企业之间在更为广阔的区域中的分工与协作，同时也促进了国际统一市场的形成和世界经济全球化的进程。

4.城市物流对满足社会消费需求的贡献

为满足社会的整体需求，一方面，生产部门按照消费需求进行生产，具体是以流通领域的引导和消费需求信息的反馈组织生产；另一方面，将这种生产转变为社会的实际消费，必须通过生产资料和生活资料流通环节来实现。商品流通中的商流、物流、信息流及资金流四位一体，由传统的商品流通产业具体是批发或零售商业组织独立完成，而随着现代物流产业的诞生，使商流和物流的职能分离，提高了流通领域的运作效率，突出了物流职能的专业化水平，并借助于现代应用科学技术（网络信息技术、通信技术、交通运输技术等），加速了信息流和资金流的流转速度。不仅如此，物流活动还可以作为生产领域和流通领域中的企业组织开展市场营销活动的有效工具与手段，并在很大程度上对消费结构、消费方式及消费倾向产生积极影响，不仅满足社会对商品品种范围、购买商品的便利服务等方面的需求，而且还能进一步引导需求、改变需求理念甚至创造需求，上述物流产业的贡献比较直接地表现在其显性的贡献，而作为其隐性的贡献主要表现在对国家财政收入、国民福利、经济结构和产业结构调整与改善、生态环境的保护等方面。限于篇幅，本书在此不再作详细阐述，它可以从社会学和经济学的意义上加以分析。从本质上说，现代物流产业的贡献是推动国民经济及各产业部门由粗放型向集约化方向发展的动力源泉，使我们进一步明确了物流产业在国民经济发展中特殊的产业地位。按照国际一般经验，随着经济的发展，社会第一二三产业在国民经济发展中的地位和格局的渐变，主要体现在各产业在国民生产总值中所占的比重和劳动力就业人口的比例，第一二产业的产值和就业人口呈纵向的递减，而第三产业的产值与就业人口呈现递增的趋势，但作为传统产业的第一二产业的产值减少相对较慢，但其产业经济的增长方式却呈现旺盛的发展势头，这其中主要是物流产业对工农业的产业支持，也就是我们常说的产业链条的合理结构。尽管物流产业对社会劳动力就业的贡献并不是非常明显，但物流产业及其组织的知识、技术与资金含量较高，从产业发展的角度出发，物流产业对国民经济发展的可持续增长的能力大幅增强。为突出其产业的社会地位，我们认为从国民经济统计方法上，为直接反映物流产业的特殊贡献，建议将其独立进行统计，以便政府能够从其纵向的发展脉络考察物流踪迹，寻求产业快速成长的途径，并对其进行总体的宏观调控。在我国物流产业发展伊始，将其单独进行统计，将有助于其向健康规范的方向发展，并逐步使其成为国民经济发展的支柱产业。

三、发展城市物流的价值

众所周知，城市是商流、物流、信息流、资金流和人才流汇聚的中心，并以此影响和带动农村的发展。不管这个城市是工业城市、商贸城市或旅游城市，都必须形成一个点、线、面结合的综合物流体系，才能保证商流、物流、信息流、资金流和人才流的有序、高效流动。大力发展城市物流必将促进城市经济的快速发展，有效改善居民生活条件，同时对提升城市环境、形象和竞争力有重要的作用。发展我国城市物流产业，将会带动新一轮物流基础设施、技术改造、技术创新的投资；带动机械、电子、信息、通信、互联网等行业的进一步发展；促进城市经济结构、产业结构、企业组织结构的调整优化；推动流通领域的科学化、合理化、现代化，提升物流服务水平。

1.适应时代发展趋势的必然选择

随着城市规模的扩大、产业经济的发展与人口密度的提高，城市物流规模与强度随之越来越大，从而使城市物流的组织管理也显得越来越重要、越来越复杂。对城市物流进行专门研究，提高城市物流绩效，已成为世界各国物流理论界与实业界所普遍关心与重视的课题。在发达国家的城市物流发展历程中，都经历了由政府对城市或区域物流发展进行规划、设计和扶持，进而获得了城市物流系统化、连续性大发展过程的国际经验，当一个国家的人均GDP达到600～2000美元时，就进入了城市化加速的发展机遇。目前，我国正处于这一城市化快速发展阶段，我国正在经历一个空前的城市化时期，这意味着我国城市物流发展前景十分广阔、潜力十分巨大。

2.城市经济快速高效发展的客观需要

任何一种经济发展模式都与特定的历史发展阶段相适应。对我国许多城市尤其是东部沿海发达城市来说，当前和未来一段时期，是推动城市经济快速发展的重要阶段。以宁波为例，宁波主要依靠县域经济发展有效地支撑了全市又好又快的发展进程。但是，随着经济全球化和区域竞争的加剧，县域经济的局限性逐步显现，当前已很难适应新形势发展需求，必须加快把县域经济发展优势转化为城市经济发展优势。城市经济发展的本质要求是提高经济发展的总量、水平和效益。如何减少物流时间、成本，降低物流费用、损耗，提升物流服务、效益，是推动城市经济高效集约发展必须研究和解决的问题。此外，现代物流涉及交通运输、仓储、加工、配送、信息等供应链的全过程、全系统，是现代经济中一个重要的生产性服务业，因而现代物流产业本身就是城市经济的重要增长点。

3.提升城市居民生活水平的有效路径

发展现代物流，有利于规范和提升城市物流的整体行业发展水平，改变粗放、低档次、布局不合理的现状；有利于合理利用道路交通设施，缓解城市交通压力，解决车辆无序停放问题，降低城市车辆废气、噪声污染，从而改善城市面貌，美化城市环境，提高城市形象和品位。同时，现代物流配送的发展，能够更好满足信息化时代和电子商务快速发展形势下城市居民生产生活商品快速流通的需要，从而提高城市居民生活品质和水平。

4.增强城市辐聚功能的重要条件

城市现代物流业的发展，能够把周边区域需要的、中心城市又具备供应能力的货物、商品以快捷、经济、安全地发运到周边乃至更远的地区，也能够把城市周边地区的货物和商品快捷、经济、安全地运至城市，从而实现城市与周边区域、周边城市的互动发展、协调发展、共同发展。因此，作为物流枢纽的城市，对周边区域资源配置的能力更加突出，城市的辐射、集聚功能就更强大。

5.改进城市物流系统的内在要求

随着物流市场竞争的不断推进和完善，货主对运输质量和服务的要求也相应提高。然而，当前绝大多数城市的物流系统仍相对比较落后，例如物流基础设施不完善、物流新技术应用不广泛、物流市场主体"低、小、散"等。改变城市物流系统的落后局面，以最小耗能、最小费用、最佳服务为标准，向现代化、系统化、信息化、专业化、一体化的方向发展，是使城市物流系统适应经济社会发展的内在要求。

第四节 城市物流研究的理论基础及方法

20世纪70年代以来，国内外许多学者专家把城市的物流作为可持续物流研究的一个焦点，提出了城市物流。日本学者谷口教授将城市物流定义为："城市物流是在市场经济框架内，综合考虑交通环境、交通阻塞、能源浪费等因素，对城市内私有企业的物流和运输活动，进行整体优化的过程。"王之泰教授于1995年在《现代物流学》中提到："城市物流要研究城市生产、生活所需物资如何流入，如何以更有效形式供应给每个工厂、每个机关、每个学校和每个家庭，城市巨大的耗费所形成的废物又如何组织物流等"。近十多年来，城市物流理论发展很快，并不断地跟随社会经济的发展需要，开创性地提出和研究了一些新的理论问题。

一、城市物流研究的理论基础

城市物流理论研究起始于物流概念。随着商品流通规模不断扩大，物流的影响和作用日趋明显，其在经济发展中的地位不断提高，人们对物流的认识和关切程度也逐渐深化，有关物流的理论研究逐渐深入，研究的视角不断扩大，从而产生了许多新的理论和新学说。

1.物流成本的冰山理论

物流成本的冰山理论是由日本早稻田大学的西泽秀教授提出的。他指出，传统会计中所计算的外付运费和外付储存费，不过是冰山的一角。而企业内部物流成本则混入其他费用中，如果没有把这些费用核算清楚，很难看出物流成本的全貌。并且，物流成本的计算范围，各企业也都不相同。因此，无法与其他企业进行比较，也很难计算行业的平均物流成本。因为外付物流成本是与企业向外委托的多少有关，因此，航行在市场海洋之上的企业巨轮如果看不到海面下庞大的物流成本的话，那么最终很可能会得到与"泰坦尼克号"同样的厄运。而一旦物流所发挥的巨大作用被企业开发出来，它给企业所带来的丰厚利润也将是有目共睹的。

2.物流成本削减的乘法效应

假定销售额为100亿元，一般的商品收益率为10%，物流成本为10亿元。现在再假定物流成本占销售额的10%，如果物流成本下降1亿元，销售额将增加10亿元。这样一来，物流成本的下降会产生极大的收益，物流成本每下降1亿元，不仅可以得到1亿元的纯收益，而且可能因为增加了10亿元销售额而带来另外的1亿元收益。这也就类似经济学中的杠杆原理，物流成本的下降通过一定的支点，可以使销售额获得成倍的增长。

3.物流成本的效益背反理论

所谓效益背反，是指改变某个系统中的任何一个因素，都会影响到其他要素的改变。具体地说，要使系统中的任何一个要素产生增加的收益，必然将对系统中的其他要素产生减损的作用。在物流系统中存在的效益背反包括：物流成本与物流服务水平的效益背反和物流各项功能活动的效益背反。

4.复杂网络理论

在我们的日常生活中存在很多的复杂网络，包括互联网、通信网络、铁路网络、公路网络、航空网络、社会关系网络、电力网络等，使用复杂网络的方法对上述网络进行研究已经成为一种普遍的方法，人们用它作为研究互联网传播、通信网络优化、经济影响、社会效应、疾病传播等领域解决方案的依据。但是，复杂网络的研究也不是凭空被提出来的，而是经历了一段很长的发展历程。

所谓复杂网络是由节点和连线组成，这里节点和连线是广义的，其中，节点表示系统的元素。两节点的连线表示元素之间的相互作用。尽管定义看似简单，但是网络能够呈现高度的复杂性。复杂网络可以用来描述从技术到生物直到社会各类开放复杂系统的骨架，而且是研究它们结构和功能的有力工具。从系统科学的观点来看，网络也是一类系统。它的子系统是网络的节点，子系统之间的关系是网络的连线（或边）。系统理论网络研究就是研究不同节点和边所构成的网络整体有哪些性质，它们与节点和边的分布有什么关系。利用系统理论已有的概念、方法和技术去研究网络，具有一定的借鉴和启发意义，可以加深我们对复杂网络的认识。系统规划理论从网络科学的观点来看，一个系统也可以看成一个网络，系统中的每一个子系统都被视为网络的一个节点，两个子系统之间的关系，就用一条线连起来看成网络的一条边。研究系统的整体演化行为，就是分析上述网络整体的行为。研究系统整体与局部的关系，就是分析上述网络整体与节点、连线之间的关系，这是研究复杂系统演化的一条新思路。近年来，随着计算机运行能力的不断提高和计算机网络的普及，世界上已经建立起了一些有关大型复杂网络的拓扑结构数据库，进而激起了物理学、社会学、经济学、计算机通信等多领域学者对复杂网络的研究兴趣，掀起了其在不同学科的研究热潮。目前，有关复杂网络的理论有小世界理论、无标度网络理论等。

5.物流服务中心理论

物流的服务中心学说起源于第二次世界大战时期形成的"后勤工程说"。当时，为了保障军需品供应，美国对军火等物资的运输、补给等活动进行了全面管理，并随之把军事装备、军火等物资的供给、运输称之为"后勤"，继而提出了"后勤工程"的概念。之后，这一概念延伸到了生产领域和商业领域，随后又形成了诸如"后勤管理""商业后勤"等许多新概念。美国后勤工程学会在解释企业后勤概念时说："企业后勤是'企业为了满足客户的要求，在使用原材料、半成品、成品和相关信息在原产地和消费地之间实现高效且经济的运输和储存过程中必须从事的计划、实施和控制等全部活动'"。服务中心学说代表了美国和欧洲一些学者（如鲍尔索克斯）对物流的认识。他们认为，物流活动的最大作用并不在于为企业节约了成本或增加了利润，而是在于提高了企业对用户的服务水平，进而提高了企业的竞争力。服务中心学说特别强调了物流的服务保障功能，借助于物流的服务保障作用，企业可以通过整体能力的加强来压缩成本、增加利润。

以合理的成本（Right Cost）、恰当的条件（Right Condition and Packaging），在确定的时间（Right Time），向合适的客户（Right Customer），在确切的地点（Right Place）提供恰当数量（Right Quantity）的所需产品（Right Goods），是物流理论的精髓。战备物资储备的目的是保障军队作战和执行其他军事任务，其评价尺度是能否有效地保障部队用户的需要。区域型战备物资储备，就是要通过合理的区域布局、合理的物资品种结构布局和合理的储备数量布局来满足部队的需要。

6.协同演化理论

所谓协同演化，是指自然环境中两个或多个物种，由于生态上的密切联系，导致其演化历程相互依赖，当某个物种演化时，物种间的选择压力发生改变，其他物种将发生与之相适应的演化事件，结果形成物种间高度适应的现象，生物学上将这一现象称为协同演化。协同演化一词最早由Ehrlich和Raven（1964年）正式提出，用以阐述昆虫与植物演化历程中的相互关系。而严格并被广泛引用的协同演化定义则是Janzen（1980年）提出的，即一个物种的某一特性由于回应另一物种的某一特性而进化，而后者的该特性也同样由于回应前者的特性而进化。因为提出了物种之间相互作用的思想，协同演化这一概念成了研究生物学中物种进化的一个有力工具。协同演化理论分析的是组织群体如何在环境生态位中相互作用以获得稀缺资源。一些环境是资源丰富的，而另一些则是资源稀少的。但所有环境资源总量是一定的，这被称为承载能力，即可支持的最大种群数量或社区规模。演化发生在种群特征产生随机和系统性变化过程中，而种群特征的选择是基于它们对种群的适应性，通过制度程序或世代遗传和其他复制机制传播实现。在组织生态系统中，控制协同演化发展的主要关系是共栖和共生。共栖在一个连续范围内变化，范围的一端由互惠共生定位，另一端由竞争定位。互惠共生是一种协作关系，在这种协作关系中，相似的种群成员协调他们的行为，因此共同完成任务并共同获取个人独立不能达到的好处。竞争发生在种群的不同成员，试图获得相同或相似的资源时，通常来说，一方所得即为另一方所失。这个范围的中心是中立点，位于该点上的一个群体的存在性不影响其他群体。种群的成员同时进入共栖与共生关系，既在他们自己的种群内，也在其他与他们相互作用的群体间。协同演化理论揭示了自然界生物之间维系着自然选择的各种机制，这些机制构成了生物世界复杂性的动力。协同演化现已广泛用于描述自然界中相互之间有密切关系的物种的演化模式，是进化生物学、系统学、生态学和实验经济学等学科的一个研究热点。

二、常用研究的方法

科学理论体系建立的关键不仅在于研究什么，还在于怎样研究。物流过程是经济社会系统中的有机组成部分。它客观上具有多样化的外部联系、多层次的内部结构、精巧的运行机制和灵敏的传导机制，存在着一系列运动发展的客观规律和趋势，对微观经济实体和宏观经济管理有着不同的客观要求。要认识和把握如此复杂的经济过程，不能仅依靠某一种方法，而必须依靠一整套科学的方法，或一个方法论体系。

最常用的是文献综述法、综合分析研究法、系统分析方法、定性研究和定量研究相结合的案例分析方法。现代物流管理研究还要综合运用科学抽象法、静态—动态分析法和定性—定量分析法等。只有这样，才能从根本上改变传统流通研究所存在的抽象力不足、概括能力差的现象，才能克服以孤立的静态、定性分析为主。

1.文献综述法

对某一领域、某一专业或某一方面的课题、问题或研究专题搜集大量相关资料，然后通过分析、阅读、整理、提炼当前课题、问题或研究专题的最新进展、学术见解或建议，对其做出综合性介绍和阐述的一种学术论文。

文献综述是在确定了选题后，在对选题所涉及的研究领域的文献进行广泛阅读和理解的基础上，对该研究领域的研究现状（包括主要学术观点、前人研究成果和研究水平、争论焦点、存在的问题及可能的原因等）、新水平、新动态、新技术和新发现、发展前景等内容进行综合分析、归纳整理和评论，并提出自己的见解和研究思路而写成的一种文体。它要求作者既要对所查阅资料的主要观点进行综合整理、陈述，还要根据自己的理解和认识，对综合整理后的文献进行比较专门地、全面地、深入地、系统地论述和相应地评价，而不仅仅是相关领域学术研究的"堆砌"。

检索和阅读文献是撰写综述的重要前提工作。一篇综述的质量如何，很大程度上取决于作者对相关领域的最新文献的掌握程度。如果没有做好文献检索和阅读工作，就去撰写综述，是绝不会写出高水平综述的。

好的文献综述，不但可以为下一步的论文写作奠定一个坚实的理论基础和提供某种延伸的契机，还能表明写本综述的作者既有研究文献的归纳分析又有梳理

整合的综合能力，从而有助于提高对学位论文水平的总体评价。

2.案例分析法

案例分析法是根据不同城市物流发展特征，从各个城市物流发展的具体情况出发，重点分析各个城市物流发展的独特之处。对中国各城市物流的发展、相关宏观经济和政策环境的状况、交通运输状况、技术状况及发展趋势的研究。与此同时，按照研究内容的规定抽取被访企业，包括对物流企业、制造业、商品流通企业和经营性公司进行定量分析。分析各城市物流行业的总体容量、发展趋势及主要影响因素，注重资料的完整性、连续性和准确性。根据典型城市物流的特性，选择一些典型的城市，如北京、上海和广州等城市，深入城市物流部门、企业内部，了解其运行和管理机制、运行网络以及客户对物流行业的需求。

案例分析法是实地研究的一种。研究者选择一个或几个场景为对象，系统地收集数据和资料，进行深入的研究，用以探讨某一现象在实际生活环境下的状况。同时包含了特有的设计逻辑、特定的资料搜集和独特的资料分析方法。研究者既可采用实地观察行为，也可通过研究文件来获取资料。相对于其他研究方法，能够对案例进行描述和系统的理解，对动态的相互作用过程与所处的情境脉络加以掌握，可以获得一个较全面与整体的观点。

案例法由美国哈佛大学法学院创始，1870年，兰德尔出任哈佛大学法学院院长时，法律教育正面临巨大的压力。

其一是传统的教学法受到全面反对；其二是法律文献急剧增长，这种增长首先是因为法律本身具有发展性，其次是在承认判例为法律的渊源之一的美国表现尤为明显。兰德尔认为："法律条文的意义在几个世纪以来的案例中得以扩展。这种发展大体上可以通过一系列的案例来追寻"。由此揭开了案例法的序幕。

案例法在法律和医学教育领域中的成功激励了商业教育领域。哈佛大学洛厄尔教授在哈佛创建商学院时，建议向最成功的职业学院法学院学习案例法。1908年，案例法在哈佛商学院开始被引入商业教育领域。由于商业领域严重缺乏可用的案例，哈佛商学院最初仅借鉴了法律教育中的案例法，在商业法课程中使用案例法。由此，人们开始有针对性地研究和收集商业案例。

3.综合分析研究法

综合分析法是指运用各种统计综合指标来反映和研究社会经济现象总体的一般特征和数量关系的研究方法。常使用的综合分析法有综合指标法、时间数列分析法、统计指数法、因素分析法、相关分析法等。

综合分析研究的目的是要建立起这样几个方法的逻辑体系：宏观经济环境与城市物流系统相互作用的结构，其中包括城市物流的产生与发展、市场经济运行与物流系统等。城市物流系统中各个职能要素相互之间的关联结构，如物流过程、生产物流等。城市物流管理与效率、效益、经济发展之间的因果关系结构，如物流组织管理、费用管理、现代化管理和物流合理化数量分析以及城市物流管理等。综合分析研究以城市物流职能为研究的重点，同时又不忽视它们之间以及与整体的关系，否则就会出现简单化，或使理论体系出现逻辑上的混乱。在运用综合职能研究方法的同时，现代物流管理研究还要运用系统分析方法和案例分析法。

4.系统分析方法

系统分析方法来源于系统科学。系统科学是20世纪40年代以后迅速发展起来的一个横跨各个学科的新科学部门，它从系统的着眼点或角度去考察和研究整个客观世界，为人类认识和改造世界提供了科学的理论和方法。它的产生和发展标志着人类的科学思维由主要以"实物为中心"逐渐过渡到以"系统为中心"，是科学思维的一个跨时代突破。

系统需求分析方法由对软件的数据域和功能域的系统分析过程及其表示方法组成。它定义了表示系统逻辑视图和物理视图的方式，是根据客观事物具有的系统特征，从分析事物整体状况出发，着眼于整体与部分、整体与层次、整体与结构、整体与环境的相互联系和相互作用，求得优化的整体目标效应的综合方法。

系统分析是咨询研究的最基本的方法，可以把一个复杂的咨询项目看成系统工程，通过系统目标分析、系统要素分析、系统环境分析、系统资源分析和系统管理分析，可以准确地诊断问题，深刻地揭示问题起因，有效地提出解决方案和满足客户的需求。

5.比较分析法

比较分析法又称对比法，是通过实际数与基数的对比来提示实际数与基数之间的差异，借以了解经济活动的成绩和问题的一种分析方法。在科学探究活动中，常常用到对比分析法，这种分析法与等效替代法相似。

比较分析法是将两个或多个同类或相近的事物进行对比分析，寻找它们之间的共性和差异，并根据分析结果预测同类事物的发展趋势。

优点实用性：因为是通过两两比较而得出的次序，得到的评估更可靠、有效。

缺点和适用范围：仅适合人数较少的情况，且操作比较麻烦。

三、物流研究方法

物流是跨学科的概念，与一般跨学科理论不同，物流没有原来的基础领域。作为一般的跨学科理论，如在经济学的研究领域，融合自然科学的人类学成为人文经济学，但其基础还是经济学的范畴。又如，人文地理学与自然地理学的融合产生经济地理学，其基础是地理学，这些学科均存在原本的基础理论。因物流理论没有任何学科的理论基础，因此，各学科领域的专家学者，利用各自学科的理论、方法研究物流，形成了形式上的跨学科理论。其结果导致了物流与其他理论不同，各学科的学者从各自研究领域出发，对于一个相对抽象的定义进行解释，由此形成了到目前为止，世界各国均没有一个完整、准确的并能够得到大家公认的统一概念。

对于物流的研究，最早提出将物流进行整合的是货物装卸搬运领域的专家。为了提高作业效率，改善作业环境，专家们利用系统工程学的原理对物流进行了系统化研究。因此，在物流的研究方法中，工程学是重要的手段。

物流的研究方法之一是通过流通经济学为基础。从社会角度看物流，运用综合职能研究和系统分析的方法，研究领域集中在物流成本、流通效率、流通标准化、流通过程中实物运动的现代化问题等。迄今为止，这种研究方法大体上可分为三种类型：

（1）商品划分法。它以特定商品作为研究对象来论述和分析流通问题，然后再将整个流通理论化。例如，以生产资料流通和以生活资料流通为研究对象建立起来的物资经济学和商业经济学。这种方法把流通研究视为某一部门的经济学，虽然能使具体研究成为可能，但往往跳不出政府行政管理部门的职能范围，这就极大地限制了考察问题的边界，难以揭示出全社会范围内的各种商品流通过程的共有规律。

（2）体制划分法。它按照构成流通社会结构的体制，即批发业、零售、运输、仓储等，以此进行说明和分析，并以其为主线，建立流通理论体系。这种方法可以说很具体，但不易得出一般结论。

（3）职能研究法。它是选出与全部商品和全部体制有关的职能进行分析，并将整个流通结构理论化。这种方法是实现逻辑体系化的基本方法。与此相对应，对物流的研究还包括市场营销学（经营管理），从企业经营的角度研究物流对生产、销售的影响。同时，物流管理也是物流研究的重要内容，包括物流成本的核算、物流需求的预测、物流网络的构建、物流管理组织的建立以及战略信息系统等方面。

物流的另一种研究方法是以交通经济、运输经济、运输产业作为基础。因为物流从诞生之日起就带有很强的运输色彩，道路、港口、机场等设施的不足，还需要大规模的基础设施建设。因此，基础设施的衔接就成为物流的研究对象，而有些人将运输等同于物流的说法就不足为奇了。同时，由于运输成本在物流中占有重要地位，运输企业的经营问题也就作为物流问题开始研究。因此，交通经济学、运输产业学对物流的研究也有重要的影响。

再有，就是信息科学对物流的影响。为了把物流系统中分散的各种职能有机地连接在一起，从最初的系统分析、设计到各种功能效率的改善，信息系统是不可缺少的。另外，对于物流的研究，产业组织学、心理学、城市工程学、会计学、贸易学等方面的专家学者均有所建树。

以上研究均对物流的发展产生了重要的影响，但与此同时不容忽视的是，物流作为一个独立学科，其独立理论的体系还未建立；同时，虽然有各种领域的专家对物流进行研究，但真正能够集成各个领域的专业知识的物流专家还比较少。但是，不论如何，物流的本质是货物的运动，因此，它不外乎具有三个方面的内容：物体的移动；使物体移动的活动和技术；使以上能够成立的条件，如基础设施。

小 结

城市物流衔接生产、流通和消费，属于中观物流领域，是现代物流的一个重要分支，是城市经济的重要组成部分，随着城市物流需求的快速增长，以其广泛的产业关联性、独特的社会属性、显著的环境外部性而受到广泛关注。

第二章

城市物流发展透视

本章重点理论

　　对城市物流进行专门的研究和探索，找寻城市物流组织和管理的最优化模式，提高城市物流业绩，降低城市物流的外部不经济，是目前世界各国物流界所普遍关心的课题。有一个基本规律已经被国际经验所证明，几乎所有称得上现代化的城市都具备高度发达、成熟的商业和物流业。因为唯有活跃健康的物流业，经济才会有源源不断的活力，才能实现资本要素的良性流动，最终实现资本的最优化配置。因此，本章通过探究国内外城市物流的发展现状，以此为鉴，再进一步研究如何解决目前城市物流存在的发展困境，提出未来的发展趋势，最终促进整个城市的发展。

第一节　国外城市物流发展概况

　　综观当今世界，美、日、欧洲等经济发达国家和地区在城市物流建设方面相对比较成熟。美国和欧洲是世界上经济活动最为发达的国家和地区，处于物流业发展的最前沿。他们物流业的发展得益于一套完善的物流市场管理及法制管理体系，其物流市场十分活跃且趋于成熟，政府在物流园区规划方面发挥了较大的积极作用。城市物流的发展带动了区域的经济发展，但也带来了相应的交通和环境问题，可持续发展成为其关注的重要目标。

　　此外，新加坡、韩国等亚洲国家和地区也在近些年涌现出许多以城市为依托的物流园区，例如新加坡港口物流园区、韩国的富谷和梁山物流园区等，为区域经济发展作出了重要的贡献。

一、美国城市物流发展

美国拥有发达的综合交通运输系统和高效衔接的庞大运输网络，是世界上物流业最发达的国家之一。在物流发展过程中，美国一直强调企业物流，将物流作为企业战略的核心组成部分，顾客满意则是企业物流的核心经营管理理念，因此企业物流理念的升级和企业物流技术的进步成为美国物流发展的重要组成部分。从美国的物流发展历程看，美国政府在宏观把握城市物流发展的措施上，主要通过法规和部门规划来促进物流业的发展，并没有形成对整个物流系统的明确规划。

在美国的城市物流发展中，电子商务、第三方物流发展迅速。美国的物流发展模式主要采取市场化发展模式，这也极大促进了第三方物流企业的兴起和迅速发展。目前，美国使用第三方物流服务的比例约为58%，且约有33%的企业正在积极考虑使用第三方物流服务。第三方物流业的收入由1994年的150亿美元增长到2004年的894亿美元，2004年第三方物流业收入增长达到34%。而且美国的第三方物流服务企业收费价格也完全依靠市场来调节，利润一般在20%～30%。

二、日本城市物流发展

日本是最早开始发展城市物流的国家之一，早在1964年日本政府就开始对物流产业发展进行调控，到1969年已经形成了日本全国范围的物流体系的宏观规划。从1965年至今，已建成几十个大规模的物流园区。日本从政府到企业各层面构建了物流系统，强调物流系统的建设，看重物流设施、物流中心、配送中心的投资建设，第三方物流企业得到迅猛发展，逐渐形成了多渠道、多层次、多形式的综合物流网络体系。日本以修建"物流园区"为切入点，通过建立、完善物流设施，提高物流效率，推动物流过程合理化，以低廉的成本，高效的运送效率，优质的服务，使日本企业的竞争力大大加强。

日本的城市物流规划体现了很强的科学性，前期工作中需要对私营企业的物流活动进行调查，例如对日本物流系统的成员就物流未来发展趋势、公司的应对策略等进行问卷调查，而后由城市委员会（地方团体代表组成）集中对调查结果做出判断，提出规划意见。这一过程中，企业、地方团体、政府等多方之间可以进行非常有效的沟通，加强了规划的可操作性。

政府在城市物流发展中起到非常积极的推动作用。日本以大城市为依托建设物流园区，政府在城市边缘地带、内环线外或城市之间的干道附近将未来设施配套建设的地块规划为物流园区基地，而后将地块分割卖给不同的物流行业协会，这些物流协会可以内部招募资金进行物流基础设施建设，同时政府也会积极支持已确定的物流园区的交通设施的配套建设。据不完全统计，日本自1965年以来已建成20个大规模的物流园区，平均占地74公顷。

此外，随着货物周转量的急剧增长、线路（零担）运输事业的发展以及物流企业面临的市场需求的不断变化，物流园区、货物集散中心、中转站等物流节点建设也逐步发展起来。

三、德国城市物流发展

德国是较早实施城市物流规划的国家之一，早在1990年就在几个大城市规划了30个不同形式的物流基地，基本形成了规模化的全国物流园区网络。这些物流基地在一定程度上产生了社会和环境效益，促进了地区经济和国际贸易的发展。德国物流业最明显的特征就是依托强势产业发展现代物流，例如汽车、电气、化工等产业，在连锁经营、配送服务方面发展较快，呈现高度的规范化、有序化、规模化和信息化。

德国对物流园区的建设遵循"联邦政府统筹规划—州政府扶持建设—企业自主经营"的发展模式。联邦政府在全国范围内进行物流园区的空间布局、用地规模与未来发展的规划。州政府、地方政府为重要的投资者。例如，位于德国中部图林根州市郊的图林根物流园区，其市政府的建设投资比例为42.5%，州经济开发部35.5%，联邦铁路14.7%。园区的管理则由出资方组成园区管理委员会负责，该委员会的职责包括：向入驻的物流企业收取租金，代表园区内企业与政府沟通，提供信息、咨询、维修等服务。入驻企业自主经营、照章纳税，根据需要自行建设相应的库房、堆场、车间、转运站，配备相关的机械设备。

四、国外城市物流对中国的借鉴意义

在这些城市物流发达的国家中，积累了一定的经验，善于根据区域物流的发展和需求特点，结合城市物流系统在区域经济乃至全国经济发展中的地位和作用进行城市物流系统的总体规划和建设。其中很重要的一点，他们所规划和建设的

物流节点大都选在靠近交通枢纽的地方，或是区域经济中心、工业区附近。另外，服务功能也有所偏重，既有以集散中转为主的，也有以配送为主的，但物流园区和物流基地大都是具备综合功能的物流节点。

在城市物流发展过程中，加快城市物流园区的规划和建设有着十分重要的意义。城市物流园区对于促进物流技术和服务的升级，改善物流投资环境，加快物流企业成长，推动第三方物流的发展，整合利用现有的物流资源缓解交通压力和改善生态环境等方面都具有重要作用。

物流园区是对物流组织管理节点进行相对集中建设与发展的具有经济开发性质的城市物流功能区域；同时，也是依托相关物流服务设施进行与降低物流成本、提高物流运作效率和改善企业服务有关的流通加工、原材料采购和便于与消费地直接联系的具有产业发展性质的经济功能区。大规模和相对集中的物流基础设施建设不仅是为了发展物流本身，往往还会涉及物流运作、交通运输组织、信息组织、产业整合、资源整合和城市功能开发与调整等方面。

在城市物流建设方面，这些经济发达的国家与地区的政府往往通过提供各种优惠政策，如减免税收、提供低息贷款、推行综合运输政策、提供资金资助以及完善各项基础设施及配套设施建设等，吸引大型物流企业在物流园区聚集，使其获得规模效益，从而降低物流运作成本，改善城市环境，提升城市的综合竞争能力。

第二节　国内城市物流发展概况

一、我国城市物流发展现状

党的十九大报告宣布中国经济社会已经进入到了一个新时代，新时代的主要特征就是社会主要矛盾出现了重大变化，过去我国社会面临的是人民日益增长的物质文化需求与落后的社会生产之间的矛盾，进入新时代，我们已经从求温饱到求环保，从求生存到求生态，从高速增长阶段转向高质量发展阶段，主要矛盾已经转变为人民日益增长的对美好生活的需要与不平衡不充分的发展之间的矛盾。随着新时代经济社会主要矛盾的变化，在新时代大背景下中国城市物流面临的经济社会环境也必然发生重大变化，从降本增效到提质增效，从粗放发展到高质量发展，从求数量增长到发展绿色物流，反映的就是城市物流发展对物流服务质量的要求越来越高，对物流时效的要求越来越快，对物流资源共享利用的要求越来越高。近几年来，我国城市物流发展很快，全国不少城市纷纷瞄准物流这一"第三方利润源"，抢占物流制高点，提出要把物流业打造成支柱产业。经过三十多年的发展，物流业已经成为国民经济的支柱产业和重要的现代服务业。2013年，中国物流市场规模首次超过美国，成为全球第一。2017年，全国社会物流总额达到252.8万亿元。但受经济、生产力、基础设施、市场化程度、信息化水平、需求等因素的影响，物流业呈现东部发展快，中西部发展慢，城市物流相对发达，农村物流滞后且水平低的局面。

深圳市是全国率先发展城市物流业的排头兵和典型代表。早在1996年，深圳市政府就开始对深圳现代物流业的发展问题进行综合研究；到2000年的《深圳市国民经济和社会发展"十五"计划》，提出了加快发展现代物流业的战略，正式将现代物流业确定为三大支柱产业之一。现在，深圳市已经建成了六大物流园区，深圳市城市物流的科学规划和建设，根据其经济特色，既合理配置了物流业资源，又促进了产业结构的优化升级，城市综合竞争力得到了极大的提高。

天津市为了推动现代物流的发展，成立了课题小组，经过一段时间的研究，完成了《天津市现代物流发展纲要》，确定了天津市现代物流在城市发展中的定位，和近期及中长期的目标及发展的政策措施。天津市已将现代物流业作为"五大支柱产业"之一，成立了"天津市现代物流组织的推动领导机构"和"天津市现代物流业管理办公室"，组建了"天津市现代物流协会"，为天津市现代物流的进一步发展提供了组织保障；初步建立了"政、企、研"相结合的物流发展模式和物流人才培养体系；为改善天津物流环境，在全国率先颁布了《天津市发展现代物流产业的综合政策意见》；物流基础设施得到了迅速发展，物流运行效率有了明显提高。

上海市政府计划将上海规划成为国际经济、金融、贸易与国际航运中心，并出台了《上海市现代物流产业发展规划》，着重发展5个物流园区，力争用10年的时间，构建城市内配送中心20个，市外配送中心3～5个，建设成为国内最大、亚太地区最具竞争力的国际物流基地之一。

成都作为西部重要的中心城市，是中国重要的商贸物流中心和综合交通枢纽。成都市现代物流行业的发展与时代接轨，将持续提升国内外企业合作水平，加大物流环境优化力度，加速建设物流节点和物流体系，从而促进成都市物流行业的发展。进一步提升双流航空港枢纽地位，增强铁路及空运枢纽功能，不断加强陆运枢纽容纳量，改进航空港口服务水平，使成都成为国家物流战略枢纽城市和国际物流战略枢纽中心。成都市制定了《成都市人民政府关于加快发展现代物流的若干意见》。成都物流业的发展以培育和完善"三中心、两枢纽"的集聚和辐射优势为目标。到2010年，努力构造与西部经济强市相适应的现代物流服务环境，建成以现代物流产业园区、功能性物流中心和多层次配送中心为节点的现代物流框架，形成机构合理、设施配套、技术先进、运转高效的现代物流系统。统计至2018年1月，成都A级物流企业有117家，占全省A级物流企业总数的52.7%，成都占全国A级物流企业的2.5%，位居全省第一。截至目前，成都已在天府新区、龙泉、新都、简阳、崇州、金堂等城市建立了物流中心，成立成都航空物流园区，成都国际集装箱物流园区，成都青白江散装物流园区，新津物流园区和天府航空物流园区等五大物流园区。

南京现代物流也已取得较快的发展，南京市政府也把自己定义为立足南京经济圈、面向国际、具有扩张能力和充满经济活力的长江流域物流中心城市。为此，南京市将重点建设龙潭、禄口、江北、丁家庄4个枢纽型物流园区，建设IT、木材、进口纸及纸浆、液体化工、精细化工、汽车零部件、矿石、煤炭行业物流中心。同时，考虑以都市圈商贸物流为依托，以公路运输为主要方式，建立和完善市区配送型物流体系。此外，南京市已着手研究建设物流公共信息平台。

常州市的城市物流行业正步入良性发展轨道。常州市物流增加值在2011年成功突破200亿元。在常州市"十二五"规划期间，全市拟建物流项目21个，计划总投资约340亿元，总建筑面积也超过了800万平方米。这些良好的发展成果离不开政府的大力支持，主要体现在：一是在空间布局上有了合理的计划和控制手段。2012年初，市发展和改革委、规划局联合出台了《常州市区物流产业规划管理意见》，分设东西南北4大板块，引导物流企业在4个节点区域集聚发展。二是在扶强扶优上制定了具体的操作办法。市经信委、市交通运输局联合制定了《常州市重点物流园区和企业认定办法》。每年评选一批重点园区和企业，发挥其示范效应，以点带面，不断推动该市城市物流产业稳步有序的发展。三是引导鼓励城市物流业多样化发展取得新成效。江苏新誉能源物流有限公司、江苏亚邦医药物流中心、常州安邦物流先后被评为国家采购联合会AAAA级物流企业。常州综合物流园等7家园区（中心）被省交通运输厅纳入省重点城市物流基地补贴项目，溧阳扬子广场物流配送中心等4家企业被省交通运输厅纳入全省农村物流示范点的补贴项目，常州政府成立信联合甩挂运输项目被列为省交通厅甩挂运输试点。

东莞市场区位优势明显，位于广州、深圳、香港经济圈的中心位置；依托珠

江口东岸港口资源地理优势，物流产业发展迅速；市场、地理、产业等优势为东莞城市物流的发展奠定了良好的基础。东莞利用珠三角的地理区位优势和邻近广州、深圳、惠州的市场区位优势，已发展成为世界工厂。作为产出型城市，东莞更多的工业产品需要输送到周边地区，因此，需构建大型区域物流中心，担负东莞制造企业大批量的工业品向周边输出的枢纽作用，同时，需关注城市内外部物流的衔接问题。依托强大的产业优势、区位优势等，东莞加快发展现代物流业，规划建设物流基地、物流中心、物流园区、配送中心等各类物流节点，同时，完善城市道路系统，取得了一定的成果。

北京市也把现代物流产业作为重点产业之一，现已建成1个物流港，3个物流园区，17个物流配送中心。此外，宁波、广州、武汉、沈阳等城市均对本地区的物流发展进行了研究和部署，并取得了一定的成绩。

二、我国城市物流发展中存在的问题

新时代的经济社会特征是人民日益增长的对美好生活的需求与不平衡不充分的发展之间的矛盾。反映在物流层面上，即对物流服务质量的需求越来越高，对物流时效需求越来越快，"懒人经济"现象越来越普遍。这给我们城市物流带来了一个重大的环境变化。我国城市物流发展很快，但依然停留在粗放式经营的层面，质量和效益远未达到最优状态。尤其是同发达国家相比，"小、散、差"的问题比较突出。此外，城市物流系统规划由于缺乏现代的理论和技术指导，故而科学性和系统性欠佳，目前还很不成熟。而且，多年来我国物流界对区域物流和企业物流研究较多，而城市物流却一直在物流研究的边缘徘徊。尽管有几个大城市的物流发展水平有所进步，但大部分城市物流滞后，成为城市经济以及整个社会经济效益提高的一大障碍。起点低、技术落后、缺乏统一组织管理、资源利用率不高、物流效率低下并且加剧了城市交通拥堵及环境污染，这些都成了目前国内城市物流的通病。

整体来看，中国城市物流业的发展主要存在以下问题。

1.物流基础设施整体上落后

我国现有物流基础设施水平较低，运输工具速度慢、能耗高，专业化物流基础设施处于初级发展状态。物流设施分布不合理，传统的物流设施呈现条块分割，造成物流设施的巨大浪费。而近些年在城市物流逐渐被确立为城市经济发展的重要产业之后，一些地方则不顾周边已有的物流条件，盲目投资，出现相互攀比的恶性竞争状态，导致区域间的物流设施配套严重不平衡。同时，由于商品采购、调拨不合理，造成了迂回、倒流和交叉运输，增加了流通环节，增大了物流费用，加剧了城市运输紧张度，浪费了国家运力。城市内部运输工具缺乏统一组织管理，重复运输、单程运输、车辆拥挤现象比较严重，此外还有噪音危害。

2.城市物流园区建设缺乏统一规划

物流园区和专业化物流配送中心是物流网络运输连接各个物流线路的节点，是物流分拨、城市物流基础的集结点。建设现代化物流园区是缓解城市交通压力和环境压力的有效手段，也是提高物流效率，降低全社会物流成本的重要途径，这一点已经被很多发达国家的实践所证实。自2000年以来，深圳、北京、沈阳、广州、上海、武汉等城市都进行了城市物流规划，但这些规划大多是从局部利益考虑，缺乏充分的沟通、协调。例如，北京在城市的快速扩展中，使得原本规划的集中仓库区尚未建成就已经被新的规划所代替，仓库处于无序建设和发展的局面。我国城市物流系统的有效性还有待挖掘和提高。

目前，我国物流园区的建设和发展缺少宏观的统一规划和政策指导，存在重复建设和资源浪费。据估算，截至2005年年底，列入各地规划的园区（或物流基地、物流中心等）已超过200个，有的已经开工建设，有的陆续投入运营，还有的仍然停留在"纸面"上。甚至出现物流园区虽然已经建成，但却出现园区无人入驻的现象。根据调查，我国目前物流园区的空置率高达60%。

3.物流信息平台的建设缺乏系统性和科学性

"小"（经营规模小）、"少"（市场份额少、服务功能少、高素质人才少）、"弱"（竞争能力弱、融资能力弱）、"散"（货源不稳定且结构单网络分散、经营秩序规范）是我国绝大多数物流企业存在的主要问题。信息化能从根本上解决物流企业这些问题。

当前，电子数据交换（EDI）、电子订货系统（EOS）、供应链管理系统（SCM）、全球卫星定位系统（GPS）和地理信息系统（GS）等各项技术在我国已得到逐步应用和推广。然而，由于在网络通信、协同作业业务规范和物流信息化政策法规等方面缺乏统一的标准与支持，物流系统整体协同作业效率并未大幅度提高。

目前，已经建成的基于Web的物流信息平台，绝大部分是由港口、ED中心、大务公司各自建立的物流平台，主要提供诸如在线下单、订舱、询价、货物跟踪等功服务，这些平台在一定程度上解决了物流方面的问题，但在系统功能上却存在诸多不足之处，例如，系统功能单一分散、对供应链的支持有限、缺少对企业内部管理支持、对客户的个性化服务支持不足等。

4.城市物流系统缺乏统一规划与有效管理

中国国内物流业的发展与其他产业不协调，缺乏物流系统发展的统一规划。国家宏观层面的物流发展方针不明确，对物流产业的形成和发展缺乏指导，适应物流业发展的机制尚未建立。主要表现是城市物流基地的规划与调整、物流资源的配置与调度物流企业之间的整合与协调、物流信息平台的建立与连接、物流技术标准的制定还存在缺陷。这些问题的解决需要政府做出极大的推动和支持。然而，由于政府管理体制还是建立在传统的计划经济基础之上，城市的物流业还分散在各职能部门，各部门从自身的利益出发，不想放弃自己的领地，纷纷出台对自己有利的政策措施以维护自身利益，从而使原本可以整合的物流企业和物流资源变得十分困难。也因此造成了我国物流业合理化水平较低的现状，并且物流组织不尽合理，物资舍近求远无效流动的现象较为严重，大量物流活动缺乏专业化物流企业组织物流服务，服务水平低，物流费用高。中国物流成本占GDP比重的大小、产品库存时间的长短等这些重要指标与外国同行业相比尚有较大差距。

此外，我国物流行业协会等中介组织或没有建立，或是已经建立起行业协会，却没有发其应有的效率，在城市物流宏观管理和统筹协调中也处于严重缺位的状态。

5.第三方物流发展潜力巨大

中国第三方物流市场处于发展初期，发展潜力巨大。美国美智（Mercer）管理顾问公司和中国物流与采购联合会共同对中国第三方物流市场进行了调研，美智专业人员用访谈及电话了解的形式，调查了约70家企业。调查结果显示，中国第三方物流主要呈现以下特点：

（1）第三方物流供应商功能单一，增值服务薄弱。物流服务商的收益85%来自基础性服务，如运输管理和仓储管理，而增值服务及物流信息服务与支持物流的财务服务的收益只占15%。

（2）第三方物流市场相当分散，第三方物流企业规模小。在调查中还没有一家物流服务商拥有超过2%的市场份额。目前，中国物流市场的地域集中度很高，80%的收益都来自长江三角洲和珠江三角洲地区。

（3）物流供应商认为阻碍其发展的一个最大障碍，是很难找到合格的物流管理人员来推动业务的发展。同时，还反映复杂的行业监管环境和政府的限制，也在很大程度上阻碍了他们的发展。例如，为了向顾客提供一个全国范围整合的物流服务解决方案，物流服务商必须取得按省份和运输方式取得多个运营许可证。

（4）中方客户更重视直接运输和仓储成本，而管理和库存成本被排除在物流成本之外，只有33%的客户知道物流整体成本的数字。库存量过大与流动资金周转较慢成为加大物流成本的主要因素。

6.物流业发展与城市发展出现矛盾

在我国，很多中心城市纷纷将发展现代物流业作为21世纪新的城市经济增长点。现代物流正在成为我国现代城市经济发展的强劲动力。然而我国大部分物流企业与物流设施装备的区域中心城市长期以来受条块分割及"大而全""小而全"的思想束缚，不仅城市物流资源闲置浪费巨大，而且效益低下。据统计，目前我国城市仓库剩余量达到40%，公路货运空驶率达50%。同时，作为大量消耗燃料能源的我国城市物流，其产生的废气、废水、噪声以及废物也正在严重地破坏城市生态环境的平衡。为实现城市经济的可持续发展目标，构筑可持续发展的现代城市物流体系，成为我国城市经济发展的必然选择。

7."最后一公里"的配送问题多

所谓"最后一公里"指的是商业物流中的末端配送物流，是整个城市物流体系的最后环节。末端物流服务与干线物流服务不同，它不着眼于长途、大批量的货物运输，而是主要解决局部地域内品种各异、需求零星、面向终端用户的物流综合服务。由于末端物流存在服务地域分散、需求随机、中间环节多、价值增值小等特点而不受重视。在许多大、中型城市，商品配送成为商品销售的瓶颈。以家电行业为例，多年的发展使家电零售业趋于集中，例如，国美、大中、苏宁等连锁零售业占据电器行业销售额的60%～85%，然而他们都受到末端配送物流问题的困扰。我国电子商务长期得不到应用和发展，缺乏高效可靠的配送环节是关键因素之一。在商品经济竞争日益激烈、流通渠道扁平化日益明显的今天，末端配送的重要性正在日益显现。

之所以出现上述问题，主要包括以下几个方面的原因：

（1）制度方面

政出多门，缺乏统一规划，长期以来受计划经济体制的影响，物流产业管理上存在条块割据、部门分割等问题。物流产业的不同环节分别由工商、市政、商务、交通、铁路等部门归口管理。由于缺乏全局观念，难以形成统一政策，部门之间的协调也比较困难，使全社会难以形成协调一致的综合性物流服务体系。部门割据同时还造成了对物流系统规划的不合理。各部门分别制定自己的物流体系规划，统筹协调不够，重复建设严重。例如，作为中国公路主枢纽城市的北京，在规划的5个一级公路枢纽中，没有一个是与铁路枢纽站进行统一规划的。部门割据难以形成统一的物流标准，从而制约了物流在不同环节、不同地区的不间断流动。例如，由于铁路和海运集装箱的标准不统一，使多式联运受到了严重制约。

（2）政策方面

对物流行业的支持力度不够。很多城市没有出台具有可操作性的物流发展优惠政策，从而造成政府对物流管理的政策依据不足和管理职能的缺失。最终表现为市场管理不得力，市场秩序混乱。从事先进物流服务的企业不但无法得到政策性的优惠，在很多方面受益甚至还不如其他企业，例如，在税收方面，企业自营物流功能不会单独纳税，而从事综合服务的第三方物流企业则要为外包业务重复纳税。新型物流企业在交通收费、车辆限行方面也没有得到政策倾斜，因此与自营物流相比没有成本优势，自然难以取而代之。

（3）技术方面

物流行业技术手段落后，大部分物流企业技术手段落后，采用现代物流与信息技术的企业比例很小；条形码（BC）、全球卫星定位系统（GPS）、地理信息系统（GIS）、射频识别技术（RFID）、分销资源计划（DRP）、车辆路线优化（VRP）和企业资源计划（ERP）等新技术应用水平较低；缺乏社会物流信息平台建设，企业间没有信息接口，难以实现物流企业与用户间的联网与协调，降低了物流运作的水平和效率。

（4）物流人才方面

从业人员素质偏低，物流人才匮乏。物流企业的从业人才中，大专以上学历只占19%，物流专业毕业不足1%，尤其缺乏对现代物流理解深刻的高级物流管理人才。物流人才的匮乏延缓了物流业发展的步伐。

第三节　城市物流发展的趋势

一、城市物流未来发展的方向

近年来，中国经济发展进入了新时代，新的时代中国城市物流发展的背景出现了巨大变化，重点体现在以下三个方面。第一，城市物流面临的经济社会环境变化。"懒人经济"现象的出现对城市物流配送最后一公里的需求越来越多，城市物流发展面临的经济社会环境已经发生重大变化。第二，新时代经济社会基础设施发生了重大变革。首先是互联网成了社会基础设施。互联网过去是信息互联互通的技术手段，随着商流与信息流的融合，带来了商贸流通业的电子商务变革；随着电子商务的快速发展和物联网技术的应用，推动互联网从天网到地网开始落地，信息流、商流与物流开始融合，互联网与物流都变成了基础设施。第三，新时代的物流技术呈现系统性变革。随着互联网、移动互联网、大数据、云计算、区块链、人工智能等新技术在物流业的应用，推动了机器智能的快速发展。机器智能的感知系统在很多方面远远超越了人类的感知，可以感知几千公里以外的信息；机器智能的信息传输系统借助互联网与物联网技术，可以遍布整个社会；机器智能的自动化执行能力，很多方面也远远超越了人类的能力范畴；机器智能是群体智能，整个体系互联互通，集成了大数据、云计算、机器学习的"物流大脑"，其计算和存储能力也超越了人类。我们把融合了大数据、云计算、物联网、区块链、移动互联网、人工智能等技术形成的技术体系称之为信息物流系统（CPS），信息物流系统是物质世界互联互通、虚实融合的智慧系统，这个技术体系的变化给城市物流发展将带来很大的冲击，正全面推动着中国城市物流的发展创新。

我国从20世纪80年代开始对物流进行研究，2000年开始发展城市物流，物流在我国的发展起步较晚，物流业的发展水平与发达国家相差较大，我国应该积极引进国外发达先进的物流理念与模式，寻找适合中国物流发展的道路。

要发展城市物流，必须摒弃传统的物流模式，运用现代的物流理念。所谓现代物流是指物流对象从起点到终点以及相关信息有效流动的全过程，它将运输、仓储、装卸、加工、包装、配送和信息等方面的有机结合，形成完整的供应链，为用户提供多功能、一体化的综合性服务。现代物流是与现代化社会大生产紧密联系在一起的，广泛采用了代表生产发展水平的管理技术、工程技术及信息技术等，信息化、系统化是现代物流与传统物流最显著的区别，用来满足现代企业经营管理和社会经济发展的需要。

城市物流要实现可持续发展，就必须要考虑对自然环境的影响，实现与环境的协调一致发展。近年来倡导绿色生产、绿色制造，应运而生了新理念——绿色物流。绿色物流将成为新的增长点，它主要包括两个方面：一是对物流系统污染进行控制，即在物流系统和物流规划与决策中尽量采用对环境污染小的方案；二是建立工业和生活废料处理的物流系统。除此之外，电子物流是现代物流服务业发展趋势。物流系统必须有良好信息处理和传输系统，如美国洛杉矶西海岸服务公司与码头、机场、海关进行联网，使客户可以从该公司获得货物到达的时间、到岸的具体位置，可使商品在几乎不停留的情况下快速流动，直达目的地。良好的信息系统能提供极好的物流服务，赢得客户的信赖。

1.城市物流将趋向系统化、全球化、标准化

物流系统化的核心是对整个物流全过程的管理和控制，运用技术、组织、经济等各种手段，追求物流系统的最优化、效益的最大化。物流的理论和思想不断向前发展，20世纪90年代，开始着重强调物流对客户关系的作用和跨企业的延伸，关注供应链的管理。2005年，美国物流管理协会更名为"美国供应链管理专业协会"。物流企业需要融于生产、采购、销售和信息相结合的大系统中，隶属于供应链管理的环节，这将成为城市物流产业发展的一个重要趋势。

20世纪80年代，跨国公司采取全球采购、优化全球物流运作体系，将生产基地向目标市场转移等策略以降低物流成本。20世纪90年代形成了全球经济化的大潮，许多跨国物流企业也跟随其客户企业的拓展，不断完善其在全球的物流运营网络。在国际化大生产、国际资本大流动、国际贸易大发展、经济全球化日益进展的新经济格局中，物流必将日益趋向全球化。

在现代城市物流日趋系统化、全球化的发展过程中，需要建立一整套现代物流标准体系，以物流系统中的采购、包装、运输、仓储、装卸、流通加工、配送、物流信息交换等诸多要素的有序结合，促进要素流动的快速和及时，为客户提供高效、优质的服务，从而推动我国现代物流业的发展。物流标准化是一个大系统，物流的运作共性特征用五个字概括，即分、合、搬、运、存。现代物流最有魅力的就是怎么分流、怎么合流、怎么搬运，其次才是传统的运输和存储。为了更好地进行分、合、搬，我们首先需要对物流的作业对象"物"进行规范化和标准化，这就是物流系统运作的起点。从这一点出发，从物流的"物"的标准化做起。其中托盘是物流系统中最重要的作业单元、运输单元与存储单元，先从标准托盘抓起，发展单元化物流，带动物流上下游技术装备、物流设施、货运装备的尺寸模数协同和规范，是商务部推进商贸物流标准化的主要路径，也同样是推进城市物流标准化，提高城市物流配送效率的重要措施。

2.智慧物流的发展将提升城市物流的服务功能和管理水平

智慧物流的提出顺应了现代物流智能化、网络化、实时化、可视化和专业化的发展趋势。智慧物流机制的开发有利于加快行业物流运作与管理方式的转型，提高物流运营效率和产业链协同发展效率，加快供应链一体化进程，降低企业的物流成本，提升物流企业核心竞争力，构筑企业经济新增长点。智慧物流的发展同时也是智慧城市管理的重要步骤，实现各路资源的合理归置，优化城市基础设施布局和建设规划，形成多种智能服务，高新技术协同发展的智慧城市，将城市管理拉至新的高度。智慧物流产业技术创新一般是从单点的核心技术展开，具备较强的带动作用，以此为基础形成较强的产业技术链条，形成新业态，为用户创造新的价值，以此演化，不断形成新的产业发展周期。基于物联网技术的智慧物流架构分为三层，即感知层、通信层及应用层，在每层的基础上依据现代物流的需求进行细化完善，以推广应用先进技术和管理手段为支撑，促进供应链可视化和智能化，如图2-1所示。

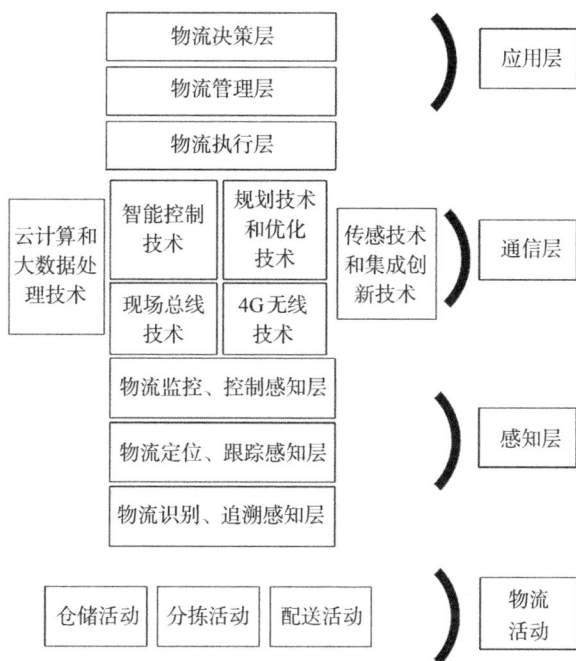

图2-1 智慧物流的技术架构

物流公共信息平台是由政府物流管理、金融、物流企业以及物流运输部门共同参与，通过网络组成的物流网络信息交流、管理系统，其本质是为物流生产提供信息化手段的支持和保障。高效的物流公共信息平台是现代城市物流快速发展的基础，通过采集、发布物流信息，使商流、物流、信息流、资金流等实现即时互动，在实现物流合理化的运转方面具有重要意义。

目前，国内已有不少省市在开发建设物流公共信息平台，例如，大连市利用其港口优势，建立融合通关、物流、交易、政务四大功能的物流信息平台，开创"一站式"服务；深圳在物流公共信息平台中融合口岸电子执法、物流通关服务、物流信息服务和物流电子商务等多个系统，推行联网保管、网上支付、担保放行等多项优惠措施。

智慧物流推动共享物流发展。城市配送中的共享物流主要指跨行业、跨企业、跨竞争对手和跨区域的全面物流资源共享，从而提高物流系统效率，降低物流成本，推动物流系统变革的物流模式。可用于共享的物流资源主要有物流信息资源、物流技术与设备资源、仓储设施资源、终端配送资源、物流人力资源等。智慧物流让物流资源的信息更加透明，让闲置的物流资源可以共享，推动了众多共享物流模式创新。例如，城市物流共同配送是共享物流配送资源的创新模式，共享云仓是城市配送企业共享仓储设施的创新模式，智能快递柜是共享城市末端配送设施的创新模式，物流众包是共享物流人力资源的创新模式，托盘与周转箱循环共用是上下游配送企业共享物流单元化载具的创新模式等。智慧物流推动物流先行。近年来，几乎所有电商物流系统都在做前置仓，其原理就是借助于大数据分析预测，建立数字路由，数字分仓，提前把货物前置到离客户最近的仓中，从而实现物流配送的快速响应，大幅提升物流效率。库存分布式管理控制对大数据的预测与分析要求非常高，优化与运筹计算过程也非常复杂。智慧物流推动即时物流变革。即时物流是最传统的点对点物流服务。现代城市物流配送中即时物流发展这么快的原因主要还是随着智慧物流技术发展，实现了即时物流系统的智慧调度，面对庞大的订单、众多的骑手、复杂的路径、即时配送的精准要求，可以实时做出智慧响应，定位最近骑手、制定最优路径、计算最准的配送时间，满足客户的即时配送需求。此外，即时物流可以从门店末端向上游连接，优化门店流通服务的供应链；与新零售对接，把新零售物流配送服务延伸到消费者末端；在门店之间建立链接，实现门店与门店之间的货物调拨，推动物流供应链体系变革。智慧物流是城市物流发展的大势所趋。一体化智慧物流网络有助于避免物流基础设施的重复建设，改变社会资源的传统配置方式。强调专业化、智能化、信息化和网络化的智慧物流成为现代城市物流的发展方向。

3. 第三方物流和第四方物流服务兴起

第三方物流的诞生是为了迎合新型管理理念的要求。Robert C（1993）认为，由外部公司去完成传统上由组织内部完成的全部或者部分物流功能，则称为第三方物流。David Simc；hi 等（2000）认为，第三方物流指的是，利用一家外部公司去完成企业全部或部分物料管理和产品配送职能。我国 2001 年 8 月 1 日公布的《中华人民共和国物流标准术语》中，将第三方物流定义为："是由供需方以外的物流企业，提供的物流服务的业务模式。"这一定义明确了"第三方"的内涵，即物流服务提供者作为发货人（甲方）和收货人（乙方）之间的第三方，代表甲方或乙方执行物流功能。直至目前，第三方物流，还没有一个得到各方认可的概念。不过，第三方物流的基本思想在于：裁汰客户公司的冗余资产，以提高客户公司的市场竞争力。

关于第四方物流的定义，国际上依然有着不同看法，但Gattoma的定义得到了较高认可，即第四方物流是通过整合、管理企业内部资源以及和企业存在互补性的服务商所持有的资源、技术、能力等资源，为客户提供完整供应链解决方案的企业。从第四方物流企业的运作来看，其是在第三方物流基础上发展起来，重在进行物流企业和相关企业资源的整合运用，提供的是整体解决方案。当然，也有专家学者倾向于认为第四方物流是供应链管理的一个变异，在物流技术特别是信息技术的支撑下，为客户提供基于供应链管理解决方案的物流商。综合来看，第四方物流就是借助现代物流技术与信息技术，统筹社会资源，提供完整的物流解决方案，帮助解决物流问题，降低物流成本，实现物流增值。第三方物流在发达国家的物流市场已经占有较为重要的地位，在欧洲，尤其是在英国，普遍认为第三方物流市场有一定的成熟度。目前欧洲使用的第三方物流服务的比例约为76%，美国约为58%，且需求仍在增长。研究表明，欧洲24%和美国33%的非第三方物流服务用户正在积极考虑使用第三方物流服务。而且，国外对四方物流的研究和实践也已是如火如荼，不少公司已经开始第四方物流的运作。

4.绿色物流是发展新趋势

《中华人民共和国国家标准物流术语》GB/T 18354—2006中指出，绿色物流是指在物流过程中抑制物流对环境造成危害的同时，实现对物流环境的净化，使物流资源得到最充分利用。《绿色物流指标构成与核算方法》GB/T 37099—2018中指出，绿色物流是指通过充分利用物流资源、采用先进的物流技术，合理规划和实施运输、储存、包装、装卸、搬运、流通加工、配送、信息处理等物流活动，降低物流活动对环境影响的过程。通过比较，新的绿色物流概念不仅包含最初环境保护、资源充分利用的要求，也包含利用先进技术、绿色物流各环节，进而实现降本增效、高效衔接生产与消费、促进国民经济健康发展的目标。因此，绿色物流的最终目标是可持续发展，实现该目标的准则是经济效益、社会效益和生态效益的统一。

绿色物流既要为企业带来经济效益，又要追求社会效益；既要保护消费者权益，还要满足可持续发展的要求，注重对环境的保护和资源的节约，兼顾环境效益。因此，绿色物流是物流学与环境管理科学、生态经济学、运筹学、信息与系

统科学等学科的交叉，集合了可持续发展、生态学、资源学、环境学、社会学、经济学和大数据等理论知识。同时，绿色物流是互联网、物联网、云计算、大数据、区块链、移动互联网等多种技术的交叉，形成了培育组织和技术创新的摇篮。

2017年，习近平总书记在党的十九大报告中指出："建设生态文明是中华民族永续发展的千年大计。"推进生态文明建设，是关系我国经济社会可持续发展、人民生活福祉和中华民族未来的全局性、战略性、根本性举措。发展绿色产业，既是推进生态文明建设、打赢污染防治攻坚战的有力支撑，也是积极落实绿色发展新理念、培育绿色发展新动能、实现高质量发展的重要内容。物流业应践行国家绿色发展理念，自觉推动行业绿色发展。提高物流基础设施的绿色化水平，提升物流企业的科学化管理水平。通过定期公布绿色物流技术目录和技术规划路线图，企业和行业协会加强技术培训和政策引导，企业和科研院所注重科技创新及成果转化，提高物流基础设施的绿色化水平。大力推广绿色物流技术，开展绿色配送、绿色包装、绿色仓储等科技攻关。持续推进柴油货车污染治理力度，加快液化天然气和新能源车辆的基础设施布局，鼓励和支持集装箱、托盘、笼车、周转箱等单元化装载器具循环共用及多式联运、挂车共享租赁等绿色装备共享。通过完善物流组织管理体系，充分运用大数据、物联网、人工智能等新技术加强物流智能信息化建设，强化市场作用和物流全流程的在线监管，鼓励和支持节能技术与装备以及能源合同管理等节能管理模式，推动托盘服务运营体系建设及公共"挂车池""运力池""托盘池"等共享模式和甩挂运输等新型运输发展，降低企业管理成本，提高物流效率，进而在单位能源资源的消耗基础上产生更多的价值。发展绿色物流要大胆创新和探索，通过加强国际交流与合作，学习先进经验，并结合我国实际国情，努力走出一条具有中国特色的绿色物流发展之路。

二、城市物流未来发展的意义

未来城市的物流发展会更灵活。每个城市有不同的空间格局、基础设施和城市环境，因而也制定不同的城市物流战略。正如前面所强调的，每个城市都将有自己独特的、量身定制的选择。各城市也将更加积极主动地参与民营物流供应商的活动，降低城市货运配送的风险。对于每个城市，解决未来的物流问题需要有量身定做的解决方案和主题。城市物流产业有助于提高城市其他产业的竞争力。

城市物流与城市经济之间的关系如图2-2所示。城市物流是城市经济的重要组成成分，大力发展城市物流系统对于改进和提高城市经济运行质量，完善城市现代化功能，提升城市综合竞争力，都具有十分重要的意义。

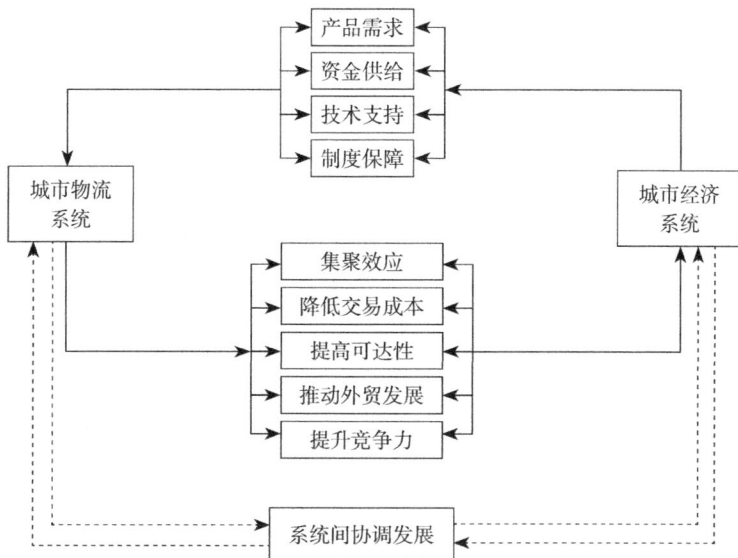

图2-2 城市物流与城市经济互动作用

1.降低城市物流成本

通过对现有文献的分析，可以发现物流产业的概念产生在工业社会之后，但是在古典经济时期，很多学者就注意到了当时类似于物流产业的社会活动，给经济的增长带来了一些影响，如威廉·配第、亚当·斯密、卡尔·马克思、阿尔弗雷德·马歇尔等对这一命题就有所涉及和研究。到了近现代，比如著名的发展经济学家罗斯托，城市经济学家杜能、韦伯、伊萨德等对这一命题就有了比较深入的研究。工业革命之前，一些学者逐渐认识到了交通基础设施与经济增长的关系，他们的观点中均有运输对经济增长中重要作用的表述，但是鉴于当时的数学基础和统计水平，没有深入的研究和定量分析。比如威廉·配第首先把运输作为衡量一个国家和地区经济繁荣的标准，他认为资源的利用需要先进的运输工具和运输能力的支持。现代西方经济学之父亚当·斯密提出，运输活动通过影响市场分工的深入，推动生产力和经济增长的重要思想，在他的市场分工观点中包括陆运、水运等交通运输成本的降低和便捷的提高，可以促进市场分工的深入和市场边界的扩大。经济学家李斯特则更加直接地认为运输是社会经济增长的重要因素，认为运输与工业相互影响、相互发展。马克思也认为，运输的革命仅次于工业革命，是人类社会发展史上的重要一环。马歇尔·特巴将运输纳入经济增长的范畴，认为经济的增长会带动运输业的发展，运输业的发展会降低运输成本，进而影响生产力的流动。经济学家罗斯托从全球视角研究运输业在国民经济增长中起到的作用，他发现不同国家虽然经济的演化过程不同，但是运输业总是在经济发展的过程中起到非常重要的作用。伊萨德认为，运输业在产业升级和重新布局的过程中，起到非常重要的作用，能左右产业的布局形态。

上面提到亚当·斯密的市场分工学说，现代物流产业就是在市场分工细化的前提下而产生的，市场经过长期的发展，分工不断细化，不断降低交易成本，不同的企业发挥不同优势，通过贸易往来，完成产品流通和交易，最终产生利润。当交易成本降低到一定程度，市场才能得到发展和扩大，也就是说交易成本的大小决定着区域市场的大小，交易成本的降低，才带来经济的发展。发展城市物流，可对各种物流要素进行整体的优化、组合和合理配置，实现社会物流活动效率的提高和社会物流总成本的降低。例如，城市物流可以把企业之间的重复运输、迂回运输、单程运输和空驶率降到最低，实现物流短路化，从而最大程度上发挥各种物流要素的作用，使总体城市物流和运输成本大大降低，提高整个城市经济运行的效率。

物流产业，特别是现代物流产业已经突破了传统产业上点对点、线并线的流通模式，已经形成了点与线的交织和纵横，形成了由物流节点与物流线路构成的物流网络体系。这种体系不是简单的节点与节点之间由线路相连接，而是存在着由物流企业从物流网络整体优化的角度进行更加合理的配置和设置。投入资金对有效的资源进行合理整合，可以使整个物流网络更加密切、合理、高效、稳定。物流产业从交易行为和交易过程中降低经济运行成本的主要途径是现代物流企业在供应链上或者在不同企业之间充当了中介商或交易平台的作用。物流企业可以向其他企业提供诸如代收货款、代为发货、仓储管理等服务，这些服务改变了原有的市场交易行为，其他企业只需要缴纳服务费用就可以大幅减少因流通领域矛盾产生的各类仲裁和诉讼成本。现代物流企业通过他们的合作伙伴更好地交换信息和相互协作，应对企业经营的风险、提供运行效率，实现物流产业与其他产业的共赢和发展。城市物流产业是城市经济稳定发展的重要保障。在西方发达国家，物流被视为"成本经济最后防线"和"经济领域的黑大陆"，可以说是城市物流的发展促使城市运输、仓储、海关、港口、通信等方面的建设和完善，巩固了经济的最后防线，成为城市经济稳定发展的重要保障。

2.优化城市产业结构

物流产业推动产业结构变化，从劳动力转移的角度看产业结构的调整，现代物流产业集约化、科学高效的经营业态对周边产业的发展具有强有力的带动作用，这种作用正在逐渐推动传统产业向现代产业发展。新的产业形态提升了企业的运行效率，减少了劳动力的投入。比如，农业产品的储存、运输交由物流企业完成，农业企业减少了原来负责仓储和运输的人力投入，剩余的人力资源或劳动力将向工业、服务业转移，也就是说，在新的产业形态形成之后，剩余劳动力将会从第一、第二产业向第三产业转移。这样的事实正好印证了一个地区的经济水平越高劳动力在第三产业占比就越高的理论。城市物流从服务生产和消费功能来讲，属于第三产业。城市物流的发展可以促进第三产业商流、资金流、信息流、技术流的集聚，以及交通运输业、商贸业、金融业、信息业等多种产业的发展。另一方面，城市物流发展与第二产业也有密切的关系，它将带动一批物流产品制造业的迅速发展，对物流设备制造业、高新技术产业提出新要求，同时城市物流可以通过市场信息引导工业生产，用信息化带动工业化，促进工业的整体素质和竞争力的提高。

城市物流产业能够通过现代化的物流设施和技术手段将零散的中小物流企业整合，同时也能将其他行业的零散企业资源进行整合，实现资本、技术、信息和劳动力的高度集中化，推动传统产业升级创新。比如，哈尔滨市道外区的经济发展是以商贸物流行业为主，但是，由于传统企业的分布零散，各类信息传播速度滞后，企业的发展总是受到土地、成本、劳动力的制约，这里的传统商贸物流行业还停留在占道经营、马路经营的传统业态，导致道路拥堵，交通秩序混乱。没有专业仓储库房，消防安全和治安安全没有保障，市民和企业经营业者怨声载道，政府治理面临挑战。一些现代物流企业，发现了其中的商机，他们利用政府引导零散商贸物流企业集中化经营，传统企业提档升级和转型的机遇，进入这一市场，建设现代物流产业园区。哈尔滨传化公路港是一个现代物流产业项目，通过建设现代化的物流场地，组织专业团队引进商贸物流企业进驻，提供一系列配套服务，将哈尔滨市区内的商贸物流企业整合进入现代物流产业园区，将原有零散的商贸资源进行整合，并且，通过建设电子商务大厦、网上创业基地等互联网经济项目，大力引导传统企业拓展商业渠道，发挥其产业集聚作用，提升原有物流企业的整体运营档次。

城市物流与其他产业存在关联带动效应。城市物流经过长时间的发展，已经形成了高度专业化和规模化的经营模式，在前文书中也论述过，很多学者认为城

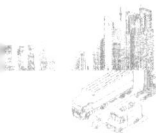

市物流就是现代经济体系中供应链的一个环节或一个重要组成，物流业的产业特征决定其具有强大的产业关联效应和发展带动效应，具体表现为巨大的仓储体系产生了巨大的市场效应，产业关联效应聚集了周边配套产业，更多的相关产业聚集产生了强烈的集聚效应，促进了这些产业的发展。现代物流产业吸引了众多周边产业和相关产业聚集经营发展，相关产业聚集产生集聚效应，产业链上的工业产品的运输成本、生产成本、经营成本大幅降低，企业的成本降低，利润提高，市场竞争力得到了提升。

3. 增强各城市之间的经济联系

城市物流有助于加强城市之间的相互联系，实现城市经济的均衡发展。我国的经济活动往往受到不同省市、不同政策和基础设施条件的影响，不同的行政区域的政策环境、发展环境和经济环境往往存在很大的差异，但是现代物流企业往往是通过相同的商业模式发展运营，虽然存在行政区划之间的差异，但是物流企业却因市场的存在而相互联系，构成网络和节点，可以加强城市之间的"需求关联""成本关联"和"外部规模经济效应"。例如，华南城通过复制其特有的经营模式，在国内相继投资建设了众多物流园区。同样的，众多物流企业构成了物流产业，物流企业之间的相互联系主要是通过共享信息流、物流网络和共享交易平台实现，这些商业活动对于物流企业的生存和发展是十分必要的，物流企业通过这些共享、交流和联系，才能形成区域性的其至国际性的物流网络，才能实现交易成本降低、运输成本降低的愿望。从城市之间的视角来看，物流降低了城市之间的商品交易和运输、信息交换、人员流动的成本，促进不同城市之间的资金、劳动力及其他资源相互流动，增强城市之间的互相联系。

一方面，城市物流节点的经济增长效应会"辐射"周边地区，使资本、技术、人才、市场、信息等向经济相对落后的周边地区流动，带动周边地区全面提升经济、技术、管理等水平，使节点所在地和周边地区共同发展；另一方面，按照经济发展规律和增长极理论，城市物流节点的经济集聚效应不会无限制地发挥作用，其在城市的不断扩大和集聚会导致"经济不集聚"，使经济要素和经济活动向周边地区分散，对周边区域的发展起到拉动效应，改善周边地区经济发展的不平衡状态，提高经济运行质量，促进城市经济的相对均衡发展，推动经济一体化的进程。

小　结

随着新时代经济社会主要矛盾的变化，中国城市物流面临的经济社会环境也必然发生重大变化，从降本增效到提质增效，从粗放发展到高质量发展，从求数量增长到发展绿色物流。中国城市物流市场需求巨大，发展空间广阔。在新时代背景下，结合国外城市物流发展经验，中国城市物流正向标准化、智慧化和绿色化方向发展，将涌现出众多的创新模式，同时，还将面临着巨大的成长空间与良好的发展机遇。

第三章

现代城市物流发展环境分析

本章重点理论

现代物流是经济全球一体化和信息技术飞速发展的产物。现代物流业的出现是社会分工细化演进的必然结果。科学技术的发展，市场竞争的加剧，城市化与工业化的相互作用共同促进了它的快速发展，并逐渐形成新兴产业体系。现代城市物流的发展是城市化进程不断加速的必然趋势。城市物流的组织工作带有其天生的复杂性，因为城市是人们生产、生活的集中地域，城市高密度的人口和复杂的工商企业与服务业的特点，使其物流呈现出流量多、密度大、节点分布广的特点。要想使得现代城市物流的发展更加合理、迅速，分析现代城市物流发展环境是十分有必要的。本章主要针对现代城市物流发展环境进行展开。

第一节 现代城市物流的特点

一、物流业的服务属性

物流业基本上属于生产性服务业，其基本运营单位是物流企业。物流企业为生产制造和商品流通等货主企业提供物流服务。货主企业的物流服务需求属于派生需求，例如，生产制造企业经营活动中的原材料采购、生产制造和产品销售需要包括实物运输、仓储、配送、库存管理等物流功能的支撑。物流功能活动既可以由企业自己来承担，也可以在市场上购买物流企业的服务，或以合约的方式委托给物流企业承担。物流企业是以货主企业的物流需求为市场开展经营活动并获取收益的经营主体，货主企业的物流特点和需求变化，直接影响物流企业的服务内容和运营模式。物流服务属于无形产品，并不改变商品的使用功能，但可以增强商品的经济功能。

物流业提供服务的基础是服务资源，具备现代服务理念、懂管理、会经营的高层次人才是物流企业创新发展的第一资源。物流业的服务对象是货主企业，作为物流经营者不仅要通晓本行当范围内的业务，还要精通对象企业及所在行业的产品、技术、市场等方面的特点和发展趋势，只有这样才能够为客户提供更加贴切的物流服务，才能够在传统物流服务的基础上，为客户提供更为全面、更加精细化的物流服务，在为客户提供高水平物流服务的过程中获得良好的经济效益。

物流业的服务属性，还决定了物流企业在经营实践中，在基础服务之上可以尝试服务范围的延伸，提供更多的增值服务。特别是有实力的物流企业，可以在商品流通领域通过提供代理采购、代理报关、贸易融资、库存管理、面向末端的客户服务等方式，进一步密切与客户的关系，打造更加具有竞争力的供应链物流服务链。

二、物流业的系统属性

如果物流业仅仅是运输业、仓储业和货代业等行业的集合词，类似一个行业类别的概念，那只是提供了称呼上的便利，其实质并未发生什么变化。现实中，由于运输是物流的核心功能，也就将运输活动同物流活动画上了等号，提到物流业想到的却是运输业，运输量指标也常作为代理指标表示物流规模，运输物流或物流运输的叫法也很难区分清楚。

实际上，物流概念一经提出，便具有追求系统化的经营管理理念，因此，与物流概念相对应的物流业概念也就内含了系统性属性。当物流业作为一个整体被看待时，物流业并不是物流行业内部运输业、仓储业以及货运代理业等简单的集合，其系统属性体现在物流业内部各种运输手段之间、各种行业和业态之间形成的相互联系、相互支撑、协调运作和发展的产业生态，在促进社会物流合理化方面发挥重要作用。物流业不仅要具备硬件条件和提供基本服务的能力，而且要具备站在货主企业的立场上，以物流专家的角色对物流功能进行效率化组合和运营的运作管理能力，只有这样，才意味着作为系统化物流概念下的物流业的真正形成。

三、物流业的现代属性

对应现代物流概念的出现和发展，作为物流服务供给侧的物流业也具有了现代特质。"现代"一词本身是一个相对概念，也会随着时代的发展赋予其新的含义。我们对当今物流业现代属性的认知，要充分意识到物流业作为生产性和生活性服务业对先进生产制造业和现代流通业的重要支撑作用，对企业国际化经营的重要支撑作用，对广大居民不断增长的服务性需求的重要支撑作用。作为具有现代属性的物流业，以贯穿于商品流通过程中的合理化物流活动为对象，通过向客户提供合理化的综合物流服务而发挥作用。

物流业的现代属性还体现在，区别于运输时代或前物流时代只能提供单一运输服务或单一仓储服务，而且运营方式简单、缺乏信息化支撑的传统运输业和仓储业，现代物流业在运营中广泛使用先进的信息技术，依靠管理信息系统和互联网平台以及自动化、智能化的物流作业技术和手段，提供高效率的物流及相关信息服务，使各种运输资源在现代物流运营系统或平台上得到有效整合。现代物流业的发展与一批新型业种、业态的出现是分不开的，如第三方物流服务提供商、道路货运无车承运人和多式联运代理人、物流市场资源整合平台，包裹快递服务商、电商配送服务商等新的业种、业态就是现代物流业的主体。一部分传统物流企业也通过信息化改造和服务升级转变成为具备现代物流服务能力的现代物流企业，传统的物流服务资源在整合到现代物流运营平台之后，也可以作为现代物流业的有机组成部分进而发挥更高水平的专业作用。

第二节　城市物流发展所需环境

一、城市物流发展所需硬件环境

城市物流进行的重要基础就是各种设备的建设。没有各种物流设施与设备的支撑，就没有稳定、高效的物流。离开一定的物质技术条件，任何物流活动都无法进行。物流设施与设备是指进行各项物流活动和物流作业需要的设施和设备的总称，分为物流基础设施与物流设备两大类。

1.物流基础设施

物流基础设施是指满足物流组织与管理需要、具有综合或单一功能的场所或组织的统称，主要包括公路、铁路、港口、机场、流通中心以及网络通信基础设施等。

物流基础设施网络主要由物流节点和线路两个基本元素组成。

物流节点包括物流专业设施和物流功能设施。物流专业设施是指企业相对集中或货流较为集中的区域，包括物流园区、物流中心、配送中心等。物流功能设施是指在物流基础设施网络的不同节点，满足物流运作单个功能或多项功能的设施，主要包括分散在不同运输领域和商贸领域的货场、仓库、港口等设施。

线路主要是指铁路、公路、水运、航空和管道运输路线。

2.物流设备

物流设备是指进行各种物流活动所需的机械设备、器具等可供长期使用，并在使用中基本保持原有实物形态的物质资料，不包括建筑物、装卸站台等物流基础设施。

按设备所完成的物流作业标准，物流设备可分为以下几种类型。

（1）运输设备

根据运输方式的不同，运输设备可分为载货汽车、铁道货车、水运设备、空运设备、管道设备等。

（2）仓储设备

仓储设备主要包括存储设备、物料搬运设备、单元输送设备、分拣设备、计量设备、数据采集设备和安全设备等。这些设备可以组成自动化、半自动化、机械化的商业仓库进行堆放、存取和分拣承运物品。

（3）装卸搬运设备

装卸搬运设备是指用来搬移、升降、装卸和短距离输送的物料的设备，是物流机械设备的重要组成部分。从用途和结构特征来看，装卸搬运设备主要包括起重机械、运输机械、装卸机械、工业车辆、管道气力输送装置等。

（4）包装设备

包装设备是指完成全部或部分包装过程的机器设备。包装是使产品包装实现机械化、自动化的根本保证，主要包括填充设备、灌装设备、封口设备、裹包设备、贴标设备、清洗设备、干燥设备、杀菌设备等。

（5）集装单元器具

集装单元器具主要包括集装箱、托盘、周转箱和其他集装单元器具。货物经

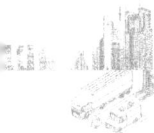

过集装器具的集装和组合包装后，具有较高的灵活性，随时都处于准备运行的状态，有利于实现存储、装卸搬运、运输和包装一体化，达到物流作业的机械化和标准化。

（6）流通加工设备

流通加工设备主要包括金属加工设备（如剪板机、卷板机、折弯机、校平机、切割机）、搅拌混合设备（如混凝土搅拌机）、木材加工设备等。

3.信息技术

现代城市化物流体系是以科学管理为前提，没有智能化的物流信息系统就不会有高效的物流。因此，物流信息化建设是非常重要的。

作为区别于传统物流与现代物流的一大标志，物流信息技术主要涉及电子数据交换技术、条码技术、无线射频识别技术、全球定位系统及地理信息系统等技术。这些技术在城市物流中的应用也是十分广泛且重要的。

（1）电子数据交换技术

电子数据交换技术，即为EDI技术，该项物流信息技术基于互联网支撑，紧紧围绕网络贸易，推进多种不同行业信息的共享，并对各式各样的信息开展处理。该项技术的一大特征便是对信息数据的标准化处理。早期，EDI技术在西方国家贸易业务往来中得到广泛推广，伴随信息技术的不断发展，EDI技术被引入信息交换领域。互联网技术的迅猛发展，为物流信息流通创造了多元丰富的交流方式，由此使得基于互联网的EDI技术应运而生。随着EDI技术在现代物流行业的广泛推广，传统贸易模式发生了翻天覆地的变化，一方面缩减了大量的资源，缩减了贸易单证传输的时间；另一方面极大地缩减了企业方面人力、物力的投入。除此之外，EDI技术与企业信息管理技术的有机融合，解决了传统交易信息冗余的问题，由此有效提高了企业的市场竞争力。需要注意的是，EDI技术的应用依旧存在各式各样的问题，主要表现如下：①法律效应问题，因为数据交换过程中未有纸质材料方面的单证，电子单证在引发法律纠纷案件时具备同等法律效应与否，便成为一个现实问题；②信息安全问题，伴随EDI技术的广泛推广，信息交换过程中如何确保用户的重要信息不被泄漏，已然转变成社会各界热点关注的一个话题；③标准化问题，EDI技术的推广，使得不同国家和地区、不同行业相互间执行同一种标准面临极大的障碍。

（2）条码技术

条码技术作为一项自动识别技术，诞生于20世纪70年代，是通过计算机的应用实践得以产生、发展起来的，现如今已在诸多行业领域得到广泛推广。图书馆中的书籍随处可见条码，超市、便利店也有条码的身影。伴随条码技术的发展，过去的一维条码不断向二维条码方向迈进。现阶段，二维条码也在诸多包装容器、机械装备器材上得到应用。二维条码对应存储着大量的信息数据，并且还涵盖了各式各样的图像信息，该种混合存储的功能使二维条码得到使用者的广泛青睐，其可为人们提供海量丰富的信息。与此同时，二维条码还表现出良好的识别信息能力及纠错能力，可有效提高物流信息传输的效率、准确性。此外，二维条码还具备保密、防伪等一系列优点。对于现代物流行业而言，条码技术发挥了十分重要的作用，依托条码技术，人们方可在物流活动过程中迅速、准确地采集并处理各式各样的商品信息，进一步解决数据采集等瓶颈问题，很大程度上提高了物流效率，并为供应链管理创造了很大便利。

（3）无线射频识别技术

无线射频技术同样是一项自动识别技术，该项技术依托射频信号便可实现对目标对象的有效识别，进而从中采集相关的信息数据，并且识别工作无须人工干预，即便在不良的工作环境下亦可展开自动识别。无线射频识别技术不仅可同时识别多个不同标签，还可识别运动状态下的物体，且识别操作十分便捷。线射频技术在物流行业中的应用主要涉及货物分拣管理、运输管理、存储管理等。现阶段，该项技术已在我国得到广泛推广，诸如在高速公路收费站应用无线射频技术，可实现不停车收费。与此同时，无线射频技术还在门禁系统、制造行业、药品管理等领域得到广泛应用。无线射频技术的应用可极大地缩减人力资源的投入，无须通过人工方式对相关识别条码进行查看，由此不仅可控制企业的人力成本，还可缩减人为因素造成的货物损失，为物流行业节省大量的作业成本。

（4）GPS及GIS技术

近年来，全球定位系统（GPS）及地理信息系统（GIS）在物流追踪、物流服务领域中得到广泛应用。其中，物流追踪指的是对物流运行中各式各样物流载体工具的实际位置进行追踪。全球定位系统可对物体开展覆盖面广泛的追踪，而地理信息系统则属于小覆盖面及阶段性的追踪。基于全球定位系统及地理信息系统的发展，我国还自主建设了北斗卫星导航系统，这一系统由处在地面的主控站、运控段每天向卫星传输校正数据，该部分数据可用于对物流运输的载体开展实时追踪，并且在信息处理端口开展对应信息数据的处理分析，这一系统还可实现差分定位功能，定位精度可实现米级，获取十分准确的追踪位置。因为我国物流服务成本相对较高，通过将GIS技术应用于物流信息服务的相关环节，发挥物流信息数据访问、物流信息跨区域服务等作用，可进一步有效实现对物流配送路线的模拟及物流配送网点的分布设置。

二、城市物流发展所需软件环境

1.经济

经济环境可以说是整个区域或某一地区经济发展情况的总称。具体到现代物流产业的经济环境，则是指与物流产业相关的区域或是行业的发展情况。例如，本地区经济发展的水平、经济规模及特点、所处地理位置的优势及缺陷、政府效率、作为物流产业构成部分的各行业基本情况（交通基础设施、货运企业数量及规模、仓储容量、商业网点等）、与现代物流产业相关的各行业（银行、海关、电信、网络技术等）。由于现代物流产业不仅是国家国民经济的支柱产业和今后一个新的经济增长点，而且还是国家流通业的基础，是企业的第三利润源泉，现代物流业产业的发展将会对国家经济有巨大的促进作用。任何实物的发展都不是孤立的，都与周围的环境有着千丝万缕的联系，而且在发展中，它也必然会与周围的环境相互作用、相互影响，对于物流产业而言也是如此。物流虽然早已存在，但对于一个产业而言，现代物流业并不是随便就可以建立与发展的，它必须有适当的经济环境。它得要求所处环境的经济发展必须达到一定的水平、有一定的规模，还要求与之相关的其他领域有一定的发展，达到一个较高的技术水准。否则不仅不会支持现代物流产业的发展，还会对其产生阻碍作用。

现代城市物流伴随经济高级化而产生并服务于经济的高级化过程中，促进经济的高级化。经济高级化的过程也是经济结构不断调整并高级化的过程。经济的高级化对经济的运行质量和效益有一定的要求，而推进现代城市物流是提高经济运行质量和效益的必由之路。现代物流是对流通方式的一场革命，它作为一种先进的管理技术和组织方式，对资源进行优化整合，从整体上改变了企业的一些运行方式。它要求企业以市场为导向，以需求为目标，最大限度地降低企业产品总成本，提高服务质量和经济效益。因此，发展现代物流是实现经济高级化所必需进行的。

2.物流业发展环境（政策与法律）

作为公共政策的一种具体体现，物流业政策是指"国家或政府为实现全社会物流的高效运行与健康发展而制定的公共政策"，其实质是政府对全社会物流活动进行干预的媒介和工具，体现了国家和政府在物流业领域进行的宏观控制。现代物流业政策是一种公共政策，体现了社会公共机构的价值判断，其中包含了自动变迁机制，因此，会随着经济社会的发展而不断丰富和发生变化。物流业政策具有如下性质：一是公共政策，具有一种公共物品的属性；二是体现了社会公共机构的价值判断或意志，具有时空上的差异性；三是物流业政策内含自动变迁的机制，具有动态可变性；四是物流业政策是一个自成体系的系统，具有系统性。城市物流业发展环境的建设更是离不开物流业整体的政策支持，以此来让城市物流发挥出更大的作用，产生更多的价值。

物流业政策的功能主要有以下特点：一是减少物流产业的外部经济性。现代物流产业是运输业、仓储业、货代业和信息业等多个行业的集成，是一个新兴行业，货主、物流从业者、消费者等微观物流主体发展还不成熟，在物流活动中的目标与行为既有一致性，也有不一致性，甚至会产生矛盾，因此，必须依靠公共机构的力量，借助于现代物流产业政策这一工具，在不牺牲微观物流主体效率与合法利益的基础上，尽量减少物流产业出现的外部不经济。二是扶持和促进物流产业的健康发展。现代物流是一项新兴的基础性服务行业，需要公共机构在各方面予以保驾护航。因此，国家和政府应该成为物流产业发展的后盾和支撑力量，从政策制定层面保证物流产业的基础设施建设，规范物流活动的有序进行，以期更好地满足社会有效开展物流活动的需要，保障物流产业能够安全度过幼稚期，推动这一新兴产业快速、健康、持续发展。三是对物流产业进行宏观调控。在开放经济的条件下，若没有政策制度对物流产业进行宏观调控而任其发展，那么我国在激烈的国际市场竞争中将难以立足。因此，政府出于对社会总需求和总供给平衡的考虑，通过出台和实施现代物流产业政策，服务弱小物流企业，协调物流与其他产业之间的合作关系，优化物流产业结构，促使现代物流产业达到优化资源配置、行业运行平稳的目标。

除了政策建设支持城市物流发展环境外，法律制度对于城市物流业的规范也是十分重要的。一个行业的快速发展，不但需要快速、稳定增长的市场需求，还依赖于高效率的市场交易活动和完善的市场交易制度；一个公开、公平、竞争有序的市场环境是各行业健康发展的基本保障。

建立与完善现代物流管理体制。现代物流业将传统运输、仓储、装卸、加工、整理、配送、信息等有机结合，是否意味着原来相应的管理部门也应当做出同样的整合！对此笔者认为，行政管理体制改革的关键在于职能的划分是否科学合理，以及部门之间的相互协调能力与效率。在高度分工的现代社会中，部门少并不意味着管理效率的提高，以交通运输部门为例，飞机、火车、轮船、卡车等运输工具之间存在明显的差异，分别交由铁道部、交通部、民航总局进行管

051

理，符合职能划分的科学性要求。在物流业发达的欧洲国家，政府也没有设立专门的物流部门进行统一管理，但由于运输基础建设和运输市场环境对物流业发展的关键性作用，许多国家由运输管理部门负责物流业的发展。结合我国现行的物流发展水平和行政管理体制现状，专业管理格局可以维持现状，由原来的各部门分别对各类运输工具实施管理；基础设施的总体规划以及物流技术标准的确定等应当由交通部负责协调和统筹；物流行业的宏观调控和物流市场的法制建设则应当由国家商务部负责。物流业发展涉及的面很广，涉及管理的事项繁多，随着物流发展水平和管理水平的不断提高，政府的管理重心从微观、中观管理逐渐向宏观过渡，微观层次交由市场主体通过市场竞争决定社会资源的流动，中观层次将由逐渐发展壮大起来的行业协会等社会力量实现对市场秩序的维持，政府职能进一步集中在宏观政策的制定和引导上，因此，在这个过渡阶段也没有必要设立专门的物流管理机构，新设机构反而会增加新的机构和职能，不符合政府职能发展的趋势。

完善物流基础设施建设方面的政策与法规。关于物流基础设施的专项法规主要有：各种运输方式的基础设施方面的法律和规章，包括公路法、航道法、港口法、铁路法以及规范基础设施投资方面的法律等。基础设施建设需要专项立法的主要依据是它涉及国家和公共利益，需要通过立法调整与这些基础设施建设有关的所有各种关系以及资源消耗的优化配置。由于国情的不同，工业化发达国家之间在基础设施建设的相关政策与法规方面存在一定差异，但是由于运输基础设施在社会与国民经济中的地位与作用基本相同，各国或迟或早总要采取一些相同的政策与法规，具体内容涉及明确各类运输基础设施建设主体的责任、权利和义务；明确基础设施建设所需的资金来源及筹集方式；有效利用公共资金的管理制度；有效利用私有资金的管理制度；降低成本、提高质量和建设高效的管理制度与制约机制；鼓励各种运输方式基础设施建设实现无缝连接的管理体制。

建立和完善与物流服务有关的政策和法规。物流服务包括运输、货运代理、仓储服务、分销等业务，以有关运输服务的法律规范为例，涉及所运货物的委托关系及有关货物损失的赔偿责任制度。在市场经济环境下，为维护公共利益，需要调整与运输服务有关各方的义务、责任和权利，包括公平竞争的规则、运输工具制造和使用的相关法律规范，以及关于专门针对从事运输代理服务业务的经营者的行为规范。与运输服务有关的政策与法规涉及运输管理法、车辆法、船舶法、交通安全法、海上安全法、仓储法、货运代理法、海商法等。各国的历史经验已经证明，在市场经济环境下，以机动运载工具为特征的现代运输业的发展需要政府制订有利于充分发挥各种运输方式内在优势、充分协调运输系统发展的政策法规。德国运输改革法案于1998年生效，该法的重要变化是为国内的各种货物运输方式制定了一套相同的法律规则，包括公路、铁路、内水和航空运输（海上运输仍适用独立的法律制度），这部法律较为成功地为各种不同运输方式提供了相同的竞争规则。我国合同法虽然已有若干规范，但在具体适用各类运输方式时还需要进一步规范，特别是从各类运输方式公平竞争的角度进行立法规范，显得尤为急迫。

统一和完善物流市场准入的法律法规。在物流产业的发展中，目前仍然存在对民营企业的歧视问题，如在城市交通营运证的发放、对国内货运代理权的准入、海关代理报关、物流企业的进出口经营权等方面，都不同程度地存在着所有制歧视的问题，不是根据统一资质标准和准入条件，而是根据企业经济性质区别对待，对民营企业控制得较严，使其难以在一般的国民待遇原则下公平竞争。尽快建立全国统一开放的市场，需要先从改革市场准入制度和线路审批制度入手，打破地方保护、市场人为割裂的格局，促进统一市场的形成。改革的方向包括：工商行政管理部门应为物流企业办理登记注册提供方便，除国家法律、法规和国务院规定的审批外，其他前置性审批事项一律取消；国际货物代理企业从审批制度逐步改为登记制；对经营物流的企业设置非法人分支机构，无须再登记注册。

消除行政垄断，建立以反垄断法为中心的物流市场公平竞争的法律制度。行政性垄断是指凭借政府行政机关或其授权的单位所拥有的行政权力，而使某些企业得以实现垄断和限制竞争的状态和行为。中国行政性垄断的影响和危害甚至超过了单纯的经济性垄断，并且它往往同经济性垄断融为一体，具体在物流领域中，我国目前还存在着较为严重的部门垄断和地区市场分割的状况，中国入世被要求拆除市场壁垒，实现公平竞争，但我国当前省际、市际、县际之间道路运输相互封锁的现象还非常严重。严格地说，行政性垄断往往缺乏国家权力机关制定的法律作为依据，或同国家法律相抵触，它们所依据的只是某些行政机关自己发布的行政性法规或命令、指示。因此，只有严格依法行政，加强法制建设，才能破除行政垄断，而明确各行政部门的职责，公开行政，加强执法监督，才是破除物流领域行政垄断的制度保证。

第三节　我国城市物流发展环境分析

一、硬件环境之城市基础

本书所涉及的物流基础设施，主要包括了各种运输系统以及物流园区、配送中心、大型仓库等物流节点。

城市的运输系统是其经济发展的基础，在我国城市运输系统主要包括公路运输系统、铁路运输系统、水路运输系统以及航空运输系统四大部分。管道运输系统由于其特殊的形态，因而还未能得到迅速的发展，而这四大运输系统中，又以公路运输系统为主。目前，我国城市经济的发展，很大程度上依赖公路系统的运行状况。国家统计局的相关资料显示，公路综合运输体系在全国的交通运输量中已达75%以上。铁路次之，水路第三，航空第四。这四种运输方式的优缺点对比如表3-1所示。

四种运输方式优缺点对比　　　　　　　　　　表3-1

运输系统	优点	缺点
公路	快速便捷，可实现门到门运输	运量小、成本高
铁路	运量大、成本低	铁路造价高、不宜短途运输
水路	运量大、成本低	速度慢、易受自然条件影响
航空	速度快、效率高	成本高、运量小

对城市运输系统建设状况的分析，除了从硬件设施方面来考查，还要分析其运行效率以及成本的高低。据调查显示，我国物流成本当中，运输费用所占比率超过50%，因此城市运输系统的建设状况、运输方式的优化组合实现程度、运输费用的高低等，都是值得关注的指标。

物流园区、配送中心以及大型仓库等节点设施的建设，在城市物流发展的过程当中，无疑也将产生巨大的作用。以物流园区为例，这种最早产生于日本的物流货物集散中心，为城市提高经济发展、降低交通压力立下了汗马功劳。其选址、占地规模以及政府部门相关政策的制定，都将决定物流园区所发挥的作用大小及其对城市物流发展的影响，配送中心及大型仓库也同样如此。作为商品的集散地，配送中心与大型仓库不仅承担着商品的储存功能，还包括流通加工、包装、整理等具有附加值的作业形式。因此，配送中心与大型物流仓库的管理制度、自动化程度、商品配送与滞留的时间、物流技术与装备的运用状况等，都是反映其发展水平的重要因素。

随着物流业的迅猛发展，各城市不仅应完善其基础的交通运输系统建设，还应加强对物流园区、配送中心以及大型物流仓库等物流节点的投资建设与规划，在发展城市物流的同时提高城市经济发展效益，提高城市竞争力与投资环境。

二、硬件环境之信息技术

基础性物流服务虽然业务量巨大，但经过长期的市场竞争，利润空间已经被大幅度压缩，投资收益比与其他业务相比并不高，反而是业务量较少的小众市场成为物流企业新的利益增长点。小众市场的产品具有高附加值，对物流服务质量要求较高，但同时这部分市场拥有更高的利润，因此供应商更多地把视线聚焦在精细化物流服务市场，通过互联网对海量数据信息的处理，越来越多的服务空间和利润创造空间浮出水面，市场虽小却能产生巨大的收益。这也促使物流企业通过优化自身的转运网络来降低物流成本，扩展物流行业的市场空间。

物流信息技术的应用状况，应该从物流信息系统与物流技术装备的应用状况这两个方面进行分析。

长期以来，我国城市物流的规划与建设重心都放在了基础设施上，如公路系统、航道、物流园区、配送中心、立体仓库等。政府部门投入了大量的人力物力，用以提高基础设施的建设状况，但对于物流信息系统而言，却没能引起足够的重视。企业物流发展所需要的配套信息系统也是目前许多中小企业所缺乏的。随着计算机技术的迅猛发展，信息系统的开发与利用，已经成为一种趋势，它能为管理者提供高效的操作界面、数据集成，方便管理人员对日常工作进行管理，提高工作效率，也为企业降低了运营成本。而对城市政府部门的相关人员而言，也同样如此。高效的物流信息系统，能为领导决策提供强有力的帮助。

政府部门应建立起相应的城市基础层面的物流信息系统，汇集各交通系统、物流节点的实时数据信息，连接各物流企业，为企业提供一个有效的熟悉城市发展状况与进行有效交流的平台，发布最新的信息，辅助企业决策，使资源得到有效利用与共享。而企业各自也相应地建立其自身的物流信息系统，支持本企业的物流运作，方便与其他同行企业进行交流与资源共享，提高企业的竞争力。

对物流技术与装备的应用情况的了解，主要通过考察城市企业的应用状况。

物流技术装备包括了硬技术与软技术的内容。硬技术中，涉及了各种机械设备、载运工具等方面的技术与设备；而软技术则包含了运输技术、配送技术、包装技术、计算机技术等。除了现在较为流行的条码技术、无线射频识别技术、AGV导引小车、自动化立体仓库等技术与设备外，还包括了实时数据交换、数据库技术、GPS（全国定位系统）、GIS（地理信息系统）等计算机技术的应用。因此，物流技术与装备是一门综合了多个学科前沿技术的复合型学科。我国许多中心型企业在运用物流技术装备方面，还处于较为落后的阶段，由于成本、体制、观念等方面的影响，造成了许多新技术、新装备无法得到有效利用，企业的经济效益也得不到有效的改善。但总体而言，我国的物流技术与装备的发展还处于高速发展的阶段，叉车、托盘产量巨大，自动化装备也正在普及。由于我国的物流装备具有质量和价格上的双重优势，因而国际市场的占有率逐年上升，受到了广泛好评。

同时，物流装备的标准化实施程度也是物流技术发展中极为重要的部分。物流标准化是降低物流成本、实现物流环节无缝连接的有效手段。更是企业间实现信息共享、形成战略合作伙伴关系、提高企业竞争力、与国际接轨的重要途径。我国已经制定了诸如包装标准，自动化物流装置以及托盘、集装箱标准等上千个物流相关的标准，但我国企业在应用这些物流标准方面，还存在着许多问题。部分企业不够重视物流标准化的实施，没有认清其重要的战略意义，导致企业间无法实现数据信息共享，运作效率低下。

三、软件环境之城市的物流业发展环境

城市物流业发展环境的好坏，除了基础设施以及物流信息技术的应用状况以外，主要体现在城市出台的相关政策与对物流行业的管理方面。城市的政府部门需要建立起有效的管理体制，并为促进物流业的发展制定相关的扶持政策。无论是物流产业，还是其他经济产业，其发展都离不开政府部门的政策引导与扶持，作为新兴产业，物流涉及交通、工业园区、经贸等多个部门的职责，如何在市场调节这一基础之上，充分发挥各个相关部门的职能，规范物流市场的竞争行为，建立起市场准入与退出制度，促进物流业规范、有序、合理的发展，有待提高与思考的方面还很多。

例如，上海市就是由计委负责，统一管理，针对城市物流发展过程中所要面对的各项问题进行统一规划，组织各部门协调开展相关工作，取得了良好的成效。

此外，对于物流行业协会的发展，也应给予足够的重视和引导。行业协会是引导企业发展的重要力量，是政府与企业间的桥梁，政府部门在发展物流业的同时，要注意扶持相关协会的发展，大力倡导与支持物流相关的行业协会举办各种相关的交流活动，提高物流标准化建设程度，加强各种物流技术的研究与交流，普及物流知识，培养物流发展所需的人才等，为城市物流业的发展建设添砖加瓦。

在法律政策方面，城市物流业的良好发展离不开政策的大力支持。许多城市都出台了针对物流发展规划的相关政策与优惠条件，实现资源的优化与重组。例如，我国湖南省长沙、株洲、湘潭三个城市，为促进物流业的发展，制定了长沙、株洲、湘潭一体化的发展战略，并制定了发展城市物流的相关制度，建立起统一的部门进行管理，同时积极发展物流产业市场、引进国外先进的管理经验与跨国物流公司，大大提高了长株潭这三个城市的物流发展水平。

广东省江门市，也是通过优惠政策促进物流发展的典型。江门市政府为加快江门市现代物流产业发展，出台了关于加快江门市区现代物流业发展的优惠政策，大力支持物流园区建设项目，以第三方物流为主的现代化物流配送中心、现代化仓储设施建设项目、以提升物流管理水平、与专业化物流企业对接为主要目标的企业物流信息化技术改造项目等。在财政税收方面，政策中明确指出，设立物流发展专项资金600万元一年，同时在税收、用地、行政服务等各个方面给予物流发展项目优惠与帮助，全面支持物流业的发展。

再如，我国的京津冀地区，京津冀地区物流的发展会随着《京津冀协同发展规划纲要》施行有明显的不同，对不同城市物流的影响将体现在未来几年与物流有关的政策上。根据政府发布的政策："到2020年，将着力打造京津冀'一环六放射二航五港'的交通一体化体系"。此外，到2020年围绕京津冀地区各城市客运将形成1小时交通圈，货运形成12小时通达圈，同时建成全国第一大港口群。这意味着京津冀地区的物流基础设施将会有很大的变化，不仅会影响物流的效率，也将影响京津冀物流的布局。

四、软件环境之城市的经济发展状况

城市的经济发展与城市物流发展水平是息息相关、相互促进的。城市经济的良好发展，能使社会分工更加明确合理，能给城市物流发展提供好的基础平台，而城市物流的发展，很大程度上带动了城市的工商业、运输业等一系列相关行业的发展。城市物流系统与城市的整体发展方向是一致的，是以确保城市物流活

动顺畅进行为目标的。随着生产力的发展，各行各业，不同的环节、不同的渠道都有相应的物流需求，都需要对信息流、资金流、物质流进行不同程度的处理与应用。

在城市工业方面，随着城市工业化的持续推进，供应结构不断进行优化，一批又一批高新科技产业群创造了巨大的经济效益，同时也迅速加大了物流市场的需求，促使城市基础设施的进一步完善。这将直接带动运输仓储业以及流通业的发展，给相关的物流企业带来大量的订单，并要求这些相关的企业向更加专业化、智能化、高效率等方向发展，以满足工业发展的需求。另一方面，城市物流的发展也将为城市工业产品的流通提供强大的辐射能力，为工业产品的集散提供有利条件。

城市的商业发展对物流业同样有着巨大的促进作用。零售业、餐饮业等行业的发展，势必对城市配送、仓库设施水平、物流服务等不断提出更高的要求。居民收入水平的平稳增长与需求的变化，也将推动物流配送业的发展，并催生各种新型的物流管理模式以及物流服务模式。城市物流的发达，反过来也将拉动城市商业的发展，为城市居民提供便捷的服务，为企业带来更大的物流利润。一个城市的交通发展起来，成为物流枢纽的同时，往往也将城市变为工业或商业中心。如中部的武汉、东部的上海、南京等，有着优越的地理位置，物流业发展迅猛，使得这些城市的基础设施不断完善、逐步成长为全国甚至是国际的经济中心。

相关研究表明，城市经济发展与城市物流发展的相互作用，可以用数学公式来表明。相关的研究人员将两者间的拉动与推动效益关系用弹性来反映，城市经济以城市GDP为指标，表示 $E = \dfrac{\mathrm{d}y}{\mathrm{d}h}\dfrac{h}{y}$，$y$代表城市经济，$h$代表城市物流。由此公式，可以看出，城市物流与城市经济是相互促进的。在《城市物流对经济的拉动作用研究》一文中，可以发现，1978年以前，以南京为例，经济增长对物流的发展有着很大的推动作用，而到1979年以后，物流能力对经济发展就表现出明显的拉动作用。物流能力的1%，对应着城市GDP增长将近3%。

经济的持续发展可以逐渐将客流、商流、资本流等各种生产要素聚集在一起，但聚集的最终目的是为了商品的扩散，若没有发达的流通和商业贸易作保障，生产的大量产品就会堆积，从而导致商品的价值和使用价值都难以实现，经济的运转就会被中断。因此，在经济发展的进程中，合理发达的物流系统在其中起着基础性的重要作用。

第四节 现代城市物流发展环境现状——以北京市为例

北京是中国的首都、直辖市和国家中心城市，是中国的政治、文化、科教和国际交往中心，也是中国经济、金融的决策和管理中心。北京位于华北平原的北部，背靠燕山，有永定河流经老城西南，毗邻天津市和河北省。北京下辖东城区、西城区、朝阳区、海淀区、丰台区、石景山区、门头沟区、房山区、大兴区、通州区、顺义区、昌平区、平谷区、怀柔区、密云县、延庆县16个区县。北京地区货物进出口总额高，对外交往能力强；城市物流发展基础好，运营能力强，物流产出效率高，在全国性物流节点城市中占有重要地位和明显优势。

北京市作为我国以及华北地区的心脏城市，是国家宏观调控下经济和产业政策的首要践行者，掌握国家重要的物流资源，造就了开放性很强的北京地区物流系统。我国物流业起步较晚，相关物流企业、专业人才长期处于缺乏状态，发展的不平衡态势表现明显。北京首都的重要地位，在改革开放以来作为最重发展的城市，实现了优于全国各地的发展速度和发展水平，北京有着发达的铁路、航空、轨道交通系统，物流硬件水平较高，物流业处在一个快速发展的"涨"势阶段。目前，物流行业中较为先进的技术设备和技术人才汇聚在北京，北京为他们提供了发展的舞台。面对京津冀一体化战略的机遇和挑战，虽然三地协同发展的格局尚未形成，一体化也面临着实现过程中的诸多障碍，但北京地区物流系统的运行与发展正朝向积极良好的方向发展，做好自身工作的同时，也要加强和其他地区的联系与合作，努力实现协同发展的最终要求。

一、城市基础

物流网络的硬件条件包括良好的物流节点建设与物流线路规划。常见的物流节点包括对物流货物进行存储保管、中转运输、分拨处理的场所，如仓库、分公司等地点。而物流线路则是在运输过程中对各个物流节点进行衔接的公路、铁路、航空线路、管道设施等线路，目前，北京物流业发展迅速，物流的基础设施日益完善，不仅整体规模增长飞速，效益也在不断提升，已经为多项重大活动提供了较为优质的服务。物流业的稳定、较快的发展，为首都经济的繁荣、居民生活的便利提供了强有力的支柱。

北京作为全国重要交通枢纽，已经形成了公路、铁路、航空三种运输方式相互补充和相互衔接的综合立体交通网络。城域公路网总公里程超过25000公里，高速公路超过900公里，铁路超过1000千公里。综合立体交通网络构筑了北京市区域物流通道，对增强北京市与周边省市的联系，促进京津冀经济圈的物流业发展具有重要意义。

1.北京市物流通道布局

（1）公路物流通道

公路物流通道在北京市物流发展中扮演着越来越重要的角色。自1986年京石高速公路开工以来，在30年间北京市高速公路也有了翻天覆地的变化。截至2014年底，北京高速公路里程达到981公里，同比增长6.4%。目前，北京市对外出入通道以高速公路为主、国市道干线公路为辅的布局结构，基本形成了环形加放射状的高速公路网络与国市道干线公路相结合的布局结构。

（2）铁路物流通道

铁路作为重要的基础设施，在综合交通体系中发挥着非常重要的骨干作用，是连接北京与周边地区及其他各省市的通道。截至2014年年底，北京市铁路运营里程达到1124公里，年内净增8公里。目前，北京市已形成四通八达的铁路网，并为区域物流的持续发展提供了强有力的运力支撑。

（3）航空物流通道

北京市已形成发展迅速、特色鲜明且产业规模逐渐扩大的航空物流。中国最重要的对外窗口，号称中国第一国门的首都机场，具有绝对的国际枢纽竞争力。截至2012年年底，有近94家航空公司入驻首都机场，有连通全世界54个国家和地区的航线，其中包括国际通航点110个，国内通航点126个，航线覆盖面广泛，加强了北京与这些地区的联系，可以为北京的发展提供便捷的国内外交流通道。

2.北京市货运枢纽现状

货运交通枢纽是货物流通集散的重要地点，其主要包括各种站场、码头等。北京市没有水路运输，所以从公路、铁路和航空三类货运枢纽进行介绍。

（1）公路货运枢纽

目前，北京市建设的公路一级枢纽总共有6个。

①天竺一级货运枢纽

天竺一级货运枢纽为北京市物流化重点发展项目，已经被定为国家级一级货运枢纽。该枢纽拟建于空港物流园区东部，南连机场，北邻顺平路，地势平坦开阔，周边公路密集，交通极为便利。规划占地面积1平方公里。

②马驹桥东南一级货运枢纽

马驹桥东南一级货运枢纽于1992年开始规划立项，是中国交通部和北京市政府联合批准的北京市公路主枢纽中的一级枢纽，东侧邻近京津塘高速路，南侧邻近六环路，对外交通发达，规划占地面积39万平方米。

③闫村一级货运枢纽

闫村一级货运枢纽是中国交通部和北京市政府确定的一级公路货运主枢纽，地处房山区政府所在地——良乡卫星城，交通非常发达，西侧紧邻京港澳高速公路，南侧邻近铁路并与城市六环路及多条城市干线公路衔接，该地是北京公路和铁路货运的主要流向之一，占地面积450亩（30公顷）。

④大兴区魏善庄一级货运枢纽

大兴区魏善庄为公路一级货运枢纽，其位于京开高速公路、南六环大庄桥东南，大庄物流中心内，最为重要的是与京开高速公路东侧的中关村科技园区大兴生物工程与医药产业基地相邻近。

⑤八达岭一级货运枢纽

八达岭一级货运枢纽占地面积32.66公顷，主要服务于延庆与北京等周边地区的货物集散地。南侧邻近京银高速公路，北有京包铁路贯穿区内，东边靠近首都国际机场。

⑥宋庄一级货运枢纽

宋庄一级货运枢纽位于东北部，主要承担北京市东部物资集散及集装箱转运的功能，用地面积规模约30公顷。这一枢纽有着极其良好的交通条件，其中京承京秦铁路都经过该镇，京哈高速、六环路、通顺路也从其经过，并且机场第二通道、京平高速公路、东部发展联络线也在规划中路经该地区，使得该枢纽对外交通十分便利。

（2）铁路货运枢纽

北京是全国最大的铁路枢纽，主要以特大型客运站（北京站、北京西站）和路网性编组站（丰台西站）为主，以客运站（北京南站、北京北站）和枢纽辅助编组站（丰台站、双桥站）和一些货运站（广安口、大红口、百子湾、石景山南站等）作为补充。因为本书研究的是货运物流，因此，对北京市的5个主要货运站进行详细介绍。

①北京集装箱中心站

该货运站位于六环外房山区窦店镇，通过既有京广铁路与外环线相连接。为北京市西南物流规划区，周边有京港澳高速公路、六环路、107国道及多条公路衔接，属于西南物流发展带。

②昌平货运中心站

昌平货运中心站属于北京市西北物流规划区，处于西北物流发展带。地址位于六环外的昌平区马池口镇北侧。周边有京藏高速、京包快速、六环、水南路、昌流路、颐南路等多条公路。

③顺义货运中心站

顺义货运中心站属于北京市东北物流规划区，处于东北物流发展带上。地址位于六环外顺义区牛栏山镇北侧，在规划中的东北外环铁路线上。周边有昌金路、顺安北路、顺丰路、京沈路等多条公路。

④通州货运中心站

通州货运中心站属于北京市东南物流规划区，处于东南物流发展带上，地址位于六环外通州区果树，在规划中的东南外环铁路线上。

⑤大兴货运中心站

大兴货运中心站属于北京市南部物流规划区，处于南部物流发展带上，地址位于六环外大兴区魏善庄西南，在规划南外环铁路线上。另外，还有8个辅助货运办理站，包括黄村行邮行包快运办理站、石景山南路网型零担中转站、固安危险品专办站等。

（3）航空货运枢纽

北京首都机场在我国的航空领域有着非常重要的作用。目前拥有三座航站楼，总面积140万平方米，拥有国内、国际航点各100余个，每个航站楼为不同的航空公司提供相应的内外航服务。另外，还拥有2条4E级跑道、1条4F级跑道，2个塔台，以及旅客、货物处理设施，是我国目前最繁忙的民用机场。

首都国际机场航空货运基地（大通关基地）总投资40亿元，占地面积5062亩（约337.47公顷），建筑面积57.2万平方米，规划有航空货运站区，进出口货物海关监管区，国际快件监管中心，北京空港保税物流中心以及综合办公设施等5个主要的功能组成。航空货物与机场2号跑道的无缝衔接能够极大提升货物的运转速率，使得所有进出口货件的通关及装卸速率都比较快。

二、信息技术

我国的物流行业起步较晚，但是发展十分迅速，从西方国家的物流发展经验看，大量的物流需求来自第二产业以及第三产业。工业、零售业以及服务业迅速发展，对物流的需求加大。信息化建设是现代物流的核心，发展物流业则必须重视物流信息平台、企业信息系统、计算机网络信息系统的建设。只有信息畅通才能带动物流业的畅通，从而提高物流行业的效率，增强物流企业的服务功能。

为推进供给侧结构性改革和供应链物流链创新，提高物品在流通过程的规范化、信息化和集约化的水平，2017年在《关于开展供应链体系建设工作的通知》中提到全国17个重点城市开展供应链体系建设的试点。《关于积极推进供应链创新与应用的指导意见》中提到，在北京市新的定位调整下，不符合新定位的产业都将面临疏解，一系列问题的呈现，如大型区域物流中心受限、物流资源配置不合理、城市末端物流配送杂乱等。在新城市定位下北京物流在战略层面急需一体化的供应链方案与服务。供应链服务提供商在公司内部和公司之间形成了统一的、具有竞争力的市场力量，实现信息共享、风险共担、利益共享，整合物流环节的计划与运作，降低物流的总成本，提高物流的效益。在新零售业态下更强调供应链的整合，针对不同客户渠道、库存以及动态派送、配货选项和无缝客户服务交互提供更加快速、灵活的物流服务，尤其是最后一公里派送选择和无缝退货流程等。随着线上线下渠道的融合，仓库和各个平台之间的数据和库存必须实现共享，才能满足高峰期的需求。先进的大数据分析和人工智能将在此类平台中发挥关键作用，让物流提供商对商品库存数量的变化随时保持敏捷状态，按照预期需求转变供应链要求。创新供应链解决方案需要搭配快速、高效、灵活的IT服务，目前，超过50%的物流提供商使用云服务。基于网络的开放式API将成为模块化按需云物流服务的基础，取代过时的传统通信系统。企业在供应链整合中更需要模块化的云物流平台，获得灵活、可配置的按需物流IT服务。

据《北京市统计年鉴2018》科学研究和技术服务业生产总值为2859亿元，占北京市地区生产总值的12.6%，信息产业、高技术产业、现代制造业总产值为3229亿元，占地区生产总值的11.5%。物流业必须对这些高端资源的配置起到支撑作用。其中重点涉及科研器材物流、电子信息及通信设备的运输存储、医药物流体系的构建、航空航天设备零部件运输存储、计算机及办公设备的运输存储、医疗仪器的运输配送、特殊危化品物流等。同时，物流行业对机器人的需求潜力巨大。随着抓握和传感器技术的快速进步，机器人解决方案将继续发展，变得更加快速、准确、灵活和实惠。随着性价比的提高，未来3年机器人解决方案的应用速度将会加快，机器人将会提高物流基础设施的敏捷度和弹性，以成本低、收益大的方式应对市场波动，自动完成重复且费力的任务，使稀有的劳动力被分配

到更为复杂的任务中。

三、发展环境（政策与法律）

当前，北京物流业总体规模持续扩大，发展环境日益优化，物流业相关政策的提出也突出强调了基础设施不断完善，结构调整逐步深入，业态及服务创新步伐明显加快，信息技术的不断创新呈现出良好的发展趋势。

《国务院办公厅关于推进线上线下互动加快商贸流通创新发展转型升级的意见》指出，新一代信息技术加速发展，技术驱动下的商业模式创新层出不穷，线上线下互动成为促进消费的新途径和商贸流通创新发展的新亮点。大力发展线上线下互动，对推动实体店转型，促进商业模式创新，增强经济发展新动力，服务大众创业、万众创新具有重要意义。

1.北京市物流运输政策

近年来，北京市普遍重视流通立法工作，深化管理体制改革，将运输设施列入基础设施范畴，积极推广物流运输现代化技术，加强流通资源共享，继续规范市场秩序。

流通资源共享，城乡区域协调发展。在《四条轻轨联京冀，打造交通大格局》中明确提出要推动制造业功能向省级以上产业园区和合作共建园区聚集，教育医疗等社会公共服务功能向资源相对集中、生态环境良好的地区聚集，促进城乡协调发展，围绕打造京津冀世界级城市群。

加快交通服务一体化进程，发展安全绿色可持续交通。《京津冀协同发展纲要规划》在交通一体化方面，构建以轨道交通为骨干的多节点、网格状、全覆盖的交通网络。重点是加快北京新机场建设，大力发展公交优先的城市交通，提升交通智能化管理水平，提升区域一体化运输服务水平，发展安全绿色可持续交通。

2.北京物流税收政策

财税政策支持物流业发展，首先体现在为物流业发展提供一个有利的基础设施环境、市场环境和制度环境；其次，要坚持适应现代物流业特点的原则、效率原则、遵循市场经济规律的原则。

明确了物流业发展中市场与政府的关系。在市场经济中，政府的功能应当定位在为微观经济主体创造一个良好的市场环境，维护市场公平竞争秩序，并在市场失灵的领域弥补市场缺陷。

法律法规不断完善，产业得到规范和支持。《物流业发展中长期规划（2014—

2020年)》中提出完善物流企业和从业人员信用记录，纳入国家统一的信用信息平台。增强企业诚信意识，加大对失信行为的惩戒力度。加强物流信息安全管理，全面推进全国主要高速公路不停车收费系统的建设。

　　目前，北京市物流及流通政策发展有如下趋势：第一是技术手段创新，即运用信息技术全面提升与整合商流、物流、信息流和资金流，大幅度增加科技含量，促进流通业从慢节奏、高成本的传统流程走向快节奏、低成本的现代流程；第二是产业政策创新，提升流通产业政策的地位，从颇受局限的行业性政策上升到可产生多向性影响的宏观政策，在国民经济全局中突出强调和充分发挥流通产业政策所具有的无可替代的重要作用；第三是开放领域创新，即完善对外开放战略布局，扩大开放领域，放宽准入限制。积极引进境外资金和先进技术，支持企业扩大对外投资，推动技术、设备、标准、服务走出去。

四、经济发展状况

　　物流作为经济发展到一定阶段的衍生产业，其服务能力和发展水平都与社会经济发展水平有着密切的相关性。一般来说，经济总量是区域经济发展水平最直接的表现，地区经济总量越大，对生产流通环节物流服务功能的需求也越强盛；经济增长越强劲、发展水平越高，物流需求的增长也越强劲。

　　北京市整体经济发展水平较高，《北京市统计年鉴2018》数据显示，2017年社会物流总额为71105亿元，比上年增长11.3%。其中农产品物流260.7亿元，比上年减少9%；工业品14154亿元，比上年减少3%；进口货物17961亿元，比上年增长18.1%；再生资源总额为180.1亿元，比上年减少17.8%；外省市流入物品总额为38280亿元，比上年增长14.9%；单位与居民物品总额为268亿元，比上年增长2.2%。农业品和工业品总额的减少，进出口货物增多，说明北京作为国际交流中心更加对外开放。外省流入物品总额明显增多，产品从其他国家或者地区流入北京的进向物流在北京市社会物流中占据主导地位，这表明北京市是一个输入型城市，大量的生活生产用品都要从外省流入北京，城市内部需求旺盛。由于北京不再作为经济中心，因此北京城市的物流需求主要以保障居民生活的物流为主，物流需求小而散，同时对时效性的要求比较高。2017年北京市第三产业增加值为22567.8亿元，占全市比重的80.6%，比2016年增长9%。粉丝经济的用户驱动、工业定制化的用户驱动，新零售时代带来的产品的全渠道化，使得城市末端物流小批量、多品种、多批次、短周期的特点愈加显著，城市物流

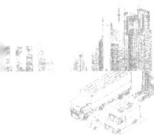

网络和物流空间格局不断优化、趋于完善，形成了物流基地和物流中心，在此基础上具有了专业物流多层次布局的特色。

小　结

本章针对城市物流发展环境进行了详细的分析，主要分析城市物流在发展过程中的硬件及软件环境，具体说来包括城市基础设施建设、物流信息技术建设、物流业发展环境主要是政策与法律环境以及经济发展。首先对城市物流发展所需要的一般环境逐一分析，在此基础上，通过对北京市城市物流发展环境进行具体分析，希望通过对城市物流发展环境的分析，提出一些能为城市物流发展提供建设性的意见。

第四章

城市物流发展模式及选择

本章重点理论

随着世界经济的快速发展和现代科学技术的进步，对城市物流的发展提出了更高的要求。探寻不同的城市物流发展模式，为决策者提供科学的模式和选择的依据，使物流发展模式更加适合城市物流与城市经济的协调发展，这已逐步成为当今学术领域研究的重要课题。

自2004年9月国家发展和改革委联合商务部、交通部等九部委发布了《关于促进我国现代物流业发展的意见》之后，全国各地都兴起了一股探索地区物流发展模式，制定物流发展规划，建设物流园区、物流中心的浪潮。在这样一种环境下，各个城市如何抓住机遇，采取怎样的物流发展模式，走自己特色的发展道路是值得思考的问题。本章就是从研究物流发展模式出发，分析国内外城市物流发展的典型模式，总结出成功的经验。分析影响城市物流发展模式选择的主要因素，并通过定性和定量相结合的方法来确定影响城市物流发展模式的主要因素，根据主要因素来选择适合各个不同区位、不同经济发展水平的城市物流发展模式。在此理论研究的基础上，以京津冀为例，研究影响其城市物流发展模式的因素，并根据影响因素的重要性选择京津冀城市物流发展的模式。

第一节　城市物流发展模式概述

一、城市物流发展模式的提出

城市物流发展模式是指一个城市所选择的关于该区域物流产业、物流基础设施等物流系统要素的总体发展战略，以及为了实现这个发展战略的相关运作方式

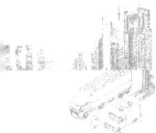

的概括和总结。它的核心就是解决某城市在一定时期内的物流发展目标和实现这一目标的途径。对城市物流发展模式的选择和研究主要是从政府的角度出发，对整个城市的物流发展规划与管理方式进行的一种思考。

城市物流发展模式的选择是城市物流战略规划的重要组成部分，城市物流发展战略规划是城市物流发展规划的核心内容。城市物流发展模式的选择是从宏观的角度出发，是各地政府根据现状和发展需要制定的物流战略规划之一，是一个自下而上的过程，建立在科学把握社会经济发展规模与目标、科学技术发展动向、物流业发展基础与需求走势等要素的基础之上的。它决定了整个战略规划的科学性和可操作性以及城市物流业主导发展的方向，为物流基础设施的建设指明目标，为物流企业的经营与管理创造好的物流政策和市场条件，为物流业的快速发展奠定基础。

由于各个城市的功能、地位、经济水平、基础条件等在客观上存在较大差距，而且，为构建全国物流主干网和提高全国物流效率，需要具有好的地理位置和物流运作特点的城市发挥不同的功能和作用。因此，地理位置和特点不同的城市，在发展城市物流的途径上有着较大的差别，也存在发展物流的不同模式。

二、地理区位指向型城市物流发展模式

地理区位指向型城市物流发展模式，是基于城市所处的地理区位的条件为基础的，从地理交通区位考虑城市物流发展模式，主要是要考虑城市可以依托的交通设施，选择主要采取哪种物流发展带动模式。

如港口发展带动型的物流模式适用于港口城市，港口发展带动型模式主要是指以港口为中心，整合城市的港口物流资源，以区域经济规模和范围为基础，结合物流辐射的有效范围，将区域内外的各类物品通过港口从供应地向接受地进行有效的实体流动。根据港口物流基础设施条件，将公路、铁路、水运等多种运输方式及物流节点有机衔接，并将运输、储存、装卸、搬运、包装、流通加工、配送及信息处理等物流基本活动有机集成，以服务于本区域和城市的经济发展，提高城市物流活动的水平和效率，扩大物流活动的规模和范围，辐射其他区域，提高城市的综合经济实力。服务性的增值活动，如海关、商检、动植物卫生检疫、货代和船代、保险等口岸及商务服务，是提高该模式物流活动效率与效益的关键。物流基础设施的建设与能力，将成为该物流发展模式物流运作的核心。

由于优越的地理条件，该模式的物流活动主要特征是国际物流占了很大比

重。港口作为国际贸易的窗口，其运输中转功能及其相关的货代和船代、金融、保险等产业促进国内外经济要素的集聚和分散，对城市现代物流发展产生强大的推动作用，港口城市发展现代物流关键是依托城市的港口资源，通过港内物流要素的集成化、规模化、高效化，建立围绕港口集疏运系统、港口保税区及国际性分拨中心等物流中心，辐射其他地区，促进城市及其区域现代物流的发展。

三、资源型城市物流发展模式

该类城市所辖地区富含某类矿产资源，全市多数劳动力以直接或间接的方式从事该类资源的开采、洗选、加工和销售等经营活动，产业结构单一，产业结构中的第二产业处于主体地位，且增加值占GDP的60%以上，第一产业、第三产业发展相对滞后，第二产业只与少数配套产业形成了主导产业链，多为原材料及初加工产品，产业链条很短，如煤城、石油城、各类工矿城以及钢城等。这些城市大多位于内陆、边远荒漠地区，地理环境闭塞，远离交通干线、远离工商业城市发展地区，远离国内、国际市场，区位条件较差。因而城市缺乏一般开放性，经济体系处于封闭状态，城市其他社会服务功能紧紧依附于主导资源产业，经济发展往往与资源的可开采储量和资源的市场价格密切相关。该类城市担负着各类资源的开发和运送，其物流量也较大。

资源型城市由于产业结构比较单一，整个城市主要是以资源的产出和销售为经济来源，因此，是否能够将城市内部资源顺利地运到客户手中是该城市重点关注的问题。但由于我国大多数资源型城市发展的历史比较长，因此其物流基础设施相对薄弱、落后，交通并不十分发达，与外部的信息渠道也不够通畅。另外，由于资源型城市人口密度相对较小，很难聚集发展经济，且物流所需的科研机构、科技人才以及物流发展的专业人才也远远不够。因此，科学技术水平的发展受到了一定程度的制约，从而限制了现代物流的进一步发展。

四、交通枢纽型城市物流发展模式

交通枢纽型城市是指处在各种运输方式的交汇点上，城市担负着货物流、人流和信息流的中转任务。这类城市一般是区域或国家的经济中心城市，具有较高的现代科技发展水平，具有良好的物流产业发展环境，具备通过发展交通运输组织功能带动物流发展的条件。这类城市的物流流量很大，应积极完善交通运输设施条件，提高运输组织效率，发展网络化、规模化运输企业等，加快物流的发展，从而通过交通运输枢纽在物流组织中的带动作用，促进所在城市的城市物流发展。

交通枢纽型城市根据其自身具有的特殊物流条件，侧重发展自身具有的相对优势。如果公路建设相对完善，则为公路主枢纽城市；如果铁路或航空港的建设相对突出，则为铁路带动型城市或空港带动型城市。

采用该种物流发展模式的城市应积极完善交通运输设施条件，提高运输组织效率，发展网络化、规模化运输企业等加快物流的发展，从而通过交通运输枢纽在物流组织中的带动作用，促进所在城市物流的发展，提高城市的总体经济实力。

五、产业带动型城市物流发展模式

从产业因素的角度划分城市物流发展模式，主要是综合考虑影响城市物流系统的经济因素，以工业带动型城市来说，采用工业带动型物流发展模式的城市，一般而言制造业比较发达，但城市内部的消费能力相对较弱，更多的工业产品需要输出到其他地区。

工业带动型的城市物流发展模式在构建城市物流系统的物流基础设施平台时，应根据需求设置两级物流节点：大型区域物流中心和若干城市物流配送中心。大型区域物流中心辐射城市的大型制造企业和工业集中区或工业园区，担负城市大批量工业产品向周边地区输出枢纽作用。物流中心应设在靠近工业集中区、交通便利的城市外围区域，通过该区域物流中心直接将工业品分流至其他城市或地区。同时，在靠近城市大型消费区、市区交通便利的地方设立若干城市配送中心，通过这种以市内货物中转、配送为主的配送中心将工业消费品送达各经销商、零售超市和最终客户处。在物流中心和配送中心建设的投资模式选择上，应以本地生产企业投资为主体，政府投资、外来企业投资为辅。鼓励生产企业与物流企业协同合作，建设公共配送中心，为工业品外销提供完善物流设施平台。物流中心、配送中心的经营管理以生产制造企业自营为主，鼓励生产企业和物流企业协同经营。

六、商贸与物流集成型城市物流发展模式

选择这种物流发展模式的城市通常具有较为发达的零售及批发行业，如浙江

义乌等，这类物流模式的特征是物资品种多样化、批量小、批次多，由于物品的特性导致了较大的需求不确定性，因而主要强调仓储和配送功能，建立虚拟的电子化交易平台，注重物流系统的柔性。与此同时，交易市场的规范化管理、信息服务、交易的场所等服务的完善，将促进市场的发展。该模式有效运行的关键就在于商流与物流服务的一致性和信息服务的及时性。这种商贸与物流集成型城市物流发展模式在构建物流基础设施平台时要考虑到由于城市自身消费需求旺盛，零售、批发设施、连锁超市和大型百货商店规模较大。为满足市场需求变化和消费者多样化个性化要求，应考虑重点在城市消费集中区域设立若干配送中心，强化配送中心的多品种、小批量、多批次分拣能力，提高配送中心自动化处理货物能力。同时，通过城市边缘承担枢纽作用的若干大型区域物流中心，接受来自周边地区供应的商品并将货物及时分拨到各配送中心，同时也将区域内部的货物向城市外部输送，辐射其他区域。

在物流中心和配送中心建设的投资模式选择上，鼓励生产企业与物流企业共同投资建设区域物流中心，配送中心应主要由商业机构和物流企业投资建设。区域物流中心、配送中心的经营管理以流通企业为主，探索生产企业和物流企业之间各种可能的合作经营模式。

七、市场规模型城市物流发展模式

市场规模型的城市物流发展模式主要适用于城市经济、政治、文化以及物流功能比较完善，社会地位比较高，经济发展较快，拥有先进的科学技术水平的综合型城市，这类城市内部往往已经形成了较为完整的布局和遍及全国的运输网络。那么，在构建物流基础设施平台时要考虑由于城市物流系统已形成的较为完善的运作机制，该类型的物流基础设施建设应加强系统物流功能的整合与提升，加强物流中心、配送中心物流设施的机械化、自动化、信息化水平，提高物流节点的货物处理能力和运作效率，积极发展多式联运，促进节点和运输线路的有效衔接，优化运作流程以降低整体物流运作成本。引进先进的运作模式，在大型工业区附近建设综合物流园区，吸引零配件、半成品供应商及物流企业共同入驻，构建供应物流、生产物流与销售物流紧密衔接、快速响应的一体化物流运作系统。物流园区建设，有利于统一规划，合理布局，建设与招商同步推进，建成商流、物流、资金流、信息流交织汇聚，贸易活跃的国际一流现代化物流园区，进而吸引外资和先进的科学技术，增加就业机会，拉动城市的经济发展。

八、政府主导型城市物流发展模式

政府主导型城市物流发展模式主要表现为在物流产业的发展中，政府体现了较强的导向作用。通常来说，是由政府确立城市范围内的物流发展总体规划，物流园区的布局、选址等，同时会制定一些具有高度指导性的纲领性文件，明确长远的物流发展方向，并出台相关政策，为城市物流的发展提供切实的保障。同时，政府还会主导一些大型物流基地、物流设施的建设，加大物流基础设施等硬件和物流管理等软件的建设力度，扶持企业，推进城市物流发展。

第二节　城市物流发展模式的选择

一、模式选择的主要依据及注意的问题

城市物流发展模式的选择，应当以构成城市物流的四大要素为依据。

第一，功能要素。城市物流的基本功能包括运输、存储、信息处理、流通加工、装卸和包装，这6个功能涵盖了原材料的供应到半成品的运送，成品的运输配送，再到顾客手中的过程。此外，城市物流还有信用增值、物流金融等功能。

第二，流通要素。城市物流体系包括流体、载体、流向、流通、流量和流程等子要素。流体就是流通中的"物体"，流体的类别就是城市运输货物的种类；载体是流体流动、运输物体的运输基础设施和装备；流向是指城市物流从起点到终点的服务流向，是城市物流的内外联系；流量是流体在流向上的数量，如货运量；流程是流体行驶路径在流向上的过程，如货物周转量。5个要素之间是相互连接的，流体决定载体的类型和规模，载体的承载量影响着流量和流程，最终与流向相结合，影响物流企业的运作以及城市物流的发展。

第三，资源要素。资源要素是指城市物流营运活动期间所需要的运输资源和存储资源，主要包括基本交通中转设施、城市货运道路、城市货运枢纽、配送中心和物流园区。

第四，营运环境要素。城市物流具有基础性、产业性和服务性3个属性。在城市中，政府制定的法律和制度环境，影响和指导城市物流活动的运作和经营。

城市在进行物流模式选择的同时，还应该注意以下几个问题。

第一，在进行模式选择时应该考虑到，我国许多城市已经具备多种模式发展现代物流的条件。例如上海，既是区域工业和商业活动的中心，也是全国重要的交通运输枢纽，发展物流的途径和方式很多。因此，城市发展物流模式并无一定之规，可以根据城市发展战略的选择和政策的科学性及针对性选择物流模式。

第二，要注意发展政府统筹、协调和指导作用。现代物流业作为一个新兴产业，是一个涉及多种运输方式、多种行业的复合体。物流业所设计的管理部门包括交通运输、经贸、工商、税务、交通管理、海关、商品检验检疫等多个部门，这些部门之间的管理体制、管理职能、管理方式都存在着很大的不同，相互之间缺乏必要的机制联系，彼此信息沟通不畅，无法共同配合。面对这样一个复合型产业群，如何进行管理，促进其健康发展，就成为政府应该着手解决的问题。政府部门应该站在统一指挥、相互协调的高度上，制定城市的物流发展规划，为各部门创造一个相互之间进行政策协调的平台，共同推进现代化物流业的发展。通过政府的统筹管理，避免各种物流服务方式出现难以相互衔接的现象，充分发挥物流的整体效益，并在一定程度上减少物流资源的浪费。

第三，城市在选择物流发展时要注意城市物流合理化的问题。城市物流合理化包括静态和动态两个方面的含义。静态是指城市物流活动在某个时间内所要达到的合理状态；动态是指城市物流活动不断朝着合理化方向发展的过程。物流合理化不仅有利于提高城市物流的经济效益，也有利于满足物流需求方对高质量物流服务的需求。与此同时，城市选择物流发展模式时还必须从可持续发展的角度，从环保监督的角度去认识物流的合理化。因此，只有通过物流资源的最佳配置、物流要素的最佳组合以及物流技术的革新，才能将物流活动的最终目标与提高人们的生活福利水平、同保护环境有机结合起来，城市的功能才能得到正常发挥，城市才能保持不断发展。

073

二、不同类型城市物流发展模式的选择

1.地理区位指向型城市物流发展模式的选择

港口在新西兰现代物流发展中占有十分重要的地位。全国共有大小港口16个，每年承担约75%的进出口货物，其中奥克兰港是最大的国际货运港和集装箱港口，每年承担68%进口量和33%的出口量，带动奥克兰地区现代物流的发展，促使奥克兰成为新西兰最大的生产和消费基地。在我国，深圳、大连、青岛等沿海城市已经拥有了吞吐量较大和腹地范围较为广阔的具有枢纽作用的港口。

如上海的地理区位优势就在于临海，它处于长江入海口，对内可以经由长江直达中国中西部内陆地区的广大腹地，进行广泛的物资流动、对外可以通过海运或航空线路便捷地与国际市场进行联系，由此逐渐发展成集加工、贸易、金融、会展等一体的国际大都会，并承担国际国内资金流、信息流、物资流中转的一个重要结点。因此，这些城市就采用了港口发展带动型的物流模式。

2.资源型城市物流发展模式的选择

据中国矿业协会统计，中国目前已经形成了390多座以采矿为主的资源型城市，其中，20%处于成长期，68%处于成熟期，12%处于衰落期。处于不同时期的资源型城市，应根据自身状况，选择适合自身发展的城市物流发展模式。

目前，在全国范围内，关于资源型城市讨论最多的是产业转型问题，如新疆克拉玛依、黑龙江大庆、河南平顶山、山东枣庄、山西大同、甘肃白银、四川攀枝花等城市，尤其是西部地区的资源型城市均面临如何转型的考验。

因煤而建的辽宁阜新市，地下贮藏着丰富的煤炭资源，伴随而生的还有煤层气资源，以及天然气资源储量都相当可观。但它也为长期单一的煤炭经济结构付出了昂贵的代价。2001年底，国务院正式将阜新市确定为我国唯一一个资源型城市经济转型试点城市，并相继建成了四条高速公路，可直入中原、北上吉林和黑龙江、南下至大连，大大推动了阜新物流业的发展。特别是利用锦州港和沈阳桃仙机场，使阜新的交通运输形式由单一形式向多种运输形式的大交通格局进行了转变，交通环境得到了全面提升。高速公路不仅是客流和物流的载体，它在现代物流、信息流、商业流的高速运行中扮演着越来越重要的角色。所以，这四条高速公路相继建成通车，对拉动阜新交通流量的增长，促进城市物流的发展产生了重要的影响。它将极大地促进城市丰富的矿产资源、土地资源的开发利用，加快人流、物流、信息流的流动。

由于阜新高速公路的突破性发展，使其具备了较为发达的公路运输系统，并且该地区地价较低，劳动力充足，为后期发展城市物流配送中心创造了很好的条件。配送中心应围绕城市交通枢纽、交易市场和工业园区，从而将充足的货源通过配送中心的仓储、运输、装卸等一系列服务，顺利实现物流配送。另外，还可以鼓励专业化、社会化物流企业的发展，积极发展多式联运等新型业态，使阜新成为东北老工业基地独具特色的资源型城市，聚集人口和产业，同时拉动第一产业、第三产业的快速发展。

安徽马鞍山市是一个由当地矿业采掘业而演变发展起来的新兴钢铁工业城市，长期以来，该城市的发展规划完全是以当地矿产资源的保证程度和有效开采为基础进行制定的。但从20世纪80年代末以来，随着城市开放度的不断提高，凭借其靠近长江及沿海的区位优势，该市的钢铁工业实现了从国外进口原材料进行生产，基本摆脱了对当地低品位矿产资源的依赖。这种生产经营方式为其他资源型城市的转型产生了深远的影响。因此，类似马鞍山市这类城市要依托其自身优势，选择物流中心的发展模式，促进矿业企业发挥规模优势和专业化特长，努力降低运营成本，提高对周边地区的辐射带动能力，促进城市未来资源的开发利用。另外，考虑到城市未来的发展，还要逐步培育第三方物流的发展，并且建立物流信息平台，增强物流信息服务功能，提高物流的流通效率。

我国西部城市矿产资源丰富，在计划经济和经济短缺时代，由于某种矿产资源的大规模开发从而形成了资源型城市，这些资源型城市无论在哪个时代蓬勃兴起，无论是百年煤城（六盘水），还是新兴油田（库尔勒），或是雄伟的钢铁城（攀枝花）和辉煌的近况（小秦岭地区）都组成了工业发展和城市发展的主力军，为我国现代化建设做出了巨大贡献。但是由于西部部分地区生态环境恶劣、经济不发达、基础设施薄弱、交通不发达等状况，成为城市级城市物流发展的"瓶颈"。但西部也有发展物流的独特优势，例如，西部有众多的土地资源可供物流系统开发，有充足的劳动力资源以及可培养的物流高级人才。当然，西部城市物流的发展不能照搬国外、东部物流，而应该根据其自身特点，创建独具特色的城市物流业。

作为西部地区大发展的支撑，在西部地区交通便利的城市可建设大型物流基地，例如，以重庆为依托，建设公水铁联运为主且沟通河、海联运大通道的物流基地；还可以在重庆、成都、西安、昆明、拉萨、兰州等城市规划和建设物流中心，这种物流中心主要承担城市地区公路集散和城市间铁路干线运输的高水平转换。另外，充分利用西部开发以中心城市作为重点投资对象的优势，中心城市优先发展现代物流企业。

3. 交通枢纽型城市物流发展模式的选择

内陆枢纽转运型物流发展模式适用于内陆一些地理区位条件较好的城市。这些城市均处在公路、铁路、内河运输方式的交汇点上，特别是地处中部地区的经济中心城市，具有横贯东西、纵达南北的地理优势，通过发挥交通运输组织功能带动物流发展的条件，承担着城市区域内外货物中转枢纽的功能，促进了城市现代物流的发展。就像我国内陆一些经济中心城市，如武汉、郑州、西安、成都等。

成都是西南地区最大的铁路枢纽之一，成渝、宝成、成昆、达成四大铁路主干线交汇于此。成都火车北站是西南地区的特等客运站，已开通可直达北京、上海、西安、广州、重庆、拉萨和乌鲁木齐等多个国内大中城市的旅客列车，成都现有成都东站、成都南站、成都西站、青白江大湾车站四个主要铁路货运站场。目前，成都进出口货物的铁路通道港口主要是上海、深圳、天津、南京、青岛、连云港等沿海港口。成都还开通了至上海、深圳、天津、南京、广州、徐州、连云港、兰州等地的九条铁路。货运"五定"班列即定点、定线路、定班次、定时间、定价格，与普通货物列车相比，其运行速度快、到发时间固定、运输价格低。

成都是全国公路主枢纽城市之一，也是四川省高速公路网的重要支撑点。成都市已建成"环射"状的市域高速公路网，基本实现了城市多通道路网，贯通连接中心城与周边组团。成都主城区通向周边辐射的高速公路、国省干线和快速通道，初步形成了贯穿成都东西南北的公路运输主骨架，为成都与周边地市州以及我国的西北、华北、华中、华南及西南其他地区的经贸往来创造了便捷的交通条件。

4.产业带动型城市物流发展模式的选择

有些城市的物流业发展主要依托于优势产业来带动，围绕着优势产业产生一系列的针对产业的物流服务。

德国物流业就是最典型的依托强势产业发展现代物流的模式。其汽车、电气、电子、机械、化工等制造行业具有相当的规模。因此，德国的物流发展模式以服务于制造业的汽车物流、电气物流、化工物流等专业化物流为主，并在连锁经营、配送服务等方面发展迅速。目前，德国的物流产业已呈现出高度的规范化、有序化、规模化和信息化。德国制造业的配套物流最为发达。整个德国的第三方物流公司及其提供的服务与美国有很大的差异，近90%的第三方物流企业以制造业为中心开展物流服务。它们提供专业的第三方物流服务的范围，除了常规的运输、包装、仓储等物流服务内容之外，还提供包括面向整个制造企业供应链管理，部分产品的分销，针对全欧洲地区不同市场的差异化物流服务等。几乎所有的第三方物流企业都有高度畅通、完善的物流信息网络与客户相连，他们实时监控客户的安全库存情况，实施JIT（即时生产）和LP（精益生产），最大限度地为制造业客户提供便捷、可靠和全方位的物流服务，快速响应制造业主的客户需求，通过协助制造企业的成功来实现自身经营的成功。

5.商贸与物流集成型城市物流发展模式的选择

河北省邯郸市是比较典型的采用商贸与物流集成型模式发展物流业的城市，

邯郸地理位置较好，与河北省省会石家庄、山东省省会济南、山西省省会太原、河南省省会郑州都比较相近，是这四个省份经济发展的中心地带，近年来，国民经济发展总体回升向好，邯郸市商贸业发展的定位是立足冀南、服务晋冀鲁豫、辐射全国的区域性商贸中心，区域性物流中心，配合"市场+物流体系"等新型发展方式，提升商业辐射能力。邯郸市建设了"一个基础、一个核心、一个提升"的城市物流模式，"一个基础"是以邯郸市的服务产业发展为建设基础，即通过现代服务业的发展与完善建设邯郸市的三级物流网络，即物流集聚区—物流中心—配送中心，以此来有效地推动产业聚集与区域结构的调整优化升级；"一个核心"主要是指邯郸市将以建立现代化的服务城市为发展的核心，构建现代化可持续发展的绿色物流发展体系；"一个提升"主要是指邯郸市将以服务本省经济为发展重点，向周边区域经济圈进行经济辐射，建设内陆港"一站式"的现代化服务体系，在充分发挥邯郸地理区位优势、交通运输优势的基础上，巩固提升邯郸在我国经济发展中的地位，让其成为环渤海与中西部地区"东出西联"的枢纽，进而促进并推动邯郸市与周边区域经济的全面性、健康性、持续性的发展。

6.市场规模型城市物流发展模式的选择

美国拥有世界上最发达的交通运输基础设施，也是世界上物流业最发达的国家。一是近年来随着企业经营全球化，物流和供应链的管理复杂性提高，普遍需要全球化服务；二是由于市场的多变性以及客户需求的个性化和多样化趋势，要求物流服务具有很高的灵活度，以适应企业内外部各种因素的变化；三是企业之间的竞争已由产品竞争转向服务竞争，物流作为企业的"第三利润源泉"，可以极大地降低成本，改进客户服务，提高企业竞争力。美国物流业发展主要来自于市场的激励，他没有集中统一管理的政府部门，而是按照市场化的运作模式逐渐发展起来，因此在市场规模发展的同时，应运而生了第三方物流企业。在美国，第三方物流被认为处于产品生命周期的成长期，发展的速度较快，大多数企业在使用第三方物流服务后可以获得很多好处：作业成本可降低62%，服务水平可提高62%，核心业务可集中56%，雇员可减少50%。因而，第三方物流受到了企业的广泛欢迎。

7.政府主导型城市物流发展模式的选择

日本物流产业的发展，体现出较强的政府主导作用。一是，由政府确立全国范围内的物流发展总体规划，甚至具体到物流园区的布局、选址等，各地地方政府则大力配合。二是，政府制定具有高度指导性的纲领性文件，20世纪50年代

《综合物流大纲》和2001年《新综合物流大纲》的确立，为全国的物流发展指明了长远的发展方向，并在资金保证、税收优惠、相关部门配合等方面出台相关政策，为现代物流的发展提供了切实的保障。三是，政府直接扶持、主导一些大型物流基地、物流设施的建设。如日本最大最新的综合物流中心和平岛货物中心的建设，其总投资572亿日元，其中70%由中央财政出资，20%由东京地方财政出资，10%由企业投资。第二次世界大战后，日本政府为了扶持本国经济的强力崛起，直接由政府出面，主持、建设了一大批物流基础设施，并低价甚至无偿转让给一些大型财团负责运营，这对于当时日本经济的快速崛起起到了无比重要的作用。

第三节　城市物流发展模式选择方法分析

根据上述影响城市物流发展模式选择因素的分析，我们可以看出影响因素是复杂的，涉及很多方面，并且各个因素对物流模式选择的影响程度也存在着差异。不同的城市由于地理区位条件、经济发展水平、产业结构等存在着较大的差异，那么城市物流发展的潜在优势也是不同的。如何发挥各城市特有的物流发展的潜在优势，是探索该目标城市物流发展模式，走出一条有城市特色的物流产业发展之路的关键。

综合上述分析，本书提出了基于优势因素的城市物流发展模式选择的方法。优势因素体现了城市物流发展在某一方面如地理区位条件、经济发展水平以及产业方面等存在的优势。客观、精确、明晰地对目标城市的各项潜在物流发展优势进行分析和评价，确定影响模式选择的优势因素，基于优势因素制定发展策略，充分发挥和引导优势因素，形成有地区特色的物流发展模式。

城市物流发展模式选择的模型构建的分析思路（图4-1）如下：

（1）通过详尽的目标城市基础资料搜集、部分重点地区的实地调研、专家调查等多种形式，构建起初始的目标城市物流发展模式选择的影响因素指标体系。

（2）通过科学的评判方法，根据因素对物流模式选择的重要影响程度，完成对各层指标的权重赋予。

（3）通过目标城市相关的统计年鉴、权威调研报告等资料，运用专家调查等方法，客观、精确、明晰地对目标城市的各项潜在物流发展优势进行分析和评价，完成初始数据矩阵的构建。

（4）通过分析城市物流发展的潜在优势，确定影响模式选择的优势因素，根据综合评价的数据进行对比分析。基于优势因素制定发展策略，充分发挥和引导优势因素，形成有地域特色的物流发展模式。

（5）结合物流发展战略决策备选知识库，为京津冀城市物流发展模式提出相应建议。

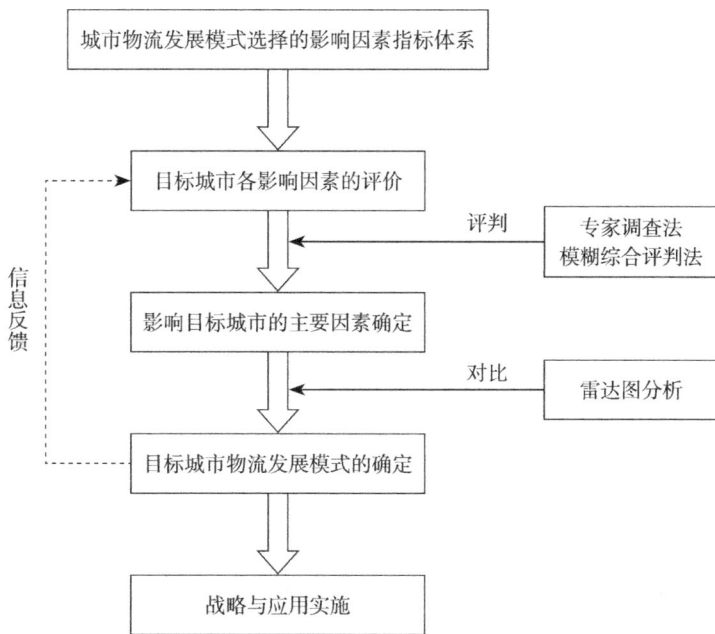

图4-1 城市物流发展模式选择的思路分析

一、模型评价方法选择

目前，常见的综合评价方法中，使用较多的有灰色关联度法、主成分分析法、层次分析法、模糊综合评判法等，下面将对以上几种方法分别介绍。

1.灰色关联度法

灰色关联度法是一种多因素统计分析方法，它是以各因素的样本数据为依据，用灰色关联度描述因素间关系的强弱、大小和次序，若样本数据反映出两因素变化的态势（方向、大小和速度等）基本一致，则它们之间的关联度较大。反之，关联度较小。

此方法的优点在于思路明晰，可以在很大程度上减少由于信息不对称带来的损失，并且对数据要求较低，工作量较少；其主要缺点在于需要对各项指标的最优值进行现行确定，主观性过强，同时部分指标最优值难以确定。

在系统发展过程中，若两个因素变化的趋势具有一致性，即同步变化程度较高，即可谓二者关联程度较高；反之，则较低。因此，灰色关联分析方法，是根据因素之间发展趋势的相似或相异程度，亦即"灰色关联度"，作为衡量因素间关联程度的一种方法。

2.主成分分析法

主成分分析（Principal Component Analysis，PCA），首先是由K.皮尔森（Karl Pearson）对非随机变量引入的，而后H.霍特林将此方法推广到随机向量的情形。主成分分析法的核心思维是降维思维，将多指标问题转化为较少指标问题，这就巧妙地将高维空间问题简化为低维空间问题。通过构造适当的价值函数，进一步把低维系统转化为一维系统。使得问题变得更加直观、简单。

主成分分析法的基本思路：它借助于一个正交变换，将其分量相关的原随机向量转化成其分量不相关的新随机向量，这在代数上表现为将原随机向量的协方差阵变换成对角形阵，在几何上表现为将原坐标系变换成新的正交坐标系，使之指向样本点散布最开的P个正交方向，然后对多维变量系统进行降维处理。

主成分分析的原理：设法将原来变量重新组合成一组新的相互无关的几个综合变量，同时，根据实际需要从中可以取出几个较少的总和变量，尽可能多地反映原来变量信息的统计方法叫主成分分析或称主分量分析，也是数学上处理降维的一种方法。主成分分析是设法将原来众多具有一定相关性（比如P个指标），重新组合成一组新的互相无关的综合指标代替原来的指标。通常数学上的处理就是将原来P个指标作线性组合，作为新的综合指标。最经典的做法就是用$F1$（选取的第一个线性组合，即第一个综合指标）的方差来表达，即$Va(rF1)$越大，表示$F1$包含的信息越多。因此，在所有的线性组合中选取的$F1$应该是方差最大的，故称$F1$为第一主成分。如果第一主成分不足以代表原来P个指标的信息，再考虑选取$F2$，即选第二个线性组合，为了有效地反映原来信息，$F1$已有的信息就不需要再出现在$F2$中，用数学语言表达就是要求$\mathrm{Cov}(F1，F2)=0$，则称$F2$为第二主成分，依此类推可以构造出第三、第四、……，第P个主成分。

这种方法的优点是计算简单、实用、客观合理，对相关的经济变量起支撑作用的因素之间存在着共同点。缺点是对于层次、因素较多的方案难以评估，同时只能有效处理定量因素问题，难以较好地解决定性因素量化问题。

3.层次分析法

层次分析法[9]指将一个复杂的多目标决策问题作为一个系统，将目标分解为多个目标或准则，进而分解为多指标（或准则、约束）的若干层次，通过定性指标模糊量化方法算出层次单排序（权数）和总排序，以作为目标（多指标）、多方案优化决策的系统方法。

层次分析法是将决策问题按总目标、各层子目标、评价准则直至具体的备选方案的顺序分解为不同的层次结构，然后用求解判断矩阵特征向量的办法，求得每一层次的各元素对上一层次某元素的优先权重，最后再用加权和的方法递阶归并各备择方案对总目标的最终权重，此最终权重最大者即为最优方案。

层次分析法比较适合于具有分层交错评价指标的目标系统，而且目标值又难于定量描述的决策问题。

层次分析法是一种系统性的分析方法，这种方法把研究对象作为一个系统，可以用于无结构特征的系统评价一级多目标、多准则、多时期等的系统评价。同时，层次分析法所需的定量数据较少，和一般的定量方法相比，层次分析法主要是从评价者对评价本质的理解角度出发，讲求的是定性的分析和判断。很多用传统的最优化技术无法着手的实际问题均可用层次分析法的思维方式处理。

然而层次分析法也有缺点，它只能从备选方案中选择最优解，而不能提供新的解决方案，如果我们的自身创造力不够，就会造成一个这样的问题，即便我们通过层次分析法求得了最优解，但在实际操作中仍然达不到最好的效果。另外，在如今的科学方法的评价中，一般都认为只有严谨的定量数据和逻辑完备的数据计算才是令人信服的，而层次分析法是一种带有较多定性色彩的决策方法，它更多的是模拟人脑的决策方式。

4.模糊综合评判法

模糊集合理论于1965年由美国加利福尼亚大学自动控制专家查德（L. A. Zadeh）教授提出。现已广泛应用于自然科学、社会科学和管理科学等各个领域。模糊综合评价是以模糊数学为基础，利用隶属度原理，把定性评价转化为定量评价，即用模糊数学对受到多种因素制约的事物或对象做出一个总体的评价。它具有结果清晰、系统性强的特点，能较好地解决模糊的、难以量化的问题，适合各种非确定性问题的解决。是能够将一些边界不清、不易定量的因素定量化、进行综合评价的一种方法。模糊综合评价是通过构造等级模糊子集把反映被评价事物的模糊指标进行量化，然后利用模糊变换原理对各指标综合，这样可以较好地解决综合评价中的模糊性，如事物类属间的清晰性、评价专家认识上的模糊性等。运用这种方法进行综合评价的课题，比如顾客满意度指标评价、技术人员综合评价、企业能力评价、人力资本的综合评价等定量与定性结合的研究，取得了比较好的评价效果。模糊综合评价法是模糊数学在实际工作中的一种应用方式。

结合本书的研究内容，很难用定量的精准数据来描述其因素，如地理区位优势、产业辐射范围、相关部门配合程度、未来增长潜力等，"好""范围大""潜力大"等属于边界不清晰的概念，这种不能定量或精确的特性也可称为模糊性。同样，这些影响因素或事件导致的结果也是模糊不定的，无法用单一的准则来评判。因此，本书采用模糊综合评判法结合定量分析与定性分析，用以评判影响城市物流发展模式的优势因素。

二、确定影响因素指标体系

城市物流系统是一个多指标、多属性的复杂系统，为保证评价结果的有效性、准确性和全面性，本书在进行指标选取时主要遵循以下几个原则。

（1）全面性原则：选取的指标应该既能突出评价对象的特点，又能全面地评判城市物流发展模式选择的影响因素。

（2）科学性原则：城市物流发展模式影响因素指标体系的构建必须建立在科学的理论基础上，应能够客观、真实地反映被评价的城市物流业的发展现状和影响因素，从而发掘其发展物流业的潜力。

（3）系统性原则：城市物流是一个包含运输、仓储、配送、信息处理等功能复杂系统，会受到来自经济、社会、环境等各方面的影响。因此，城市物流发展模式影响因素指标评价系统应该包含多种要素，每一层次指标各有侧重，不可缺少，共同构建一个完整的影响因素指标体系。

（4）可行性原则：设立评价指标时，要考虑实际的可操作性和现实数据资料的可获得性，必须是通过一定渠道和方法可获得的准确、真实的指标数据。

（5）定性与定量指标相结合原则：定量指标比较客观，可以通过准确的数据直观反映，但是仅通过定量指标往往无法全面评价影响城市物流发展模式选择的情况，为此需要在评价指标体系中加入定性指标，在实施评价的过程中，要充分综合两类指标各自的优势，确保能够全方位地考量研究对象。

（6）独立性原则：在选取指标的过程中需要具有一定的独立性，即所选指标必须是能够分化出来并且可以独立存在的，尽量保证同一层次的各指标之间不互相重合，如果有相关程度较高的指标则必须要删除其一，以保证独立性。

通常一个城市采用什么样的物流发展模式，进行物流决策时，应该综合考虑各种因素，慎重选择。它会受到很多因素的影响，包括城市的地理区位条件、自然资源、经济发展水平、物流基础设施的状况、信息网络技术以及物流发展的政策环境等。以上述6条原则为指导，再匹配前文提到的7种城市物流发展模式，在这一章中，本书将进行详细的阐述，通过了解这些影响因素，在发展城市物流时，才能选择出符合城市自身特点的物流发展模式的组合。

1. 地理区位条件

城市的地理区位条件，即城市在发展现代物流时可以依托的交通设施及其枢纽地位。城市的地理区位条件包括城市所处的地理位置、其周边的自然条件等，具有不可重叠的地理特征，说明了不同城市在区位上的差异是必然存在的。

目前，国内外各大城市在进行物流发展规划的过程中，在物流发展模式的选择过程上，一个城市的地理区位条件的优势是十分重要的，是影响对城市物流模式选择最大的因素之一。地理区位优势是指城市所处的地理环境区位条件的优越性给其带来的发展优势，这是一种天然的客观条件造就的物流优势。地理区位优势常常体现为有的城市临海，拥有优良的港口；有的城市处于交通枢纽；有的城市位于主要经济走廊之上等。由于这种地理区位的优势是长期自然形成的，在短期内一般难以改变，因此不同的地理区位条件决定着城市与外界联系的交通方式及城市的经济结构、生产力布局等，进而影响着城市物流的发展模式。例如，靠近江海的城市较宜发展港口物流，处于交通要塞的城市就可利用其周围的交通条件采用转运型物流发展模式等。

从另一方面分析，某个具有地理区位优势的核心区域也会通过对周边区域产生较强的辐射作用，进而带动周边区域的发展，如处于上海周边地区的苏州、无锡、杭州等城市，近年来也通过借助上海的辐射带动作用得到了快速的发展。目前，国家相关部门以上海为核心组建了包括苏、锡、杭等城市在内的大上海经济圈，正是对这一地理区位优势的最好发挥和利用。

此外，拥有优越地理区位条件的城市，往往会表现出较强的投资吸引力。一方面，该城市可以吸纳大量的企业、产业集群、商贸市场乃至物资流、信息流等在此集聚，形成较大的吸聚力；另一方面，由于有着便捷的区位，可以方便地经由多种运输方式通达周边区域，从而对周边区域乃至更远地区形成辐射。

2. 自然资源

自然环境中与人类社会发展有关的、能被利用产生使用价值并影响劳动生产率的自然诸要素，通常称为自然资源，主要包括生物资源、农业资源、森林资源、国土资源、矿产资源、海洋资源、气候气象、水资源等。它是人类生存和发展的物质基础和社会物质财富的源泉，是可持续发展的重要依据之一。一个城

市、地区的自然资源往往是一种客观存在的天然资源优势。

自然资源条件是城市开展经济活动的基础。城市所在区域的资源状况关系着城市产业的选择，城市产业的不同导致物流需求类型的不同，进而影响城市物流功能模式选择的不同。在进行城市物流发展模式选择的过程中，对于这类拥有显性或潜在自然资源要素禀赋优势的区域，我们的物流发展模式应更多地思考如何为这些潜在优势挖掘和发挥提供支撑性或服务性的作用。如原材料型的城市就应该开展以运输为主要功能的物流形态，以农产品生产和加工的城市较宜发展农产品物流。

3.物流基础设施状况

物流基础设施，即物流线路设施、物流节点设施以及物流服务设施的统称，是交通枢纽型城市物流发展模式的核心。物流线路设施是整个物流系统的骨架，是保证物流系统能够发挥功能的基础，在很大程度上影响了城市物流发展的模式和方向。它包括公路运输、铁路运输、水路运输、航空运输、管道运输等。物流节点设施包括货运站、多式联运交接点、中转站、物流中心等，是物流系统中非常重要的组成部分之一，对整个物流网络起到了重要的优化作用，为组织各类物流活动、实现物流功能、提供物流服务等提供了场所。提供相关物流服务的设施包括仓储库房、码头、散货堆场等。

物流基础设施是指某地区为物流提供服务、通道或便利的实体结构，是向物流系统及其子系统运行提供基础平台的硬件设施，它由各种不同的运输线路的交汇与节点，以及物流节点所构成的。法国经济学家弗郎索瓦·佩等学者提出的增长极理论认为：区域拥有了良好物流基础设施优势。如大型中转型枢纽型物流园区、物流中心等，往往在经过一段时间的发展后，会在特定的区域范围内形成强大的"增长极"。这些增长极是一种具有推动性的经济节点，往往融合了生产、商贸、金融、信息、物流服务等多种功能，能够产生极大的吸引或辐射作用，从而不断促进自身并推动其他部门和地区的成长。物流基础设施是现代物流发展的重要基础设施和支撑条件。物流基础设施的建设具有投入大、建设周期长、投资收益不确定性高等特点，它的建设水平直接关系整个区域物流活动组织的效率、成本与质量，因而它也是整个区域物流发展模式选择的重要因素之一。物流节点包括物流园区、物流中心、配送中心以及仓库、码头、货运场站等，是物流系统中非常重要的部分，是组织各类物流活动、实现物流功能、提供物流服务的重要场所，对整个物流网络的优化起着重要作用。

4.产业形态

不同城市的产业结构是不同的。例如我国东中西部地区城市，其产业结构就存在着较大的差别：东部沿海地区城市经济发展已经开始进入工业化后期阶段，产业结构基本形成三二一结构，城市的经济功能已经开始进入转换升级阶段，城市的物质流量在下降，而信息流量在上升；中部地区城市正在处于工业化阶段，城市结构基本是二三一结构，城市经济功能基本处于工业扩张阶段，城市的物质流量可能要大于信息流量；而西部地区城市则处于向工业化过渡的阶段，其产业结构基本上还是一二三结构，城市经济功能还处于集聚发展阶段，城市的物质流量发展还比较快，信息流量发展较慢。

因此，各个城市要根据自身的社会结构的具体情况，认真考虑物流发展模式的选择问题。每个城市选择什么模式，最重要的还是要看这种模式是否会比较有优势，以及和其他城市相比，这种模式的选择是否会在资源、技术、地理、市场等相关方面拥有竞争力。每个城市都应扬长避短，合理确定主要的物流发展模式，这对促进城市物流产业的发展，同时对资源的有效利用以及城市经济效益的提高都具有十分重要的意义。

在不同产业类型物流活动中的物资的形态、体积、质量、保质期会不尽相同，其对物流需求在速度、运输方式等方面也会有所不同，进而对城市物流发展的模式、运作方式的要求也有所不同。如以高新技术（电子、IT业等）为主导的区域经济对物流的要求是快捷与安全，就宜采用航空运输；以生产原材料为主导产业的区域经济，其对物流需求的数量较大，要求安全，就需要采用水运或铁路运输。

当城市区域内有很多优势明显的支柱产业或产业集群形成后，政府在进行区域物流发展模式选择时，应更多地考虑如何引导为支柱产业或产业集群提供配套服务的专业物流的发展。一方面，服务于支柱产业的现代物流发展模式是壮大城市物流产业的有效、便捷途径；另一方面，通过专业化的物流服务，也是进一步全面提升主导产业竞争力的客观要求，这是一个相辅相成的作用。

5.贸易与市场

从物流与经济贸易和市场发展的关系看，物流产业在不同发展时期的模式大致可以分为两种不同的情况，即物流的数量增长和质量提高。一般来说，如果城市的经济贸易发展处于刚刚起步阶段，那么其发展速度比较快，产业结构以重化工业为主，对物流表现出旺盛的需求，物流量与GDP保持着同步增长的关系，那么该城市就应该大力提高物流的供给能力，通过对城市内已有的某种模式的扩

建或转变来满足增长的物流需求。如果一个城市的经济发展已有一定的规模，则其发展速度比较平稳，随着加工组装工业和电子工业以及第三产业的比重逐步加大，物流量与GDP的关系由同步增长转变为相背离的趋势，也就是说，经济总量的增长对物流量的带动作用越来越小，那么需求量的变化也就越小，那么就要考虑原来的物流模式是否适应现在的状况。由于产业结构的变化，消费需求的多样性、个性化带来的生产经营体制以及流通结构的变化，导致用户对物流服务质量的要求越来越高，城市物流质量的提高会拉动物流需求的上升，从而也会影响物流发展模式的选择问题。由此看来，贸易和市场的状况不同，城市对物流模式的选择也就不同。

6.经济发展整体水平

城市物流和城市经济是相互影响、相辅相成的，城市经济对城市物流的发展提供了强有力的支持和保护，同样，城市物流也在一定程度上促进一个城市经济的发展。经济水平越高的城市，对物流的带动程度越高，物流的需求量就越大，对物流行业产生的拉动力作用也就越大。

另外，城市经济发展水平决定了城市社会经济结构和城市社会经济效益的形成，制约着城市经济功能的发挥，同时影响城市空间结构的布局。城市经济及结构的任何重大调整，都会在城市规划中直接体现出来，同时对城市物流发展模式的选择有着直接或间接的影响。

从这种意义上来说，城市经济的整体发展水平在一定程度上会影响对物流的需求，影响着城市空间结构布局，进而会对城市物流的发展水平和模式产生影响。

7.城市发展战略及政策环境

由于各个城市的城市发展战略及政策环境不同，或者说某一个城市在不同时期的城市发展战略和政策环境的不同，会选择不同的物流发展模式。每个城市都要从自身发展的经济状况和本身所拥有的物流基础设施条件以及城市的其他各种因素和可能变化的趋势预测出发，分析出适合城市经济社会建设发展的物流发展模式，从而进行选择。同时，政府在推动现代物流发展过程中起着非常重要的作用，在物流业发展的财政、金融、税收、吸引外资、物流基础设施建设的规划、合理规划物流产业布局等方面，都需要政府的政策支持和引导，并通过政策实现宏观调控。同时，现代物流业是涉及运输、仓储、信息、加工等多个环节，需要政府商贸、规划、工商、交通、统计、技术监督、环保、海关、检验检疫、信息管理等部门密切配合的新兴产业。政府的支持与推动是创造城市物流良好的发展环境，是物流政策与措施贯彻和落实的有力保障。

三、模型的构建

1.构建选择因素指标体系

根据指标体系构建的原则，建立影响城市物流发展模式的因素指标，如表4-1所示。

城市物流发展模式的影响因素分析　　　　　　　　　表4-1

一级指标	二级指标
地理区位因素 U_1	地理区位相对优势 U_{11}
	枢纽型地理位置程度 U_{12}
	区域辐射范围 U_{13}
自然资源因素 U_2	区域面积 U_{21}
	水资源 U_{22}
	矿产资源 U_{23}
	农业资源 U_{24}
物流基础设施因素 U_3	城市外部交通体系 U_{31}
	城市内部配送网络 U_{32}
	现有物流节点 U_{33}
	未来规划物流基础设施 U_{34}
产业因素 U_4	区域总体产业规模 U_{41}
	产业辐射范围 U_{42}
	产业集群平均规模 U_{43}
	优势产业集群规模 U_{44}
	社会消费品零售总额 U_{45}
	工业年度总产值 U_{46}
	农业年度总产值 U_{47}
贸易与市场因素 U_5	年度进出口总额 U_{51}
	市场的地域辐射范围 U_{52}
	年度市场交易总额 U_{53}
	大中型市场数量 U_{54}
	商贸市场未来增长潜力 U_{55}
经济发展整体水平 U_6	经济区位优势 U_{61}
	地区GDP总量 U_{62}

（一级指标左侧跨列：城市物流发展模式影响因素）

续表

一级指标	二级指标
经济发展整体水平 U_6	地区人均GDP U_{63}
	未来经济增长潜力 U_{64}
政策因素 U_7	国家政策支持力度 U_{71}
	地方政策支持力度 U_{72}
	发展城市物流的整体环境 U_{73}
	相关部门的配合力度 U_{74}

(城市物流发展模式影响因素)

查阅大量资料、征求大批学者专家和政府相关规划部门的建议，经过多轮修订，形成最终的城市物流发展模式选择的两级影响因素指标集合：

一级评价指标集合 $U=\{U_1, U_2, \cdots, U_m\}$，$m$ 是一级指标的个数；二级指标集合 $U_i=\{U_{i1}, U_{i2}, \cdots, U_{in}\}$，$i=1, 2, \cdots, m$。

$U=\{U_1, U_2, U_3, U_4, U_5, U_6, U_7\}=\{$地理区位因素，自然资源因素，物流基础设施因素，产业因素，贸易与市场因素，经济发展水平因素，政策因素$\}$；

$U_1=\{U_{11}, U_{12}, U_{13}\}=\{$地理区位相对优势，枢纽型地理位置程度，区域辐射范围$\}$；

$U_2=\{U_{21}, U_{22}, U_{23}, U_{24}\}=\{$区域面积，水资源，矿产资源，农业资源$\}$；

$U_3=\{U_{31}, U_{32}, U_{33}, U_{34}\}=\{$城市外部交通体系，城市内部配送网络，现有物流节点，未来规划物流基础设施$\}$；

$U_4=\{U_{41}, U_{42}, U_{43}, U_{44}, U_{45}, U_{46}, U_{47}\}=\{$区域总体产业规模，产业辐射范围，产业集群平均规模，优势产业集群规模，社会消费品零售总额，工业年度总产值，农业年度总产值$\}$；

$U_5=\{U_{51}, U_{52}, U_{53}, U_{54}, U_{55}\}=\{$年度进出口总额，市场的地域辐射范围，年度市场交易总额，大中型市场数量，商贸市场未来增长潜力$\}$；

$U_6=\{U_{61}, U_{62}, U_{63}, U_{64}\}=\{$经济区位优势，地区GDP总量，地区人均GDP，未来经济增长潜力$\}$；

$U_7=\{U_{71}, U_{72}, U_{73}, U_{74}\}=\{$国家政策支持力度，地方政策支持力度，发展城市物流的整体环境，相关部门的配合力度$\}$。

2.确定评价对象的评语集

在影响城市物流模式选择因素的选择中，将每个指标分为"优秀""良好""一般""较差""差"五个评价等级，并分别赋予分值，得到以下公式，如表4-2所示。

$V=\{$优秀 V_1，良好 V_2，一般 V_3，较差 V_4，差 $V_5\}=\{90, 70, 50, 30, 10\}$

评价对象评语集　　　　　　　　　　　　　表4-2

评语集	优秀(V_1)	良好(V_2)	一般(V_3)	较差(V_4)	差(V_5)
对应分值	[90, 100)	[70, 90)	[50, 70)	[30, 50)	[10, 30)
对应向量	90	70	50	30	10

3.确定评价因素的权重向量

权重体现了各个影响因素对于城市物流模式选择的重要性，本书采用专家打分法确定影响城市物流发展模式选择的权重。

首先，由专家分别对一级指标对城市物流发展模式选择的影响程度、二级指标对上一级指标的影响程度分别进行打分，同时考虑专家的权重，很熟悉被评价内容的专家权重为1，一般熟悉被评价内容的专家权重为0.8，不太熟悉被评价内容的专家权重为0.5。

然后计算每一项指标的综合评分：$\overline{\overline{R_{ij}}} = \sum_{i=1}^{k}(R_{ijs} \times y_{sr})$ （4-1）

再进行归一化处理，得到：$R_{ij} = \dfrac{\overline{\overline{R_{ij}}}}{\sum_{j=1}^{n}\overline{\overline{R_{ij}}}}$ （4-2）

最后，我们得到了最终的权重向量，分别为一级指标权重向量$A=\{a_1, a_2, \cdots, a_n\}$，且$\sum_{i=1}^{n}a_i=1$；二级指标权重向量$A_i=\{a_{i1}, a_{i2}, \cdots, a_{in}\}$，且$\sum_{j=1}^{n}a_{ij}=1$。

4.进行单因素模糊评价，确立模糊关系矩阵

单独从一个因素出发进行评价，以确定评价对象对评价集合V的隶属程度，称为单因素模糊评价，在构建了等级模糊以后，就要逐个对被评价对象从每个指标上进行量化，由于本书的指标体系中既有定量指标，又有定性指标，故而采用不同的计算方法以确认这两类评价指标的隶属度。

对于定性指标，本书采取频数统计法确认隶属度，统计所有专家在各评价因素的不同等级评语的频数，若共有N个专家对指标进行打分，对于二级指标及U_i中的每一个因素来说，如果有n个专家给它的评语等级在V_t，则：

$$R_{ijt} = \frac{n}{N}$$ （4-3）

对于定量指标，由于每个定量指标都有其自身的数值，故不能简单采用频数统计法评价，而应建立隶属度函数进行分析。具体方法为确定每个定量指标评语为"好""较好""一般""较差""差"，对应的评价标准值q_{ij5}，q_{ij4}，q_{ij3}，q_{ij2}，q_{ij1}，并根据隶属度函数公式，计算各定量指标的隶属度。另外，$d^{(1)}(x)$代表隶属度，

x代表实际值，则有如下隶属度函数：

$$d^{(1)}(x) = \begin{cases} 1 & , & x < q_1 \\ \dfrac{q_3 - x}{q_3 - q_1} & , & q_1 \leqslant x < q_3 \\ 0 & , & x \leqslant q_3 \end{cases} \tag{4-4}$$

$$d^{(2)}(x) = \begin{cases} 0 & , & x < q_1 \\ \dfrac{x - q_3}{q_2 - q_1} & , & q_1 \leqslant x \leqslant q_2 \\ \dfrac{q_4 - x}{q_4 - q_2} & , & q_2 \leqslant x \leqslant q_4 \\ 0 & , & x \geqslant q_4 \end{cases} \tag{4-5}$$

$$d^{(3)}(x) = \begin{cases} 0 & , & x < q_1 \\ \dfrac{x - q_1}{q_3 - q_1} & , & q_1 \leqslant x \leqslant q_3 \\ \dfrac{q_5 - x}{q_5 - q_3} & , & q_3 \leqslant x \leqslant q_5 \\ 0 & , & x \geqslant q_5 \end{cases} \tag{4-6}$$

$$d^{(4)}(x) = \begin{cases} 0 & , & x < q_2 \\ \dfrac{x - q_2}{q_4 - q_2} & , & q_2 \leqslant x \leqslant q_4 \\ \dfrac{q_5 - x}{q_5 - q_4} & , & q_4 \leqslant x \leqslant q_5 \\ 0 & , & x \geqslant q_5 \end{cases} \tag{4-7}$$

$$d^{(5)}(x) = \begin{cases} 0 & , & x < q_3 \\ \dfrac{x - q_3}{q_5 - q_3} & , & q_3 \leqslant x < q_5 \\ 1 & , & x \geqslant q_5 \end{cases} \tag{4-8}$$

得到结果后，再通过无量纲化处理，消除量纲的影响，即可得到最终隶属度。

综合上述，定性指标评分和定量指标评分，得到了二级指标及合 U_i 中的每一个指标隶属于评语的二级模糊关系矩阵：

$$R_i = \begin{pmatrix} R_{i11} & R_{i12} & \Lambda & R_{i15} \\ R_{i21} & R_{i22} & \Lambda & R_{i25} \\ M & M & O & M \\ R_{in1} & R_{in2} & \Lambda & R_{in5} \end{pmatrix} \tag{4-9}$$

5.综合评价

模糊综合评价的模型为：

$$B_i = A_i \times R_i = (a_{i1}, a_{i2}, \Lambda, a_{in}) \begin{pmatrix} R_{i11} & R_{i12} & \Lambda & R_{i15} \\ R_{i21} & R_{i22} & \Lambda & R_{i25} \\ M & M & O & M \\ R_{in1} & R_{in2} & \Lambda & R_{in5} \end{pmatrix} = (b_{i1}, b_{i2}, \Lambda, b_{in}) \quad （4\text{-}10）$$

6.对模糊综合评价结果进行定量分析

用模糊综合评价结果和评价等级向量相乘，得到最终的可量化的二级因素评价结果：

$$E_{ij} = R_{ij} \times V^{\mathrm{T}} = (r_{ij1}, \ r_{ij2}, \ r_{ij3}, \ r_{ij4}, \ r_{ij5}) \begin{pmatrix} V_1 \\ V_2 \\ V_3 \\ V_4 \\ V_5 \end{pmatrix} \quad （4\text{-}11）$$

$$E_i = B_i \times V^{\mathrm{T}} = (b_{i1}, \ b_{i2}, \ b_{i3}, \ b_{i4}, \ b_{i5}) \begin{pmatrix} V_1 \\ V_2 \\ V_3 \\ V_4 \\ V_5 \end{pmatrix} \quad （4\text{-}12）$$

由此，就得到了每个一级指标的分值E_i，E_i越大说明目标城市物流的发展在第i项因素方面具有的优势越大。

7.采用雷达图综合分析评价结果

综合分析各一级指标权重和评价值，具体方法为用各一级指标权重与各一级指标评价值相乘，得到最终分值及排名。

在通过各式计算出了影响目标城市物流发展模式选择的各项指标数据后，单个的数据给人的印象是散乱的，而希望通过图表可以清晰地反映出数据的各种特征，故采用雷达图辅助我们进行更清晰的分析，雷达图正是专门用来进行多指标分析的专业工具。

雷达图最为典型的应用是在企业财务分析上，它首先将反映企业财务运转效果的指标分为收益性指标、成长性指标、生产性指标、流动性指标和安全性指标几大类，每一大类的指标又由很多明细指标构成，然后将每一大类指标的结算结果在雷达图上进行清晰的显示，从而使分析者对企业的整个财务状况有非常直观的了解和全盘把握。同时，企业还可将现时的各种财务比率与企业的以往历史作对比，或将其与当期的其他同类企业作对比，从而便捷地完成动态及静态分析。

在雷达图上，企业的各项经营数据分别标识在相应的坐标轴上，每条坐标轴代表不同的指标，并用线段将各坐标轴上的点连接起来。如果某项指标位于平均线以内，说明该指标有待改进；而对于接近甚至低于最小圆的指标，则是危险信号，应分析原因，抓紧改进；如果某项指标高于平均线，说明该企业相应方面具有优势。各种指标越接近外圆越好。

根据这一原理，把上述对影响目标城市物流发展模式选择的因素分析的处理过程表在Excel中选用专门的雷达图分析工具，即可输出直观的分析结果。

在目标城市内部的各要素之间，可以通过不同数轴上数值的对比看出各影响因素之间的相对突出程度，从而作为我们下一步具体决策的依据。

第四节 城市物流发展模式选择案例分析
—— 以京津冀为例

一、影响京津冀物流发展模式选择的因素分析

1.地理区位因素

京津冀城市群是由最初的概念中国的"首都经济圈"发展而来的，包括北京市、天津市以及河北省的保定、唐山、廊坊、石家庄、邯郸、秦皇岛、张家口、承德、沧州、邢台、衡水等11个地级市。土地面积约有21.7万平方公里，截至2018年年底，常住人口约1.1亿，其中北京、天津、保定、廊坊为中部核心功能区。

京津冀地区古为幽燕、燕赵，历元明清三朝八百余年，本为一家。元属中书省，明为北直隶，清为直隶省。民国初，北京为京兆，天津属直隶省。民国定都南京后，北京改为北平，与天津同属河北省。

京津冀地缘相接、人缘相亲、地域一体、文化一脉，历史渊源深厚，交往半径相宜，完全能够相互融合、协同发展。京津冀位于东北亚中国地区环渤海心脏地带，是中国北方经济规模最大、最具活力的地区，越来越引起中国乃至整个世界的瞩目。

2.自然资源因素

京津冀水资源总量共计181.1亿吨，其中河北省水资源占据京津冀总量的

75%以上，目前北京发现矿种共计67种，天津市境内有矿产资源20余种，河北省已发现各类矿产资源156种，其中探明储量的矿产有125种。

京津冀沿海地区的海洋资源也非常丰富，有滩涂资源、海洋生物资源、海水资源、海洋油气资源。滩涂面积约370多平方公里，海洋生物资源主要是浮游生物、游泳生物、底栖生物和潮间带生物。海水成盐量高，自古以来就是著名的盐产地，拥有中国最大的盐场。可进行海水淡化，解决淡水不足的潜力很大。已发现45个含油构造，储量十分可观。

3.物流基础设施因素

京津冀的水、陆、空交通网络的密度是全国最高的，客货运量以及邮电通信量均位于全国前列，是中国北方最大的"海洋经济"与"大陆经济"的连接枢纽。

目前，京津冀都市圈区域内运输线路基本形成了一个以公路为主，铁路、水路、航空为辅的水、陆、空立体式交通运输线路网络。且近几年来，运输线路建设进一步加快，水、陆、空交通运输体系进一步完善。2017年，京津冀都市圈铁路通车里程达到0.96万公里，占全国比重7.6%，公路通车里程合计23.04万公里，占全国比重为4.8%，其中等级公路合计22.5万公里，占比5.2%，高速公路0.87万公里，占比6.4%。京津冀都市圈内公路建设基本形成国道、省道、县级和乡镇公路相互连接，高速公路和其他等级公路为层次的道路交通体系。这些道路基本建设为京津冀发展城市物流提供了线路保障。这些公路互相连接，构成了3小时首都经济圈，形成了覆盖整个京津冀地区的发达公路网，使京津成为全国重要的公路交通枢纽。京津冀地区是全国铁路运输的咽喉要道，是贯穿三北以及华东地区的重要枢纽。铁路网络密集，其密度是全国平均水平的一倍。货运周转量较大，占全国总周转量的30%强。天津和河北均位于渤海西岸，共有海岸线640公里，在呈"C"字形的海岸线上，密集分布着大、中、小型的各具特色的天津港、秦皇岛港、京唐港、曹妃甸港和黄骅港等现代化的港口群。天津港目前已与180个国家和地区的500多个港口建立了贸易往来。2018年，天津港货物吞吐量达到50774万吨，凸显了其作为北方国际航运中心和国际物流中心的重要地位。再如，曹妃甸港甸头前缘500～600米水深达到-20～-30米，构成渤海湾内天然的深水港址，是渤海湾乃至中国难得的建港及发展经济的宝地。条件可谓得天独厚，为发展大型深水港以及临港产业的发展都提供了良好的条件。此外，京津两地均建有现代化的国际机场。

4.产业因素

从经济总量的角度衡量，在京津冀中，河北位列第一，北京排在第二位，天

津排第三。但是，京、津、冀三个地区的经济结构有所不同，具体表现在，北京将主要精力用于发展服务业和知识产业，第三产业在经济总量中所占比重逐年提高，2018年北京第三产业增加值24553.64亿元，远超天津11027.12亿元及河北16632.21亿元；近年来，天津将自己放在建立北方经济中心和现代制造业中心的定位上；由于建设农业大省的定位，使得河北的第一产业占经济总量中的比例明显高于京津两地，同时，第二产业在整体经济中的占比较大，成了推动经济增长的主要力量。

从经济增长的速度角度来比较，近年来，北京和河北的速度相差不大，指数均在106左右，天津增速较慢，指数在103左右。从三个产业分别看，河北省的第一产业优势明显，不仅增量是三地中最高的，其增速也排在第一位；增速第一位的是北京，河北处于第二位，天津位居第三位；第一产业无论从总量还是增长速度上看，河北都远超京、津两地，从第三产业增长速度的变化情况看，河北第三产业虽然基数不足京津地区，但增长速度近年来逐渐加快，逐步缩小了与京津两市的差距。

5.贸易与市场因素

为了全面落实《京津冀协同发展规划纲要》，实现京津冀协同发展，河北省人民政府于2016年2月29日专门出台了《建设全国现代商贸物流重要基地规划》（以下简称《商贸物流规划》）。其中指出："商贸物流业是京津冀协同发展的引领性、支撑性和战略性产业，加快其发展对促进产业转型升级、有效支撑京津冀产业协同创新发展，具有重要战略意义。"京津冀地区拥有1.2亿人口的消费需求，可谓需求量巨大。同时，京津冀地区的社会销售总额、商品销售总额、社会物流总额、物流增加值等指标均占全国10%以上，其中商品销售总额占全国比例达到了23%，京津冀地区商贸物流业拥有巨大的发展潜力。首先，从京津冀的战略定位来看，北京作为首都应该疏散其非首都功能，天津作为核心城市发挥其引领作用，河北省承担服务京津的功能，作为承接京津产业转移的基地；其次，京津冀要发展成继珠三角、长三角之后的中国第三个增长极，需要商贸物流的支撑，应利用好京津冀地区巨大的需求潜力和商贸物流优势；最后，京津冀自身商贸物流基础较好，在河北省，商贸物流业已经是第三大支柱产业，服务业里的第一大产业，并且京津冀拥有优越的区位优势，东临渤海、西接晋蒙、南联豫鲁、北靠黑吉辽蒙，是"一带一路"规划中的重要区域之一。

6.经济发展整体因素

城市物流和城市经济是相互影响的，城市物流可以促进城市经济的发展，同样，城市经济对城市物流的发展提供了支撑和保障作用。经济实力是一个城市物流业发展的基础，经济水平越高，带动的物流需求量就越高，对物流的拉动作用也就越大，因此城市经济的发展水平在一定程度上会影响物流的需求，进而影响物流的发展水平。衡量城市经济的发展水平首先要看一个地区的生产总值（GDP）、GDP增长率。[13]国内生产总值（GDP）是指一个国家（地区/城市）的经济中在一定时期内生产出的全部最终产品和服务价值，而GDP增长率是按可比价格计算的国内生产总值。两者都是衡量一个国家或地区经济发展水平的核心指标，能间接反映经济实力对物流业发展的促进和保障作用。据国家统计局发布，2018年全国GDP为900309.5亿元，京津冀城市群总GDP为85139.89亿元，占比9.46%；2017年全国GDP为820754.3亿元，京津冀城市群总GDP为80580.45亿元，占比9.82%；2018年相对2017年下降约0.36个百分点。

7.政策因素

京津冀具有较强的经济综合实力，具有发展现代物流所必备的区位优势一级的物流基础设施的平台，《"十三五"时期京津冀国民经济和社会发展规划》已于2016年2月印发实施，这是全国第一个跨省市的区域"十三五"规划，对于打破三省市"一亩三分地"的思维定式，进一步增强发展整体性和协同性具有重要意义。据了解，北京市、天津市、河北省以规划为指导，审议通过了各自的"十三五"国民经济和社会发展规划纲要。

政府工作报告中也支持，作为京津冀的核心区位，北京应充分发挥其辐射带动作用，打造以首都为核心的世界级城市群。全方位对接支持雄安新区规划建设，建立便捷高效的交通联系，支持中关村科技创新资源的有序转移、共享聚集，推动部分优质公共服务资源合作。与河北共同筹办好2022年北京冬奥会和冬残奥会，促进区域整体发展水平提升。聚焦重点领域，优化区域交通体系，推进交通互联互通，疏解过境交通；建设好北京新机场，打造区域世界级机场群；深化联防联控机制，加大区域环境治理力度；加强产业协作和转移，构建区域协同创新共同体。

二、京津冀物流发展模式选择分析

1.确定因素指标体系权重

根据上一节所述的详细方法，统计并汇总了调查结果，得到了各级因素指标的计算结果，如表4-3所示。

因素指标体系权重表　　　　　　　　表4-3

一级指标	权重	二级指标	权重
地理区位因素 U_1	0.204	地理区位相对优势 U_{11}	0.336
		枢纽型地理位置程度 U_{12}	0.407
		区域辐射范围 U_{13}	0.257
自然资源因素 U_2	0.144	区域面积 U_{21}	0.267
		水资源 U_{22}	0.18
		矿产资源 U_{23}	0.297
		农业资源 U_{24}	0.256
物流基础设施因素 U_3	0.174	城市外部交通体系 U_{31}	0.278
		城市内部配送网络 U_{32}	0.248
		现有物流节点 U_{33}	0.294
		未来规划物流基础设施 U_{34}	0.18
产业因素 U_4	0.158	区域总体产业规模 U_{41}	0.183
		产业辐射范围 U_{42}	0.171
		产业集群平均规模 U_{43}	0.114
		优势产业集群规模 U_{44}	0.187
		社会消费品零售总额 U_{45}	0.118
		工业年度总产值 U_{46}	0.127
		农业年度总产值 U_{47}	0.1
贸易与市场因素 U_5	0.098	年度进出口总额 U_{51}	0.249
		市场的地域辐射范围 U_{52}	0.221
		年度市场交易总额 U_{53}	0.26
		大中型市场数量 U_{54}	0.12
		商贸市场未来增长潜力 U_{55}	0.15
经济发展整体水平 U_6	0.148	经济区位优势 U_{61}	0.35
		地区GDP总量 U_{62}	0.221
		地区人均GDP U_{63}	0.261
		未来经济增长潜力 U_{64}	0.168
政策因素 U_7	0.074	国家政策支持力度 U_{71}	0.272
		地方政策支持力度 U_{72}	0.272
		发展城市物流的整体环境 U_{73}	0.266
		相关部门的配合力度 U_{74}	0.19

一级指标总栏：城市物流发展模式影响因素

由表可知，一级指标权重分别为：

U＝{地理区位因素，自然资源因素，物流基础设施因素，产业因素，贸易与市场因素，经济发展水平因素，政策因素}＝{0.204，0.144，0.174，0.158，0.098，0.148，0.074}；

U_1＝{地理区位相对优势，枢纽型地理位置程度，区域辐射范围}＝{0.336，0.407，0.257}；

U_2＝{区域面积，水资源，矿产资源，农业资源}＝{0.267，0.180，0，297，0.256}；

U_3＝{城市外部交通体系，城市内部配送网络，现有物流节点，未来规划物流基础设施}＝{0.278，0.248，0.297，0.256}；

U_4＝{区域总体产业规模，产业辐射范围，产业集群平均规模，优势产业集群规模，社会消费品零售总额，工业年度总产值，农业年度总产值}＝{0.183，0.171，0.114，0，187，0.118，0.127，0.100}；

U_5＝{年度进出口总额，市场的地域辐射范围，年度市场交易总额，大中型市场数量，商贸市场未来增长潜力}＝{0.249，0.221，0.260，0.120，0.150}；

U_6＝{经济区位优势，地区GDP总量，地区人均GDP，未来经济增长潜力}＝{0.350，0.221，0.261，0.168}；

U_7＝{国家政策支持力度，地方政策支持力度，发展城市物流的整体环境，相关部门的配合力度}＝{0.272，0.272，0.266，0.190}。

2.构建模糊评价矩阵

通过2018年国家统计年鉴、报告获取实际值定量分析，然后通过查阅大量资料比对，确定了标准值q_1、q_2，q_3，q_4，q_5，如表4-4所示。利用隶属度函数计算出评语集，定性指标通过发放问卷并整合数据，利用上文所述的频数统计法获得。计算结果如表4-5所示。

定量指标标准值　　　　　　　　　　　　　　　　表4-4

指标＼标准值	q_1	q_2	q_3	q_4	q_5
社会消费品总产值（亿元）	10000	30000	50000	100000	150000
工业年度总产值	10000	30000	50000	100000	150000
农业年度总产值（亿元）	1000	2000	3000	5000	10000
年度进出口总额（亿美元）	3000	5000	7000	10000	13000
年度市场交易总额（亿美元）	3000	5000	10000	15000	20000

续表

指标＼标准值	q_1	q_2	q_3	q_4	q_5
大中型市场数量（个）	100	200	300	500	700
地区GDP总量（亿元）	30000	50000	100000	150000	200000
地区人均GDP（元）	30000	50000	100000	150000	200000

二级指标定性及定量评价值　　　　　表4-5

一级指标	二级指标	评价值				
		好（V_1）	较好（V_2）	一般（V_3）	较差（V_4）	差（V_5）
地理区位因素 U_1	地理区位相对优势 U_{11}	0.245	0.284	0.439	0.032	0
	枢纽型地理位置程度 U_{12}	0.432	0.465	0.103	0	0
	区域辐射范围 U_{13}	0.187	0.265	0.445	0.103	0
自然资源因素 U_2	区域面积 U_{21}	0.200	0.419	0.232	0.148	0
	水资源 U_{22}	0	0.161	0.587	0.168	0.084
	矿产资源 U_{23}	0.052	0.419	0.426	0.103	0
	农业资源 U_{24}	0.052	0.535	0.348	0.065	0
物流基础设施因素 U_3	城市外部交通体系 U_{31}	0.181	0.568	0.135	0.116	0
	城市内部配送网络 U_{32}	0.271	0.316	0.265	0.148	0
	现有物流节点 U_{33}	0.181	0.168	0.252	0.284	0.116
	未来规划物流基础设施 U_{34}	0.335	0.148	0.265	0.252	0
产业因素 U_4	区域总体产业规模 U_{41}	0.032	0.516	0.368	0.084	0
	产业辐射范围 U_{42}	0.265	0.271	0.187	0.194	0.084
	产业集群平均规模 U_{43}	0.135	0.265	0.535	0.065	0
	优势产业集群规模 U_{44}	0.168	0.568	0.116	0.148	0
	社会消费品零售总额 U_{45}	0.202	0.473	0.298	0.027	0
	工业年度总产值 U_{46}	0	0.272	0.441	0.228	0.059
	农业年度总产值 U_{47}	0	0.267	0.472	0.233	0.028
贸易与市场因素 U_5	年度进出口总额 U_{51}	0.139	0.411	0.361	0.089	0
	市场的地域辐射范围 U_{52}	0.303	0.219	0.329	0.148	0
	年度市场交易总额 U_{53}	0	0.192	0.442	0.308	0.058
	大中型市场数量 U_{54}	0	0.208	0.406	0.292	0.094
	商贸市场未来增长潜力 U_{55}	0.129	0.168	0.116	0.439	0.148

一级指标	二级指标	评价值				
		好 (V_1)	较好 (V_2)	一般 (V_3)	较差 (V_4)	差 (V_5)
经济发展整体水平 U_6	经济区位优势 U_{61}	0.316	0.274	0.284	0.126	0
	地区 GDP 总量 U_{62}	0.120	0.334	0.380	0.166	0
	地区人均 GDP U_{63}	0.166	0.367	0.334	0.133	0
	未来经济增长潜力 U_{64}	0.116	0.381	0.303	0.200	0
政策因素 U_7	国家政策支持力度 U_{71}	0.200	0.161	0.219	0.419	0
	地方政策支持力度 U_{72}	0.200	0.303	0.245	0.252	0
	发展城市物流的整体环境 U_{73}	0.187	0.265	0.290	0.258	0
	相关部门的配合力度 U_{74}	0	0.135	0.477	0.387	0

根据模糊综合评价的模型 $B_i = A_i \times R_i$，代入表4-3和表4-4中的数据，可求得各级影响因素的模糊综合评价结果，再用各级影响因素的模糊综合评价结果和评价等级向量 $(90，70，50，30，10)^T$ 相乘，即可得到最终的二级因素评价结果。

（1）地理区位因素

已知地理区位因素的模糊评价矩阵 A_1 和权重 R_1，根据公式 $B_i = A_i \times R_i$ 可得如下综合评价向量：

$$B_i = A_i \times R_i = (0.336，0.407，0.257)\begin{pmatrix} 0.245 & 0.284 & 0.439 & 0.032 & 0 \\ 0.432 & 0.465 & 0.103 & 0 & 0 \\ 0.187 & 0.265 & 0.445 & 0.103 & 0 \end{pmatrix}$$

$$= (0.306，0.352，0.304，0.037，0)$$

根据公式 $E_{ij} = R_{ij} \times V^T$、$E_i = B_i \times V^T$ 计算可得：

$$E_{11} = R_{11} \times V^T = (0.245，0.284，0.439，0.032，0)\begin{pmatrix} 90 \\ 70 \\ 50 \\ 30 \\ 10 \end{pmatrix} = 64.839$$

$$E_{12} = R_{12} \times V^T = (0.432，0.465，0.103，0，0)\begin{pmatrix} 90 \\ 70 \\ 50 \\ 30 \\ 10 \end{pmatrix} = 76.557$$

$$E_{13} = R_{13} \times V^{\mathrm{T}} = (0.187,\ 0.265,\ 0.445,\ 0.103,\ 0) \begin{pmatrix} 90 \\ 70 \\ 50 \\ 30 \\ 10 \end{pmatrix} = 60.710$$

$$E_{1} = B_{1} \times V^{\mathrm{T}} = (0.306,\ 0.352,\ 0.304,\ 0.037,\ 0) \begin{pmatrix} 90 \\ 70 \\ 50 \\ 30 \\ 10 \end{pmatrix} = 68.547$$

（2）自然资源因素

已知自然资源因素的模糊评价矩阵 A_2 和权重 R_2，根据公式 $B_i = A_i \times R_i$ 可得如下综合评价向量：

$$\begin{aligned} B_i = A_i \times R_i \\ = (0.267 \quad 0.18 \quad 0.297 \quad 0.256) \times \begin{pmatrix} 0.2 & 0.419 & 0.232 & 0.148 & 0 \\ 0 & 0.161 & 0.587 & 0.168 & 0.084 \\ 0.052 & 0.419 & 0.426 & 0.103 & 0 \\ 0.256 & 0.052 & 0.535 & 0.348 & 0.065 \end{pmatrix} \\ = (0.082 \quad 0.403 \quad 0.383 \quad 0.117 \quad 0.015) \end{aligned}$$

根据公式 $E_{ij} = R_{ij} \times V^{\mathrm{T}}$、$E_i = B_i \times V^{\mathrm{T}}$ 计算可得：

$$E_{21} = R_{21} \times V^{\mathrm{T}} = (0.2 \quad 0.419 \quad 0.232 \quad 0.148 \quad 0) \times \begin{pmatrix} 90 \\ 70 \\ 50 \\ 30 \\ 10 \end{pmatrix} = 63.419$$

$$E_{22} = R_{22} \times V^{\mathrm{T}} = (0 \quad 0.161 \quad 0.587 \quad 0.168 \quad 0.084) \times \begin{pmatrix} 90 \\ 70 \\ 50 \\ 30 \\ 10 \end{pmatrix} = 46.516$$

$$E_{23}=R_{23}\times V^{\mathrm{T}}=(0.052\quad0.149\quad0.426\quad0.103\quad0)\times\begin{pmatrix}90\\70\\50\\30\\10\end{pmatrix}=58.387$$

$$E_{24}=R_{24}\times V^{\mathrm{T}}=(0.052\quad0.535\quad0.348\quad0.065\quad0)\times\begin{pmatrix}90\\70\\50\\30\\10\end{pmatrix}=61.484$$

$$E_{2}=B_{2}\times V^{\mathrm{T}}=(0.082\quad0.403\quad0.383\quad0.117\quad0.015)\times\begin{pmatrix}90\\70\\50\\30\\10\end{pmatrix}=58.387$$

（3）物流基础设施因素

已知物流基础设施因素的模糊评价矩阵 A_3 和权重 R_3，根据公式 $B_i=A_i\times R_i$ 可得如下综合评价向量：

$$B_3=A_3\times R_3$$

$$=(0.278\quad0.248\quad0.294\quad0.18)\times\begin{pmatrix}0.181&0.568&0.135&0.116&0\\0.271&0.316&0.265&0.148&0\\0.181&0.168&0.252&0.284&0.116\\0.335&0.148&0.265&0.252&0\end{pmatrix}$$

$$=(0.231\quad0.312\quad0.225\quad0.198\quad0.034)$$

根据公式 $E_{ij}=R_{ij}\times V^{\mathrm{T}}$、$E_i=B_i\times V^{\mathrm{T}}$ 计算可得：

$$E_{31}=R_{31}\times V^{\mathrm{T}}=(0.181\quad0.568\quad0.135\quad0.116\quad0)\times\begin{pmatrix}90\\70\\50\\30\\10\end{pmatrix}=66.258$$

101

$$E_{32}=R_{32}\times V^{\mathrm{T}}=(0.271\quad 0.316\quad 0.265\quad 0.148\quad 0)\times\begin{pmatrix}90\\70\\50\\30\\10\end{pmatrix}=64.194$$

$$E_{33}=R_{33}\times V^{\mathrm{T}}=(0.181\quad 0.168\quad 0.252\quad 0.284\quad 0.116)\times\begin{pmatrix}90\\70\\50\\30\\10\end{pmatrix}=50.258$$

$$E_{34}=R_{34}\times V^{\mathrm{T}}=(0.335\quad 0.148\quad 0.265\quad 0.252\quad 0)\times\begin{pmatrix}90\\70\\50\\30\\10\end{pmatrix}=61.355$$

$$E_{3}=B_{3}\times V^{\mathrm{T}}=(0.231\quad 0.312\quad 0.225\quad 0.198\quad 0.034)\times\begin{pmatrix}90\\70\\50\\30\\10\end{pmatrix}=60.159$$

（4）产业因素

已知产业因素的模糊评价矩阵 A_4 和权重 R_4，根据公式 $B_i=A_i\times R_i$ 可得如下综合评价向量：

$$B_4=A_4\times R_4$$

$$=(0.183\quad 0.171\quad 0.114\quad 0.187\quad 0.118\quad 0.127\quad 0.1)\times\begin{pmatrix}0.032 & 0.516 & 0.368 & 0.084 & 0\\0.265 & 0.271 & 0.187 & 0.194 & 0.084\\0.135 & 0.265 & 0.535 & 0.065 & 0\\0.168 & 0.568 & 0.116 & 0.148 & 0\\0.202 & 0.473 & 0.298 & 0.027 & 0\\0 & 0.272 & 0.441 & 0.228 & 0.059\\0 & 0.267 & 0.472 & 0.233 & 0.028\end{pmatrix}$$

$$=(0.122\quad 0.394\quad 0.32\quad 0.139\quad 0.025)$$

根据公式 $E_{ij}=R_{ij}\times V^{\mathrm{T}}$、$E_i=B_i\times V^{\mathrm{T}}$ 计算可得：

$$E_{41}=R_{41} \times V^{\mathrm{T}}=\begin{pmatrix} 0.032 & 0.516 & 0.368 & 0.084 & 0 \end{pmatrix} \times \begin{pmatrix} 90 \\ 70 \\ 50 \\ 30 \\ 10 \end{pmatrix}=59.935$$

$$E_{42}=R_{42} \times V^{\mathrm{T}}=\begin{pmatrix} 0.265 & 0.271 & 0.187 & 0.194 & 0.084 \end{pmatrix} \times \begin{pmatrix} 90 \\ 70 \\ 50 \\ 30 \\ 10 \end{pmatrix}=58.774$$

$$E_{43}=R_{43} \times V^{\mathrm{T}}=\begin{pmatrix} 0.135 & 0.265 & 0.535 & 0.065 & 0 \end{pmatrix} \times \begin{pmatrix} 90 \\ 70 \\ 50 \\ 30 \\ 10 \end{pmatrix}=59.419$$

$$E_{44}=R_{44} \times V^{\mathrm{T}}=\begin{pmatrix} 0.168 & 0.568 & 0.116 & 0.148 & 0 \end{pmatrix} \times \begin{pmatrix} 90 \\ 70 \\ 50 \\ 30 \\ 10 \end{pmatrix}=65.097$$

$$E_{45}=R_{45} \times V^{\mathrm{T}}=\begin{pmatrix} 0.202 & 0.473 & 0.298 & 0.027 & 0 \end{pmatrix} \times \begin{pmatrix} 90 \\ 70 \\ 50 \\ 30 \\ 10 \end{pmatrix}=67$$

$$E_{46}=R_{46} \times V^{\mathrm{T}}=\begin{pmatrix} 0 & 0.272 & 0.441 & 0.228 & 0.059 \end{pmatrix} \times \begin{pmatrix} 90 \\ 70 \\ 50 \\ 30 \\ 10 \end{pmatrix}=48.53$$

$$E_{47}=R_{47} \times V^{\mathrm{T}}=\begin{pmatrix} 0 & 0.267 & 0.472 & 0.233 & 0.028 \end{pmatrix} \times \begin{pmatrix} 90 \\ 70 \\ 50 \\ 30 \\ 10 \end{pmatrix}=49.545$$

$$E_4 = B_4 \times V^{\mathrm{T}} = (0.122 \quad 0.394 \quad 0.32 \quad 0.139 \quad 0.025) \times \begin{pmatrix} 90 \\ 70 \\ 50 \\ 30 \\ 10 \end{pmatrix} = 58.989$$

（5）贸易与市场因素

已知贸易与市场因素的模糊评价矩阵 A_5 和权重 R_5，根据公式 $B_i = A_i \times R_i$ 可得如下综合评价向量：

$$B_5 = A_5 \times R_5$$

$$= (0.249 \quad 0.221 \quad 0.26 \quad 0.12 \quad 0.15) \times \begin{pmatrix} 0.139 & 0.411 & 0.361 & 0.089 & 0 \\ 0.303 & 0.219 & 0.329 & 0.148 & 0 \\ 0 & 0.192 & 0.442 & 0.308 & 0.058 \\ 0 & 0.208 & 0.406 & 0.292 & 0.094 \\ 0.129 & 0.168 & 0.116 & 0.439 & 0.148 \end{pmatrix}$$

$$= (0.121 \quad 0.251 \quad 0.344 \quad 0.236 \quad 0.049)$$

根据公式 $E_{ij} = R_{ij} \times V^{\mathrm{T}}$、$E_i = B_i \times V^{\mathrm{T}}$ 计算可得：

$$E_{51} = R_{51} \times V^{\mathrm{T}} = (0.139 \quad 0.411 \quad 0.361 \quad 0.089 \quad 0) \times \begin{pmatrix} 90 \\ 70 \\ 50 \\ 30 \\ 10 \end{pmatrix} = 62.007$$

$$E_{52} = R_{52} \times V^{\mathrm{T}} = (0.303 \quad 0.219 \quad 0.329 \quad 0.148 \quad 0) \times \begin{pmatrix} 90 \\ 70 \\ 50 \\ 30 \\ 10 \end{pmatrix} = 63.548$$

$$E_{53} = R_{53} \times V^{\mathrm{T}} = (0 \quad 0.192 \quad 0.442 \quad 0.308 \quad 0.058) \times \begin{pmatrix} 90 \\ 70 \\ 50 \\ 30 \\ 10 \end{pmatrix} = 45.378$$

$$E_{54}=R_{54} \times V^{\mathrm{T}}=(0 \quad 0.208 \quad 0.406 \quad 0.292 \quad 0.094) \times \begin{pmatrix} 90 \\ 70 \\ 50 \\ 30 \\ 10 \end{pmatrix}=44.583$$

$$E_{55}=R_{55} \times V^{\mathrm{T}}=(0.129 \quad 0.168 \quad 0.116 \quad 0.439 \quad 0.148) \times \begin{pmatrix} 90 \\ 70 \\ 50 \\ 30 \\ 10 \end{pmatrix}=43.806$$

$$E_{5}=B_{5} \times V^{\mathrm{T}}=(0.121 \quad 0.251 \quad 0.344 \quad 0.236 \quad 0.049) \times \begin{pmatrix} 90 \\ 70 \\ 50 \\ 30 \\ 10 \end{pmatrix}=53.203$$

（6）经济发展水平因素

已知经济发展水平因素的模糊评价矩阵 A_6 和权重 R_6，根据公式 $B_i=A_i \times R_i$ 可得如下综合评价向量：

$$B_6=A_6 \times R_6$$

$$=(0.35 \quad 0.221 \quad 0.261 \quad 0.168) \times \begin{pmatrix} 0.316 & 0.274 & 0.284 & 0.126 & 0 \\ 0.12 & 0.334 & 0.38 & 0.166 & 0 \\ 0.166 & 0.367 & 0.334 & 0.133 & 0 \\ 0.116 & 0.381 & 0.303 & 0.2 & 0 \end{pmatrix}$$

$$=(0.2 \quad 0.329 \quad 0.321 \quad 0.149 \quad 0)$$

根据公式 $E_{ij}=R_{ij} \times V^{\mathrm{T}}$、$E_i=B_i \times V^{\mathrm{T}}$ 计算可得：

$$E_{61}=R_{61} \times V^{\mathrm{T}}=(0.316 \quad 0.274 \quad 0.284 \quad 0.126 \quad 0) \times \begin{pmatrix} 90 \\ 70 \\ 50 \\ 30 \\ 10 \end{pmatrix}=65.605$$

105

$$E_{62}=R_{62} \times V^{\mathrm{T}}=\begin{pmatrix} 0.12 & 0.334 & 0.38 & 0.166 & 0 \end{pmatrix} \times \begin{pmatrix} 90 \\ 70 \\ 50 \\ 30 \\ 10 \end{pmatrix} =58.189$$

$$E_{63}=R_{63} \times V^{\mathrm{T}}=\begin{pmatrix} 0.166 & 0.367 & 0.334 & 0.133 & 0 \end{pmatrix} \times \begin{pmatrix} 90 \\ 70 \\ 50 \\ 30 \\ 10 \end{pmatrix} =61.318$$

$$E_{64}=R_{64} \times V^{\mathrm{T}}=\begin{pmatrix} 0.116 & 0.381 & 0.303 & 0.2 & 0 \end{pmatrix} \times \begin{pmatrix} 90 \\ 70 \\ 50 \\ 30 \\ 10 \end{pmatrix} =58.258$$

$$E_{6}=B_{6} \times V^{\mathrm{T}}=\begin{pmatrix} 0.2 & 0.329 & 0.321 & 0.149 & 0 \end{pmatrix} \times \begin{pmatrix} 90 \\ 70 \\ 50 \\ 30 \\ 10 \end{pmatrix} =61.613$$

（7）政策因素

已知政策因素的模糊评价矩阵 A_7 和权重 R_7，根据公式 $B_i=A_i \times R_i$ 可得如下综合评价向量：

$$B_7=A_7 \times R_7$$

$$=\begin{pmatrix} 0.272 & 0.272 & 0.266 & 0.19 \end{pmatrix} \times \begin{pmatrix} 0.2 & 0.161 & 0.219 & 0.419 & 0 \\ 0.2 & 0.303 & 0.245 & 0.252 & 0 \\ 0.187 & 0.265 & 0.29 & 0.258 & 0 \\ 0 & 0.135 & 0.477 & 0.387 & 0 \end{pmatrix}$$

$$=\begin{pmatrix} 0.159 & 9.222 & 0.294 & 0.325 & 0 \end{pmatrix}$$

根据公式 $E_{ij}=R_{ij} \times V^{\mathrm{T}}$、$E_i=B_i \times V^{\mathrm{T}}$ 计算可得：

$$E_{71}=R_{71}\times V^{\mathrm{T}}=(0.2 \quad 0.161 \quad 0.219 \quad 0.419 \quad 0)\times\begin{pmatrix}90\\70\\50\\30\\10\end{pmatrix}=52.839$$

$$E_{73}=R_{73}\times V^{\mathrm{T}}=(0.187 \quad 0.265 \quad 0.29 \quad 0.258 \quad 0)\times\begin{pmatrix}90\\70\\50\\30\\10\end{pmatrix}=57.613$$

$$E_{74}=R_{74}\times V^{\mathrm{T}}=(0 \quad 0.135 \quad 0.477 \quad 0.387 \quad 0)\times\begin{pmatrix}90\\70\\50\\30\\10\end{pmatrix}=44.968$$

$$E_{7}=B_{7}\times V^{\mathrm{T}}=(0.159 \quad 0.222 \quad 0.294 \quad 0.325 \quad 0)\times\begin{pmatrix}90\\70\\50\\30\\10\end{pmatrix}=54.298$$

综合以上计算结果，整理如表4-6所示结果。

二级评价因素评价值　　　　表4-6

一级指标	评价值	评语	二级指标	评价值
地理区位因素 U_1	68.547	优势因素	地理区位相对优势 U_{11}	64.839
			枢纽型地理位置程度 U_{12}	76.557
			区域辐射范围 U_{13}	60.710
自然资源因素 U_2	58.387	一般因素	区域面积 U_{21}	63.419
			水资源 U_{22}	46.516
			矿产资源 U_{23}	58.387
			农业资源 U_{24}	61.484
物流基础设施因素 U_3	60.159	较优因素	城市外部交通体系 U_{31}	66.258
			城市内部配送网络 U_{32}	64.194
			现有物流节点 U_{33}	50.258
			未来规划物流基础设施 U_{34}	61.355

107

一级指标	评价值	评语	二级指标	评价值
产业因素 U_4	58.989	一般因素	区域总体产业规模 U_{41}	59.935
			产业辐射范围 U_{42}	58.774
			产业集群平均规模 U_{43}	59.419
			优势产业集群规模 U_{44}	65.097
			社会消费品零售总额 U_{45}	67.000
			工业年度总产值 U_{46}	48.530
			农业年度总产值 U_{47}	49.545
贸易与市场因素 U_5	53.203	一般因素	年度进出口总额 U_{51}	62.007
			市场的地域辐射范围 U_{52}	63.548
			年度市场交易总额 U_{53}	45.378
			大中型市场数量 U_{54}	44.583
			商贸市场未来增长潜力 U_{55}	43.806
经济发展整体水平 U_6	61.613	较优因素	经济区位优势 U_{61}	65.605
			地区GDP总量 U_{62}	58.189
			地区人均GDP U_{63}	61.318
			未来经济增长潜力 U_{64}	58.258
政策因素 U_7	54.298	一般因素	国家政策支持力度 U_{71}	52.839
			地方政策支持力度 U_{72}	59.032
			发展城市物流的整体环境 U_{73}	57.613
			相关部门的配合力度 U_{74}	44.968

3. 评价结果分析

根据以上评价结果，京津冀地理区位因素得分68.547，表现出明显优势；经济发展整体水平因素得分61.613、物流基础设施因素得分60.159，表现出较为明显的优势，再综合分析各一级指标权重和评价值，具体方法为用表4-3中各一级指标权重与表4-6中各一级指标评价值相乘，得到最终分值及排名如表4-7所示。

一级影响因素指标最终得分及排名　　　　表4-7

一级指标	评价值	权重	最终得分	排名
地理区位因素 U_1	68.547	0.204	13.98	1
自然资源因素 U_2	58.387	0.144	8.41	5
物流基础设施因素 U_3	60.159	0.174	10.47	2
产业因素 U_4	58.989	0.158	9.32	3

一级指标	评价值	权重	最终得分	排名
贸易与市场因素 U_5	53.203	0.098	5.21	6
经济发展整体水平 U_6	61.613	0.148	9.12	4
政策因素 U_7	54.298	0.074	4.02	7

　　由表4-7可以看出，地理区位因素和物流基础设施因素最终得分分别为13.98和10.47，该两项因素在权重及评价值两方面表现均高，优势明显，故被认为是京津冀城市物流发展模式选择的优势因素（图4-2）。

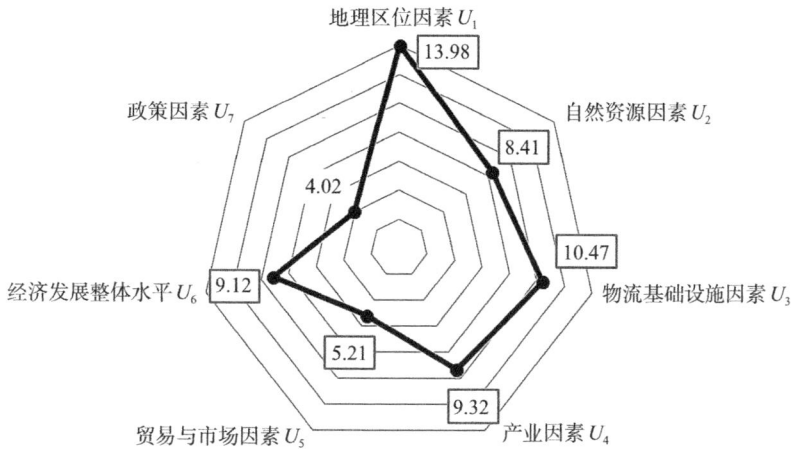

图4-2　京津冀城市物流发展模式选择的优势因素

三、京津冀城市物流发展模式的战略与应用实施

　　通过上述因素分析，明确了影响京津冀城市物流发展模式选择的优势因素之后，就要通过这些因素来选取与其相匹配的物流发展战略了，物流发展战略决策备选知识库如表4-8所示。

物流发展战略决策备选知识库　　　　表4-8

影响因素	相匹配的发展战略	实际操作典范
地理区位	枢纽型物流发展战略 外向型物流发展战略 物流节点辐射性战略	大成都地区物流节点辐射模式 荷兰鹿特丹港
物流基础设施	专业特色物流发展模式 企业供应链物流战略	德国鲁尔工业区配套物流模式 新加坡转口性物流模式

影响因素	相匹配的发展战略	实际操作典范
产业	依托主导产业发展战略	深圳的IT物流模式 四川德阳的重装物流模式
贸易与市场	商贸与物流集成发展战略 依托专业市场发展战略 配送型物流发展战略	浙江义乌商贸物流模式
经济整体发展水平	综合性物流发展模式 规模型物流发展战略	美国第三方物流产业增值服务模式
政策	保税区物流发展战略 出口加工区物流发展战略	日本神户、东京物流设施

结合表4-7的结果和表4-8的发展战略知识库，对京津冀城市物流发展模式确立为两种战略的集成：依托地理区位优势的枢纽型物流节点辐射战略和依托物流基础设施的中转型物流发展战略的集成。

从依托地理区位优势的枢纽型物流节点辐射战略上来看，发展现代物流业，各城市必须充分利用本地区地理优势，整合物流资源，结合自身实际情况，发展本地特色物流，推动城市物流产业的快速成长。例如，唐山、天津、秦皇岛、沧州都拥有港口优势，其中天津港被称为"外贸第二大港"，港口物流成为促进天津市经济发展的主要因素之一。因此，天津市可以在推动自身进出口贸易、扩大自身物流发展规模、提升自身物流竞争实力的同时，加强与周边城市港口的物流合作，从而带动河北省一些港口物流的发展。从依托物流基础设施的中转型物流发展战略上看，物流基础设施主要包括公路、铁路、港口、机场、流通中心以及网络通信基础等。它是一切物流活动的基础平台，关系到物流是否可以有效运行，京津冀中，除北京、天津、石家庄、保定等地外，河北省的大部分城市物流基础设施较薄弱，制约了货运量、货物周转量和邮电业务总量，进一步影响了物流产业规模的发展。因此，当地政府应加大对物流产业基础设施的投入力度，不断完善物流基础设施建设。具体措施为：①加大交通物流基础设施投资建设，如河北占地面积较大，应加大投资建设国际机场，增加飞机的中转站，拓宽河北省的国际货运量，减少北京市与天津市的压力；②重视大型现代化仓储设施、物流园区、配送中心等的建设；③通过构建标准化平台，提倡物流标准化建设，包括物流基础设施设备的标准化、物流运营活动的标准化，以及物流业务活动操作标准化和流程化，这样不仅可以节约大量的物流费用，还能方便京津冀各城市物流间关联紧密的合作。

小　结

　　本章概述了城市物流发展模式的提出，列举了几种常见的典型城市物流发展模式并用实际案例予以说明。建立了基于模糊综合评价法的城市物流发展模式选择体系，最后以京津冀为例实证研究了京津冀的城市物流发展模式选择。

第五章

城市物流绩效评价研究

本章重点理论

　　本章主要是对城市物流绩效评价进行研究，梳理前人的文献，掌握当今的研究现状、研究热点以及未来的发展趋势。其次是构建城市物流绩效评价体系，在构建之初，确定评价原则，在整个原则的框架下，进行指标体系的建立，然后对每个指标进行具体解读，并对案例应用进行简单分析。

第一节　物流绩效评价的理论及重要性

　　物流作为提高经济竞争力的重要因素，要想使其健康的发展，必须对物流各个方面的活动进行绩效评价与分析。由于物流活动具有多方性、过程复杂性（采购、运输、存储、保管及供应等）和形成多样性等特点，其绩效评价也涉及很多方面。

一、物流绩效评价理论

1.物流成本辨别与衡量阶段

　　物流绩效衡量的观念在文献中已经存在了很长一段的历史。在这一领域，最早的相关研究集中在实物配送成本的衡量方面（Raybrn，1969年；LeKashman adn Stolle，1969年；Lewis，1969年）。这一阶段的研究强调了衡量实物成本的困难性，因为人们捕捉实物配送行为时缺乏标准的成本会计体系。在逐步认识到实物配送成本的存在后，研究者开始向更高的管理层呼吁，希望企业能像重视对制造与营销成本的衡量一样，强调对实物配送成本的衡量。这种关注度的出现原因主要是在于人们发现企业面临大量的实物配送成本却无法获取这些行为。当时这一特殊研究领域中对实物配送服务水平的衡量还很少。最近的一些研究支持对成本的优先研究，认为在设计一个综合的物流绩效评价体系时企业必须能够在评估服务之前衡量他们自己的成本（Novack，Lloyd，and John，1995年）。

直至今天，物流成本衡量的观念仍受到大量的关注。然而，传统的成本会计系统仍然无法精确捕捉这些物流成本。传统的成本计算法造成了所谓的"物流费用冰山说"。一般情况下，企业会计科目中，只把支付给外部运输、仓库企业的费用列入成本，实际这些费用在整个物流费用中犹如冰山一角。因为企业利用自己的车辆运输、利用自己的库房保管货物和由自己的工人进行包装、装卸等费用都没列入物流费用科目中。传统的会计方法没有显现各项物流费用，在确认、分类、分析和控制物流成本上都存在许多缺陷。为了弥补这些会计系统的不足，基于活动的成本计算法（ABC）被应用于物流过程中（Pohlen and Lalonde 1994年）。这种方法在企业中获得了大量的关注，尤其是随着数据仓库与ERP系统的发展。并且Liberatore与Miller（1998年）通过与平衡计分卡（BSC）观念相联系扩展了ABC的应用。这种方法将ABC开发物流渠道战略的能力、平衡计分卡衡量与监控企业渠道绩效的能力相联系，从而使得物流及其服务绩效两者都能进行衡量。尽管有人警告，过分强调物流成本的中心作用而不是竞争优势来源，并继续以成本与财务指标来衡量其自身是危险的（Lambert and Stock，1993年），但基于成本的绩效衡量通常在讨论物流绩效指标时仍经常被提出来。指标如脱销损失销售量展示了当顾客需要某些产品而在货架上缺少这种产品时的物流失败而带来的影响。Keebler（1999年）等人关注于脱销的数量，而不是像有些研究者那样注重他们对收入的影响。其他一些指标如每单位物流成本展示了在整个运营过中物流的重要性。

2.物流绩效衡量内容的研究阶段

当绩效衡量的观念得到关注时，Mentzer与Konrad（1991年）首次以绩效衡量为目的，包含了效率与有效性来对物流活动进行有意义的分类尝试。他们区分了对于衡量来说很重要的物流的五个主要领域：运输、仓库、存货控制、订单过程以及物流管理。所有的衡量均集中于效率与有效性，而没有涉及服务绩效。Novack，Rinehart与Langley（1995年）报道了他们的调查结果，对于他们所提供的服务来说，企业更倾向于衡量物流成本。他们的研究也发现，对于衡量影响损益表的物流成本（如存货）而言，企业更乐于衡量影响收益表的物流活动（如对

外运输）。Novack等也表示一些案例研究显示出企业如何开始将物流服务水平与财务结果相联系的。然而，发现这种方法在大多数企业中并不能很好的开发。

曾开展过一项关于物流活动如何很好地使用企业资产的研究（A. T. Kearney，1984年and 1991年）。这些研究聚焦于企业现在如何衡量以及将会怎样衡量物流生产率上，并将企业划分至衡量的四层次之一，四层次包括：层次1——无反应的公司；层次2——反应的公司；层次3——主动的公司；层次4——综合计划公司。之后的研究（1991年）显示美国的企业在其衡量物流生产率的努力上取得了进步。这两项研究的努力也定义了有效衡量的七个标准：有效性、覆盖性、可比性、完全性、可用性、兼容性以及成本效用。

在这一领域的另一个研究内容中，发展了物流服务质量的尺度（Mentzer，Flint，and Kent，1999年）。这一尺度再一次尝试开发一种方法，以允许企业量化顾客对物流服务质量的感知，以识别需要进行改进的关键领域。Mentzer与Harding的研究均集中于顾客反应与服务提供商绩效的感知，而不是单一地关注提供这些服务的成本。而由密歇根州立大学的全球物流研究团队主持的一项研究总结出：世界级的企业不仅关注内部绩效（传统的以成本为导向），同时也注重外部绩效（顾客导向）的衡量。接下来的研究（Keebler et.al，1999年）更进一步证实了密歇根州立大学的研究成果。研究结果表明物流绩效衡量系统经历了五个阶段的发展，开始于功能导向的衡量而结束于过程及顾客导向的衡量。这项研究也进一步发展了之前关于企业在物流中衡量的研究内容。这项研究显示出更多的企业将能够乐意用衡量服务绩效来在适当的时候补充已经开发得很好的成本衡量系统。另外，Kiefer与Novack（1999年）研究了企业供应链导向与他们的仓库运作绩效衡量系统之间的关系。随着企业供应链理念发展的进行，其仓库绩效衡量变得更加重视过程导向以及这些企业更愿意衡量仓库运作对顾客满意度的影响。这再一次显示了企业更倾向于过程导向，相比较于内部衡量来说他们更愿意看到顾客导向的衡量。

3.物流绩效衡量指标与衡量体系研究阶段

物流绩效衡量研究中一个日益增长的领域是指标的分类与评价。Harding（1998年）构建了一个物流绩效衡量的分类矩阵，使用了三个标准：对顾客的重要性、企业绩效、改进的成本/时间（1998年）。允许企业识别物流绩效产生影响的领域。这一分类设计的重点在于当顾客服务改进时对企业所造成的财务影响；当成本/时间因素为资源时，所有的物流绩效指标都是顾客导向的，企业需要改进服务上支出。其他一些研究者提出了物流绩效的可能指标，并为这些指标中开发了很多不同的分类技术。他们将这些指标分类归于以下几个领域：质量、财务绩效、基于顾客、基于时间、成本、柔性、可靠性、创新、学习、内部与外部的商业视角，以及许多其他的领域。顾客满意度/质量、时间、成本与资产也被用来介绍这些指标。另有研究显示，物流绩效的职能性评估可以分为成本管理、客户服务、质量、生产率、资产管理。

　　而在物流绩效的评价体系建设方面，鲍尔索克斯提出物流企业绩效一般从内部和外部两个方面进行衡量。内部绩效衡量通常从五个方面来评价：成本、客户服务、生产率指标、资产衡量、质量；外部绩效通常是从客户感觉衡量和最佳实施基准两个方面来评价。国内的相关研究：王娟、黄培清建立了物流绩效的财务评价指标体系，试图能够独立核算企业物流系统的成本费用，并对其进行绩效评价；刘秉镰、王鹏姬依托平衡计分卡的分析构架，建立了物流企业绩效分析的模型；张铎等人从物流系统的角度对物流进行了比较全面的评价，建立了综合评价指标体系；马红艳等人则根据美国哈佛大学商学院罗伯特·卡普莱教授提出的"全方位绩效看板"，将物流企业绩效评价指标体系分为四个方面：内部绩效、服务满意度、财务盈利、发展潜力。其中，每个方面又有若干个二级指标，财务盈利的每个二级指标又包含若干个三级指标。

　　物流绩效的评价活动是有规律可循的。经济的发展，物流活动的日益复杂化，使得物流成本的衡量受到了研究者的关注；而传统的会计体系在衡量物流成本时无法精确地捕捉物流活动，从而使得基于成本活动法（ABC）无法在物流成本的衡量上得到推广；之后进一步从物流战略角度上进行考虑，研究者又将平衡计分卡法与物流绩效的评价进行了结合。随着物流活动在企业的经济活动中越来越重要，研究者发现，仅对物流成本评估是不够的，还应对企业物流活动的内部与外部、成本与服务等各个方面进行绩效衡量。在衡量内容逐步扩展的情况下，只是简单地使用成本财务方面的指标来对企业物流绩效进行整体评价是不科学，也不全面的。因此，发展至今，指标的选取及其体系的建立就成为当前研究的重点。从一开始强调对成本的衡量，到进一步对衡量内容的研究，以至现在集中于绩效衡量指标与绩效衡量指标体系的研究，都是在前一研究基础上发展起来的。

二、物流绩效评价的重要性

　　目前，我国各城市物流建设正在如火如荼地进行，但其中也不乏低效、不能起到预期效果的建设，原因就在于缺乏一个较为正确合理的物流发展评价体系。

企业自身制定的物流评价体系，仅局限于企业自身的效益成本评价，没有系统地考虑整个城市的发展方向、环境影响、交通状况以及整体效益等。而城市物流发展评价体系的建立，有助于建设者与管理者对物流发展状况进行正确的评价，找出影响城市物流发展的瓶颈，有效分析城市物流发展的不足之处，进而有针对性地选择相应的项目改善。这对于一个城市发展战略规划而言，能起到很重要的辅助决策的意义。

三、城市物流绩效的概念

对于城市物流绩效的概念，由于城市物流定义的发展以及"绩效"一词广泛运用，至今仍没有明确统一的定义。"绩效"是文献中经常出现的关键词，涉及各个行业，但没有明确公认的定义，如彭剑锋强调绩效所包含的结果，认为绩效应该定义为工作的结果，因为这些工作结果与组织的战略目标、顾客满意感及所投资金的关系最为密切；也有学者从行为来定义绩效，张德指出绩效是行为的同义词，包括与组织目标有关的行动或行为，指人们所做的同组织目标相关的、可观测的、具有可评价要素的行为；还有通过能力识别来定义绩效和通过绩效内容描绘绩效的概念，格里泽认为绩效是一个多维度的概念，包括效率、成本—效益、服务质量与公平性以及政策的一致性等。

城市物流绩效，即在城市物流概念的发展过程中，成为一个非常广泛且模糊的概念，是关于利益相关者对城市物流运行中各项资源消耗与经济、社会以及环境等综合收益之间的权衡，但在不同的环境、不同的研究目的之下，城市物流绩效往往会有不同的定义。

第二节　城市物流绩效评价方法

物流绩效的评价研究一直主要集中在产业层面和企业层面，由于城市物流评价存在目标多元、联系开放、影响因素多且难以量化等评价难点，少有以城市为研究对象的绩效评价，对城市物流评价的文章中主要针对城市物流绩效评价和城市物流竞争力的评价。所以本章从物流评价的相关研究中，如区域物流、企业物流和产业物流的相关研究比较，选择合适的研究方法。

国内外对物流水平的研究方法主要有模糊理论、三阶段数据包络分析方法、因子分析、主成分分析，以及与AHP、灰色关联分析、TOPISS、聚类分析等多种分析方法的综合。下面将介绍几种应用比较广泛的方法。

　　城市物流是一个极其复杂的系统，基本涵盖了经济、社会、环境等诸多领域，它们相互影响，共同发展。经济的提升、社会的发展、环境的改善能够正向地促进物流绩效的提高，物流绩效的提高同样也能促进城市的发展，城市的发展亦能推动城市物流的进步，所以城市物流绩效与经济、社会、环境等方面的关系十分密切。

一、城市物流绩效评价研究现状

　　关于城市物流绩效评价的研究，目前主要集中在评价模型、评价指标、评价方法等方向。主要从这几个方面来进行梳理。

1.评价思想与视角

　　评价思想与视角是城市物流绩效评价的基础，是对研究对象进行评价的指导框架，对于后期评价指标体系的构建有着重要意义。

　　（1）评价思想

　　评价思想是城市物流绩效评价的出发点和基准尺度，大多数学者采取了可持续发展作为指导思想来对城市物流进行评价。

　　Hatzfeld 等和Murphy在可持续发展思想的指导以及城市绿色物流基础理论研究的基础上，对如何设计城市物流系统进行了深入探讨。Colvile等在绿色环保理念的框架下对城市物流的交通系统进行科学规划。Stephen Anderson等在可持续发展的思想指导下，研究城市物流系统怎样才能最大限度地减少负面影响，从而促进城市向可持续发展方向前进。申金升、李岩等认为城市运输应当追求环保高效，在保持物流高效率发展的同时，同样应当注重环境保护，并给出了相关建议。李孟涛在对城市物流绩效的研究过程中，将和谐思想引入城市物流的运作过程，其认为城市物流系统内部以及与其相联系的外部环境等都应当和谐有序。

　　（2）评价视角

　　评价视角是学者们建立评价模型时的框架和方向，对于指标体系的建立起到宏观指导的意义。

　　童梦达从现代物流发展环境、物流需求、发展成效、物流供给四个方面对城市物流发展模型进行构建，并进行实证分析。史秀苹等在对城市物流内涵研究的

117

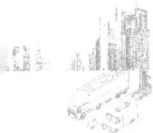

基础上，从城市物流影响和城市物流活动两个方面对城市物流系统构建评价指标体系。李孟涛从产业、经济、环境三个方面进行指标体系构建，并以辽宁14个城市为研究样本进行实证分析；蔡虹从物流子系统效率、物流发展合理程度、物流发展外部条件等方面研究南京的城市物流发展情况。石树新等从经济评价、技术评价、环境评价三个方面对城市物流规划进行研究，并以此进行实证研究。袁亮、钱志洪通过对史秀萍所建立的城市物流发展水平指标体系的改进，从城市物流的社会影响和运作水平两个方面对徐州、苏州、扬州进行城市物流绩效的实证分析。郁玉兵从城市物流中心性、区位商、货运量比重、市场繁荣度等方面进行评价模型的构建，并选取安徽省17个地级市进行实证对比。Rodrigo Alarcon从公共服务、企业运作两个方面入手，使用物流战略节点的方式对物流基础设施建设进行规划，并以此模型对墨西哥的物流成本、客户服务等方面进行评价。

2.评价方法

在对城市物流绩效进行评价的过程中，学者们采取了不同方法，每种方法都有各自的优劣。目前，比较主流的几种方法包括层次分析法、主成分分析法、数据包络法、模糊综合评价法等。

（1）层次分析法

层次分析法是一种将定量、定性相结合的方法，其具有层次化、系统化的特点，它是一种具有较强逻辑性的思维方式。它将一个复杂问题的组成要素进行剖解和梳理，最终确定各种决策方案的相对重要性的排序。包云运用层次分析法构建了物流行业的可持续发展的评价体系，并以此为基础分析了物流系统的结构和实现方法。杨天剑、赵艳彬等通过对影响城市物流发展状况的关键性因素进行分析，并在此基础上采用层次分析法构造出全面、科学的评价指标体系。马金麟、陈龙基于城市物流绿色化发展问题的研究，采用层次分析法划分城市物流低碳体系，同时利用模糊综合评价模型对指标权重进行处理。Anjali Awasthi, Satyaveer Schauhan 提供了一种将层次分析法和TOPSIS法相结合的城市物流系统评价方法，在此涉及拥堵收费方案、车辆大小限制、访问时间限制、城市配送中心四个方面。

（2）主成分分析法

主成分分析法的主要操作是将众多分散的信息量综合成几个主要指标，此过程体现了化繁为简的降维思想，所以它是一种将问题简化的分析方式。李旭宏等运用主成分分析法对城市物流的综合发展能力进行评价，并制定出对应的物流发展战略规划。孟兵等分析了指标权重在城市物流绩效评价过程中的重要性，并详细描述了主成分分析的实际操作步骤和基本原理，运用主成分分析对山东省十七个城市的城市物流绩效进行评价，并探讨了如何运用此法进行权重确定。孙迎等运用主成分分析法对我国沿海十一个城市的物流绩效进行评价，在此过程中对各个指标的权重进行了确定并且得出每个城市物流绩效的详细情况，构造出了一个可以运用到现代物流评价中的指标体系。Lvp等通过对城市物流和经济之间的关系进行研究，并在此研究基础上构建评价指标体系，最后运用主成分分析法评价了城市物流系统。李孟涛等在前人的基础上采用主成分分析对辽宁省城市物流绩效进行了科学的评价和排序，史秀萍、王阿娜也运用这一方法对各自省份的城市进行评价分析。孙值华等通过对城市物流竞争力本质进行分析的基础上，运用主成分分析法对全国21个物流节点城市进行物流产业竞争力研究。顾央青运用主成分分析法建立综合评价模型，对青岛、大连、深圳等城市进行综合评价，衡量这些城市的区域物流发展水平。陈相汝、李熠等以四川的8个城市为研究对象，运用主成分分析法，对成都市物流圈的物流发展力进行评价，最终得出成都市都市圈的物流竞争力在全国处于较为领先地位的结论，并认为它的竞争力与物流人才的数量是密不可分的。顾晓峰、韦慧在讨论城市经济与物流发展力关系的前提下，以无锡市为例，结合主成分分析法，探析了影响城市物流发展力大小的各种因素，从而对无锡市的城市物流发展水平进行了科学评价。

（3）数据包络分析法

数据包络分析法是在20世纪70年代由著名的运筹学家A.Chrnes等人发明的效率评价方法，通过对多指标投入和产出来进行有效综合评价。孔源综合分析了社会效率、经济效益、环境效率三个方面之间的关系，运用数据包络分析法对我国各个省市的物流业发展情况做了实证分析。何明祥、李冠指出，尽管数据包络分析法需要不少数理知识，尚待不断完善，但仍可以运用它对城市物流绩效进行评价。而吴念蔚、汝宜红通过改进传统DEA模型并引入交叉机制，从而使其更加适合对城市物流绩效进行评价。魏静、王江以12个城市为研究样本，建立城市物流的评价指标体系，结合DEA分析方法，对研究对象的物流绩效进行评价研究，旨在为各个城市物流发展提供决策依据。刘满芝等将数据包络法运用到城市物流效率的评价研究中，建立了基于DEA的指标体系和效率评价模型，以此来对江苏省13个城市进行实证研究，从投入和产出方面分析其中存在的问题并给予相应建议。肖丹、刘联辉以广东21个城市为研究样本，运用DEA方法

119

对这些城市的物流水平进行评价研究，根据投入产出的分析，得出相应的结论和建议。

（4）其他方法

在对城市物流绩效进行评价过程中，除了上述方法之外，还有模糊综合评价法、因子分析法、系统动力学方法等。史秀苹以提高城市物流效率为目的，采用模糊综合评价法对城市物流系统的社会影响和运作水平两个层面对城市物流的发展能力进行评价。崔洪运运用构建的区域物流评价指标体系及因子分析方法，实证分析了2004～2006年我国15个城市的物流绩效水平。李志、何小勇综合考虑主观信息和客观信息，采用系统动力学的因果关系确定指标权重方法。

3.评价指标

在评价指标的选取方面，每个学者的研究视野和侧重点均有所不同，由此造成了评价体系的多样性。卡普林斯和沙菲（Chris CapHce &Yossi Sheffi）提出应当重点从过程而不是功能入手，建立指标体系，具体包括生产率、利用率以及效率三个方面。Foxonetal从城市物流子系统服务效率、城市物流外部环境指标、城市物流合理化指标角度提出了一套新的城市物流评价指标。Tanigu chi 等建立了一套基于联运系统、地下运输系统、信息技术、路面状况、公共物流终端的综合评价体系，并且以日本和部分欧洲国家为研究样本进行实证研究，同时对城市物流绩效评价的相关问题做了定量化和模型化分析。史秀苹根据中国国情，在构建城市物流的绩效评价指标体系时考虑物流影响与物流活动两个方面。其中，城市物流影响主要是指城市商品运输对环境、交通、资源等方面的影响，城市物流活动方面的指标主要包括成本、现代化智能系统、服务水平、基础设施状况等方面。陶存新基于城市物流内涵的基础上，提出并构建了关于城市物流能力的测算模型，从城市物流能力的多个方面构建城市物流能力的评价指标体系，最后引进实证分析。廖伟采用19个评价指标对城市物流服务体系进行评价，它的指标主要是从物流经济相关度、物流社会影响、物流运作技术等方面入手。王阿娜在对影响城市物流系统因素的研究基础上，从物流行业产业环境与影响和物流发展水平两个方面去构建城市物流的发展评价体系，并通过横向和纵向对大连的物流发展水平进行实证研究。

吴念蔚，汝亦红通过数据包络法分析城市的投入产出效率，其中投入指标包括物流行业投入、物流环境、经济基础，而产出指标则包括间接产出、直接产出等。史秀萍构建了一个含有13个评价指标的评价体系，并对河南若干个城市进行了实证分析，拟找出其中存在的问题，并给出对策和建议。李兆磊通过对区域物流系统运作的研究，把握城市物流演化机理，该文从区域物流系统的外部环境以及区域物流系统发展合理化程度来评价区域物流系统。

二、评价方法比较

1.层次分析法

层次分析法（The Analytic Hierarchy Process，简称AHP）是美国著名的运筹学家、数学系教授萨迪（T.L.Saaty）在20世纪70年代中期所提出的一种层次化、系统化的分析方法，它可以用于研究定量和定性相结合的问题。它是一种可以解决多准则、多层次的很好方法，并且能较好地处理该问题。它让我们多了一种较为客观的数学方法，用以规避在决策过程中掺杂太多的人为痕迹和主观影响。从实质上讲，层次分析法是一种很有逻辑的思维方式。它将一个复杂对象的组成部分进行剖解和梳理，再将这些构成按照分配关联从高分组到低分组，以形成有规律递阶式的逻辑结构，再综合判断各个因素的重要程度进行一个顺次排列。在决策判断的整个过程中，其体现了人进行决策思维的基本特点：分解、判断、综合。因此，某种程度上说，AHP层次的建立是一门艺术。AHP是一种将定性和定量综合起来的方法，并且可以将人的主观决策用数值的形式进行展现和整理。所以在很多时候，我们可以直接用AHP进行分析决策，这样可以在很大程度上提高决策的速度和质量。

层次分析法的优势是可以分层递进地对研究对象各部分进行研究，有利于研究的系统性、层次性以及研究过程中主观和客观的结合。层次分析法的劣势在于权重的确定受到主观的影响，评价结果容易出现偏颇。

2.模糊综合评价法

模糊综合评价法是美国控制论专家L·A. Zelah于1965年在他的论文中第一次使用。模糊综合评价是以模糊数学为基础，应用模糊关系合成的原理，将一些边界不清、不易定量的因素定量化，进行综合评价的一种方法。它是模糊数学在自然科学领域和社会科学领域中应用的一个重要方面。模糊综合评价的基本原理是，首先，确定被评价对象的因素（指标）集 $U=(x_1, x_2, \cdots, x_n)$ 和模糊综合评价集 $V=(v_1, v_2, \cdots, v_n)$。其中 x_i 为各单项指标，v_i 为对 x_i 的评价等级层次，一般可分为五个等级：$V=\{$优，良，中等，较差，差$\}$。其次，分别确定各个因素的权重及它们的隶属度向量，获得模糊评价矩阵。最后，把模糊评价矩阵与因素的权重集进行模糊运算并进行归一化，得到模糊综合评价结果。

121

模糊综合评价法在使用过程中，隶属函数和模糊统计方法为定性指标量化提供了有效的方法，实现了定性和定量结合方法的有效集合。在客观事物中，一些问题往往不是绝对的肯定或绝对的否定，涉及模糊因素，而模糊综合评价方法则很好地解决了判断的模糊性和不确定性问题。所得结果为一向量，即评语集在其论域上的子集，克服了传统数学方法结果单一性的缺陷，结果包含的信息量丰富。其缺点是，不能解决评价指标间相关造成的评价信息重复问题；各因素权重的确定带有一定的主观性；在某些情况下，隶属函数的确定有一定的困难。尤其是多目标评价模型，要对每一目标、每个因素确定隶属度函数，过于烦琐，实用性不强。

3.主成分分析法

主成分分析法的主要操作是将众多分散的信息量综合成几个主要指标，这其中体现了化繁为简的降维思想。在城市物流绩效评价过程中，基于物流系统的复杂性特点，往往会参考很多相关指标。这将会导致评价体系的复杂性，并且很多指标也具有关联性，其内部信息也难免会相互重合，为了更加科学、明了地对城市物流进行评价，我们需要尽可能少地找几个综合性指标，并且要求这些综合指标相互不关联，同时也尽可能地对原有的指标所包含的信息进行保留，为了实现这一目标，主成分分析将是一条有效的途径之一。主成分分析的基本思路是依据原有指标的关联性，采取降维的方法把原有的多个指标简化成 n 个综合指标。

主成分分析法的优势是解决了不同指标之间信息重复的问题。缺点是计算相对复杂，评价结果受样本数量的影响，样本数量的不同会导致最终结果出现差异。

4.因子分析法

从20世纪80年代开始，伴随着我国经济效益评价理论的不断完善，因子分析法不断地被学者们用于各种效益评价过程中，从而使因子分析法成了使用较为广泛的多元统计分析评价方法。因子分析法的主要目的就是通过为数不多的几个因子去表达众多元素或指标间的关联，也就是将关系度比较大的几个元素归纳在同一类中，每一类元素就综合为一个因子，用不多的几个因子表达原有指标的大部分信息。

因子分析法是对主成分分析法的优化，在主成分分析法的基础上通过对因子载荷矩阵进行旋转，使因子结构简化并更加容易解释。

5.聚类分析法

聚类分析法是指我们所研究的样品（网点）或指标（变量）之间存在程度不同的相似性（亲疏关系——以样品间距离衡量）。于是根据一批样品的多个观测指标，具体找出一些能够度量样品或指标之间相似程度的统计量，以这些统计量为划分类型的依据。把一些相似程度较大的样品（或指标）聚合为一类，把另外一些彼此之间相似程度较大的样品（或指标）又聚合为另一类，直到把所有的样品（或指标）聚合完毕，这就是分类的基本思想。

聚类分析法的优点是可以直接根据评价对象的数据对其进行分类，不用预设标准，并且结果易读。缺点是当原始数据分离度不够时，结果不够准确。

6.数据包络分析法

数据包络分析法是在 20 世纪 70 年代由著名的运筹学家 A. Chrnes 和 W.Coope 等人发明的，它是一种以相对效率概念为前提发展起来的一种全新的效率评价方法，通过对多指标投入和产出进行有效的综合评价。它的原理就是通过运用数学规划的相关知识对决策单元之间的相对效率进行区分，每一个决策单元就是一个 DMU（Decision Making Unit），它们所代表的投入产出都是相同的。鉴于投入与产出之间的关系比较复杂，因此很难断定它们之间的权重大小，而此方法求解出的最终变量刚好是权重 u、v，这样有利于克服事先人为主观地设定权重的缺陷，从而达到评价结果更加具有客观性的目的。通过 DEA 方法进行评价可以得到每个 DMU 综合效率的定量指标，并根据它来判定其有效与否，并指出它无效的原因，以此辅助主管部门进行管理。

数据包络分析法的优点就在于它可以解决多投入和多投出的效率评价问题，并且在投入与产出之间不需要确定它们的相对重要性，由此可以解决主观决定权重和缺陷。在进行分析之前，不需要提前设置函数形式，这样可以避免在实际应用时参数方法对具体模型形式的依赖。它的不足之处在于，评价结果只代表了评价对象的相对发展指标，然而却并没有展现出它的实际发展状况。

第三节　城市物流绩效评价指标体系的构建

一、城市物流绩效评价指标体系构建原则

建立评价指标体系是为城市群物流绩效评价进行服务的，它是决定评价结果

好与坏的核心，对最终能否提出合理的对策和建议也至关重要。为了更好地构建城市物流绩效评价指标体系，在选取评价指标的过程中应遵循以下原则。

（1）客观性原则

构建的指标体系应尽可能地减少人为主观因素的影响；指标的选择应与物流绩效评价的维度紧密相关；指标的选取应该公平、公正，不能有所偏倚。

（2）系统性原则

城市物流绩效包括许多方面，为了尽可能评价到各个方面，指标的选取应该全面、系统。城市物流与经济、环境等多个方面紧密相关，选取的指标应该包括可能影响物流绩效的各个方面。

（3）经济性原则

指标的选取应该考虑到数据可获得性的难易程度；同时指标的计算难易程度也要考虑在内，计算过难则不符合经济性原则。

（4）数据可得性原则

数据是科学评判最客观的因素，不受人的主观意志的干扰，是最能公正反映事物本质的指标，所以我们必须保证大部分参数（除定性指标外）都能准确获取，另外也要控制好主观指标和客观指标的比例，确保评价结果更为准确。对数据的获取途径，我们一般通过查询各个城市的统计年鉴，以及一些权威的公开报表等。

（5）可比性原则

所选取的评价体系应该具备可比性，需要从多维度进行比较分析，可以进行横向的、纵向的，不同区域的，不同时间的比较，在具体操作时，要做到范围、统计口径等的一致性；另外，有时还需要将数据进行无量纲化处理，对其进行标准化、归一化操作。

根据设计评价指标体系的原则，通过一些方法完成指标的选取，比较常用的方法有：

（1）文献资料法

即通过查阅文献资料，总结类似评价指标体系设计时选取的指标，结合自身的评价指标体系，衡量选择合适的指标。

（2）经验选择法

根据评价物流竞争力时，根据以往的经验，进行选择。

（3）德尔菲法

通过设计调查表或打分表，分别向选定的专家征询意见，经过专家匿名的交流意见，通过几轮征询与反馈，最终形成结果。在设计物流竞争力评价指标体系时，采取德尔菲法是必要的。

二、城市物流绩效评价指标体系的确立

城市物流是一个极其复杂的系统，基本涵盖了经济、社会、环境等诸多领域，它们相互影响，共同发展。经济的提升、社会的发展、环境的改善能够正向地促进物流绩效的提高，物流绩效的提高同样也能促进城市的发展，城市的发展亦能推动城市物流的进步，所以城市物流绩效与经济、社会、环境等方面的关系十分密切。

国内外关于城市物流评价指标的研究较多，影响较为广泛的是Neely等人从服务、增长、效率和环境四个角度对城市物流评价指标进行梳理和分类；世界银行的《物流绩效指数报告》从物流成本等7个方面建立了物流绩效评价指标体系；美国交通运输部从环境、安全、经济、便捷性等方面，制定了94项城市物流绩效评价指标。在借鉴前人研究的基础上，本书分别从服务水平、社会效益、运营管理、增长速度、环境影响、资源要素6个方面，选取20个指标构建了城市物流绩效三级评价指标体系。

1.城市物流服务水平

物流业属于生产性服务业，其服务功能就是物流业为城市群发展提供服务，服务水平与城市物流绩效紧密相关，物流业服务水平高则物流绩效较好，服务水平低则物流绩效较差。可以从服务质量所包含的有形性、可靠性和反应性评价城市群物流服务水平。

（1）有形性

有形性指城市物流基础设施的情况，如选用物流网点数、公路线路里程来衡量。

（2）可靠性

可靠性指城市物流对城市群经济发展的保障能力，如用物流业增加值来反映城市群物流的可靠性。

（3）反应性

反应性指城市物流为不同产业提供服务的能力，如用产业结构指数来体现城市群物流的反应性。

2.城市物流社会效益

社会效益是反映城市群物流对社会的影响，首先是物流对经济增长的影响；

其次是对城市群居民的影响。如从对居民工作影响、对经济发展影响两方面来衡量城市群物流的社会效益。

（1）对居民工作影响

如就业增长贡献率来衡量物流业对居民就业影响。

（2）对经济发展影响

物流的发展为经济的发展提供了保障，并有效降低了货物流通的成本。如用经济增长贡献率来进行评价。

3. 城市物流运营管理能力

城市物流的功能通过对物流各环节的管理体现出来，运营管理能力对物流绩效影响明显。对各环节运营管理能力进行评价较为复杂。

（1）整体运营能力

采用货运量、物流业从业人员数来衡量城市物流的整体运营能力。

（2）节点效率

使用投入产出效率来衡量节点效率，投入产出效率从整体上反映了城市物流业的投入与产出的收益情况，可以把投入变量视为营运载货汽车数、物流业的固定资产投资，产出变量视为GDP和货运量。

4. 城市物流增长速度

城市物流发展速度越快、扩张能力越强，物流绩效水平越高。例如，从发展速度和扩张能力两个方面衡量城市群物流的增长情况。

（1）物流业的发展速度

物流业的发展速度较为直观地体现了物流绩效水平。采用物流业增加值增长率、物流业固定资产投资增长率、货运量增长率等指标评价物流业的发展速度。

（2）物流业的扩张能力

采用货运总量增长弹性评价扩张能力，该指标用来衡量城市物流供需波动程度以及变动方向。

5. 城市物流对环境影响

城市物流在发展过程中对环境会产生影响，可从空气污染、能源消耗、温室效应三个方面衡量城市物流的环境影响。

（1）空气污染

二氧化硫是空气的主要污染物之一，各种交通运输工具所排放的尾气中主要污染物也包含了二氧化硫，可以用单位货物作业的二氧化硫排放量来表示物流业发展造成的空气污染情况。

（2）能源消耗

物流活动需要消耗大量的自然资源，对自然环境会产生影响，可以采用单位货物作业的能源消耗量衡量城市物流的能源消耗情况。

（3）温室效应

温室效应主要由温室气体二氧化碳所导致，各种交通运输工具所排放的尾气含有大量的二氧化碳，本书拟用单位货物作业的二氧化碳排放量衡量城市物流的温室效应。

6.资源要素

基础设施、人力资源、政府扶持等城市群资源要素，对城市物流发展较为重要，可以从基础设施资源、人力资源、政府扶持力度等方面评价资源要素。

（1）基础设施资源

基础设施资源是城市物流发展的基础，可以采用物流业固定资产投资力度来体现基础设施资源的情况。

（2）人力资源

可以从人力资源规模和人力资源质量两个方面评价城市人力资源状况，其中人力资源质量用高等院校在校学生人数表示，人力资源规模使用物流劳动力就业指数表示。

（3）政府扶持力度

可以用政府扶持力度衡量政府对物流业发展的支持程度（图5-1）。

三、城市物流绩效评价案例分析相关问题

1.案例分析的主要思路

首先是样本的选择，由于中国城市众多，所在选择过程中应当遵守合理原则，选择出最适合的样本城市。接着是构建城市物流绩效评价模型。在这个过程中，首先是原始数据的收集，数据来源渠道必须科学可靠。然后为了消除不同量纲的影响，需要进行标准化处理。接着是进行聚类分析，将每个城市在各个指标下进行归类，在归类的基础上，将前期数据进行处理，运用数学方法进行评价，进而对城市物流的发展给出自己的对策和建议。

2.样本城市的选择

到目前为止，我国共有六百多个城市，每个城市的区位条件、经济状况、物流发展水平等差异巨大，所以在对样本城市进行选择之前，应该依据一定的原则

城市群物流绩效评价指标体系

一级指标体系

- 服务水平 A_1
- 社会效益 A_2
- 运营管理 A_3
- 增长速度 A_4
- 环境影响 A_5
- 资源要素 A_6

二级指标体系

- 服务水平 A_1
  - 有形性 B_1
  - 反应性 B_2
  - 可靠性 B_3
- 社会效益 A_2
  - 居民工作影响 B_4
  - 经济发展影响 B_5
- 运营管理 A_3
  - 整体运营能力 B_6
  - 节点效率 B_7
- 增长速度 A_4
  - 发展速度 B_8
  - 扩张能力 B_9
- 环境影响 A_5
  - 空气污染 B_{10}
  - 能源消耗 B_{11}
  - 温室效应 B_{12}
- 资源要素 A_6
  - 基础设施资源 B_{13}
  - 人力资源 B_{14}
  - 政府扶持力度 B_{15}

三级指标体系

- 有形性 B_1
  - 物流网点数 C_1
  - 公路线路里程 C_2
- 反应性 B_2 → 产业结构指数 C_3
- 可靠性 B_3 → 物流业增加值 C_4
- 居民工作影响 B_4 → 就业增长贡献率 C_5
- 经济发展影响 B_5 → 经济增长贡献率 C_6
- 整体运营能力 B_6
  - 货运总量 C_7
  - 物流从业人员数 C_8
- 节点效率 B_7 → 投入产出效率 C_9
- 发展速度 B_8
  - 物流业增加值增长率 C_{10}
  - 物流业固定资产投资增长率 C_{11}
  - 货运量增长率 C_{12}
- 扩张能力 B_9 → 货运总量增长弹性 C_{13}
- 空气污染 B_{10} → 单位货物作业的 SO_2 排放量 C_{14}
- 能源消耗 B_{11} → 单位货物作业的能源消耗量 C_{15}
- 温室效应 B_{12} → 单位货物作业的 CO_2 排放量 C_{16}
- 基础设施资源 B_{13} → 物流业固定资产投资力度 C_{17}
- 人力资源 B_{14}
  - 物流劳动力指数 C_{18}
  - 高等院校学生人数 C_{19}
- 政府扶持力度 B_{15} → 政府扶持力度 C_{20}

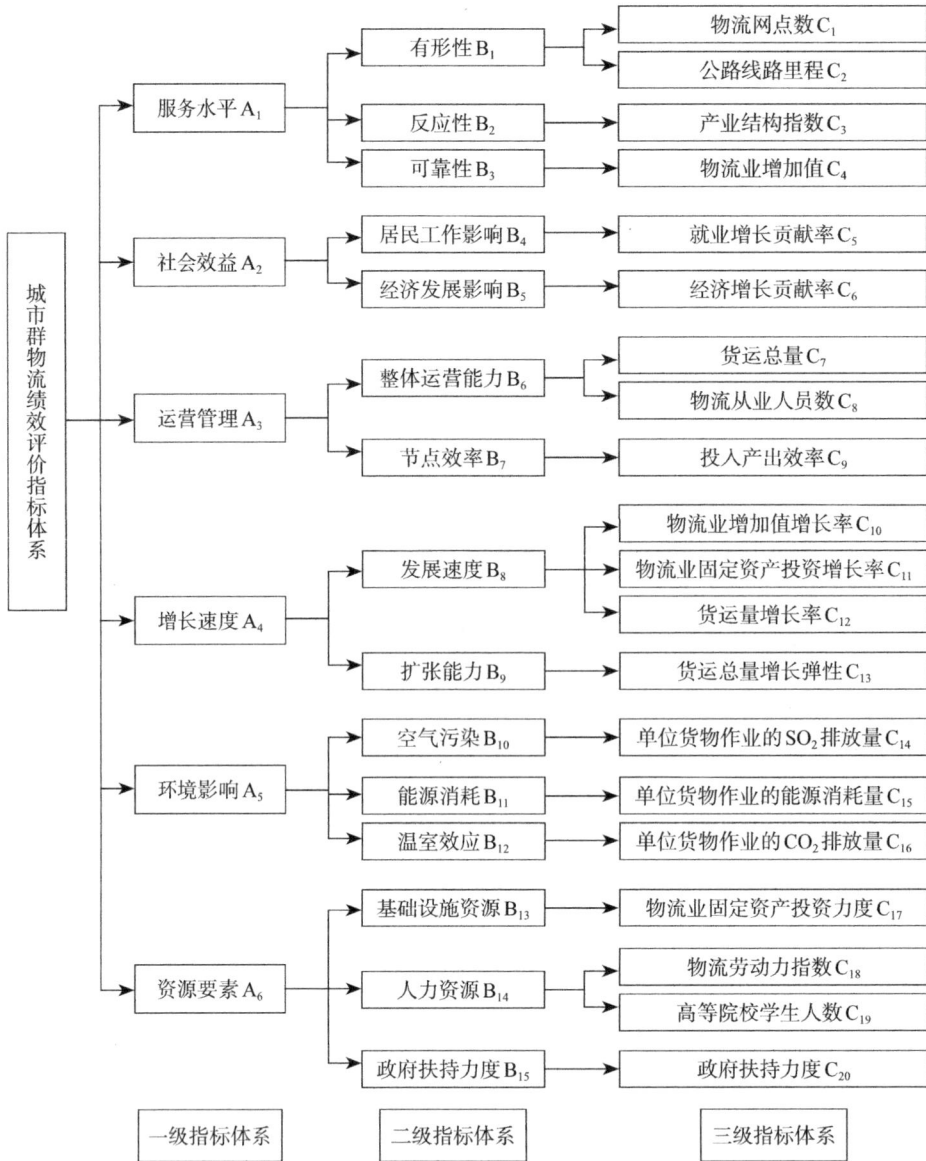

图5-1 城市群物流绩效评价指标体系

有针对性地进行选择,具体可参照以下几点进行考虑。

(1)城市规模

毋庸置疑,城市规模的大小将直接影响该城市的物流发展状况,一般而言,大城市尤其是副省级以上城市,它们经济总量大、人口众多、物流完善,同时也是区域内具有领导地位的城市,它们具有极大的物流发展前景,所以选取样本城市时应当着重考虑大城市特别是副省级以上的城市,这样也更具研究意义。

（2）评价的可信度

进行样本城市选择时，应该扩大样本选择范围，既要有内陆城市也要有港口城市，既要有东部城市也要有西部城市，既要有长三角经济圈、环渤海经济圈，也要有其他经济圈。总体来说就是要在可比性的原则下进行差异化选择。

（3）数据的可得性

学术的严谨性要求我们在学术创作时应当尽可能避免主观因素的影响，对于定量指标，我们必须要有明确的出处来源；对于定性指标我们必须要有合理的依据。所以在城市选择时，应该考虑数据获取的可行性。

小　结

本章主要通过对物流绩效理论的分析，引出城市物流绩效评价相关的问题，介绍了城市物流绩效评价的研究现状，城市物流绩效评价的方法，并构建城市物流绩效评价指标体系，逐一对相关指标进行解释，希望通过对城市物流绩效评价的梳理，为相关案例研究提供借鉴意义。

第六章

城市物流竞争力评价（布局问题）

在推动城市物流的发展中，对城市物流竞争力进行分析可以得出该城市各项条件中较为薄弱的环节，并给出发展对策。本章将针对城市物流竞争力问题，对现有文献进行综述，再介绍相关理论基础；最后，以河北省为例通过因子分析和聚类分析进行实证分析。

第一节　城市物流竞争力研究综述

一、国内外研究综述

Michale Porter（1990年）的"钻石理论"将原本对企业物流竞争力的研究延伸至一个国家或一个较大的地区范围，他认为一个国家或地区内的产业竞争优势来源于产业中的资源要素、需求条件、辅助产业、企业战略这四个基本要素，和政府给予的作用和面临的机遇这两个辅助要素的共同作用。美、日作为现代物流的发达国家，对有关企业物流成本的研究处于领先地位。美国多位学者于1996年通过对750家物流企业组织调查，详细研究了有关企业中基于成本管理的活动所实行的应用效果。美国学者Wood（1995年）提出了，物流基础设施状况、物流市场环境、物流信息支持系统、人力资源状况四个标准用以进行物流竞争力的评价。但由于缺少定量数据的分析，所以结果存在很大程度上的主观性。日本学者荣口古一（2000年）建立了城市物流综合评价体系，包括物流公共服务信息平台、物流信息技术平台、物流基础设施、城市联运和地下运输系统这五个指标，并以欧洲城市及日本城市为研究对象，进行了详细的定量与定性分析。谷口古一（2001年）根据信息化水平、多式联运结构、物流设施终端、路径情况以及日本特有的地下运输系统构建了具有符合发达城市特色的综合评价体系，着重分析了欧洲国家与日本的实际问题。Bookbinder J H，Tan C S（2003年）从宏观经济角度出发，构建了物流基础设施、政策环境、物流信息水平、市场供求方面的区域物流竞争力评价指标模型，据此来比较欧洲和亚洲物流发展环境的差异。Torbianelli V A，Mazzarino M（2010年）调查了韩国釜山，中国香港、上海等六地的集装箱港口物流产业现状，利用模糊综合评价法分析了各自的物流产业竞争力。Alarc-N R，Antœn J P，Lozano A（2012年）从企业和政府的角度对区域物流竞争力的概念进行了界定，将影响竞争力强弱的因素分为地区内企业物流供应链的绩效水平、物流基础设施建设状况、与物流发展相关的市场环境、土地税收政策等，并以墨西哥西部地区为实例，分析了其地区竞争力水平，提出了完善交通物流基础设施建设的相关建议。Goh M，Ang A（2013年）则运用定性研究方法，对老挝、缅甸、柬埔寨和越南4个地区的物流发展现状进行研究，指出交通网络基础薄弱、物流设施设备落后、物流管理理念陈旧是导致这些地区物流发展滞后的重要原因。从城市经济和环境视角研究城市交通网络的设置问题。Panos Kouve lis和Meir J. Rosenblatt（2002年）从政府视角研究其在宏观物流发展中扮演的角色，其主要研究了全球化供应链管理中的设施融资、企业税费法律中的政府补贴等世界生产、配送网络的效用。

国内关于城市物流竞争力的研究较之国外学者，研究成果主要集中在城市物流竞争力评价指标体系与评价方法的实证研究方面。

谭清美、王子龙（2005年）以南京市为例，通过对城市区位优势的分析发现，对经济增长有明显的拉动作用。崔国辉、李显生（2010年）以区域城市物流与经济发展实力为研究视角，建立了城市物流与经济发展协调性评价的二元回归模型。张林、董千里（2015年）运用灰色关联模型对全国21个节点城市物流业的各种指标与经济发展进行协同研究，并以投入产出作为影响变量，以物流业外部环境作为中介变量，分析了各节点城市与区域经济的关联性。蔡海亚、谢守红（2016年）运用熵值法，采用2002～2013年间长三角区域16个城市的物流业面板数据，分析了长三角城市物流水平的时空演变，并对物流水平与城市经济增长的关系做了互动性分析，结果发现城市物流水平与城市经济增长有着高度的相关性，但城市物流发展的不协调大于经济发展的不协调，物流发展相对于经济发展来说存在滞后性。

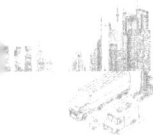

史秀萍、刘志英、关志民（2004年）在对比国外学者对城市物流定义的基础之上，结合中国国情，给出了城市物流的内涵及定义，并建立起了一套由城市物流活动指标和城市物流影响指标两个一级指标，物流服务水平、城市物流效益、物流基础设施、现代信息技术、交通、环境、资源七个二级指标组成的城市物流竞争力水平评价体系。吕璞、王杨、徐丰伟（2009年）重新定义了城市物流的内涵，并新增加了腹地经济发展水平这一指标，从而使得城市物流评价体系更加完善和科学。李东华（2008年）运用SWOT分析法对长三角城市群主要城市的社会物流竞争力进行了分析，从政府和企业的角度出发，提出了增强城市物流竞争力的建议，但由于只是对研究对象进行了定性分析，研究结论存在不小的局限性。袁亮，钱志洪（2009年）运用层次分析和模糊综合评价法来分析城市物流竞争力的各项评价指标。赵莉琴、郭跃显（2011年）认为，城市物流竞争力水平受到城市物流相关主体、物流服务保障体系、物流基础设施设备等方面的影响，并依此构建了城市物流指标体系，同样利用了德尔菲法、层次分析法和模糊判断法结合的综合评价方法，定性与定量地分析了城市物流竞争能力，但其评价方法也使得评价结果带有很大的主观性。宋大杰（2009年）从社会经济发展、生产消费与流通、交通运输与人力、信息化水平四个方面，运用主成分分析法从纵向角度分析了海峡西岸经济区的主体福建省近十年的物流发展水平，从横向角度评价了海峡西岸经济区21个城市物流发展水平的状况，提出了提升其物流业竞争力与水平的对策与建议。刘满芝、周梅华、杨娟（2009年）运用数据包络分析法，从物流效率的视角出发，选取城市公路里程数、载货汽车数量以及物流从业人员数作为投入变量，城市GDP和公路货运总量作为产出变量，分析了江苏省13个城市2006年的城市物流竞争力。袁敏（2009年）构建了物流需求规模、物流供给水平、信息化发展水平、物流企业发展水平及物流宏观环境在内的五个层面评价指标体系，运用因子分析和聚类分析法对重庆、上海、广州等在内的十个城市的物流竞争力进行了评价分析。金芳芳、黄祖庆、虎陈霞（2013年）则从城市物流竞争实力与潜力的出发点，构建了包括经济发展水平、人才信息环境等在内的六个一级指标、十五个二级指标在内的评价体系。汪红林（2014年）运用熵权和TOPSIS相结合的评价方法，从省域和市域层面分析了江西省物流竞争力水平状况。史秀萍（2010年）和孙荣霞（2014年）从河南省物流业发展的实际情况出发，分别运用主成分分析和因子分析两种不同的方法评价了河南省18个地市的物流竞争力状况。刘佳希（2016年）将影响物流竞争力的因素划分为城市经济发展水平、物流作业能力、物流需求规模、物流基础设施状况、信息化人才环境，建立了中三角经济区内城市物流竞争力的评价模型。

此外，不同的学者除了在对城市物流竞争力评价时运用不同的模型及总结不同的评价体系外，对同一因素影响下的城市物流竞争力细分指标的理解也有所不同。例如，石美慧（2016年）将社会经济发展水平概括为GDP总量、人均GDP、人均可支配收入、第三产业占GDP比重、进出口总额等指标；而戎陆庆、付蓓、陈飞（2017年）则从GDP总量、地方财政收入、固定资产投资及进出口总额衡量城市经济发展水平角度进行概括；刘辉（2016年）将年末总人口、社会零售总额、工业增加值这三个指标作为衡量城市物流需求规模水平的标准；孙国钊（2018年）则选取了农业总产值、工业总产值、建筑业总产值、进出口总额等7个指标判断物流市场需求状况。

综上所述，从国内外学者对城市物流竞争力的研究情况看，随着城市经济持续快速的发展，城市物流业的发展也是日新月异，同时也发生了深刻的变革。当前，城市物流竞争力的高低已经成为衡量城市和区域经济综合竞争力、投资环境等的一个重要因素。因此，对城市物流竞争力进行研究已经成为国内外学者研究的一个热点。

二、评价方法的介绍与比较

对城市物流竞争力评价的方法有很多种，目前，最常用的是综合评价法，其中用得较多的有主成分分析法、层次分析法、因子分析法、灰色系统法、DEA方法、聚类分析法和动态分析法，每种方法都有其优缺点，其使用特性也不同，为了能够选择一个科学而又能真实反映经济带区域城市物流竞争力的方法，本书将对几种方法进行比较分析，如表6-1所示。

城市物流竞争力评价方法比较与汇总　　　　　　表6-1

方法名称	方法描述	方法优点	方法缺点	适用性
主成分分析法	主成分分析方法通过降维把原来多个指标由几个主要指标代替，并且也可以反映多个指标的信息	全面性、可比性	要统计足够多的数据	对评价对象进行分类
层次分析法	用求解判断矩阵特征向量的办法，求出优先权重，最后综合得出总权重并排序	可靠度比较高，误差小	对评价对象的指标选取较少	针对多层次结构的系统

续表

方法名称	方法描述	方法优点	方法缺点	适用性
因子分析法	对原始变量相关矩阵研究，找出隐含在原来变量中的共同因子	全面性、可比性	要统计足够多的数据	反映各类评价对象的依赖关系；如对区域（城市）物流竞争力的评价
灰色关联度法	用 n 个指标 $X_1, X_2, \cdots, X_n$（经加权）对单个样本进行评价，无量纲化后形成矩阵，构造出最优样本，计算各样本与最优样本的关联度	可处理灰色信息，计算量小，数据要求低	精度不高	应用领域广泛
DEA数据包络法	以相对效率为基础，按多指标投入和多指标产出，对同类型单位的相对有效性进行评价	可以评价多输入、多输出的大系统	只能表示评价单元的相对发展指标，无法表示出实际的发展水平	较多应用于效益类问题的评价
聚类分析法	把指标间的距离或者相似系数进行组合	可以解决相关性程度大的评价对象	需要大量的统计数据	对象分类评价；地区发展水平评价
动态分析法	又叫时序分析法，它是将不同时期的因素指标数值进行比较，然后分析该项指标增减或发展速度的一种分析方法	可以对研究对象的发展变化进行研究	需要统计大量的数据	适应性广，如市场供求情况变化

总的来看，不同的城市物流竞争力评价方法对评价指标和指标数据的要求不同，适用的场合不同，实际应用中，应综合考虑多个方面的影响。层次分析法、灰色关联度法等，因其在权重设定时有多种方法可以选择，能够满足大多数学者的需求，因此最受学者们的青睐。此方法能够很好地测算某个时点城市物流的发展水平，但在测算某个城市连续几年的物流水平时，却无能为力。主成分分析法和因子分析法，可以避免指标的漏选，但其对样本数据的要求较高，这一点影响了其在实际中的应用。而模糊综合评价方法放宽了对样本数据的要求，因此在实际中受到部分学者的偏好。数据包络分析模型则是从物流运作效率方面反映城市物流竞争力水平。动态分析可以评价一个城市连续几年的物流竞争力，且可以向后进行预测。但此方法需要选择合适的基期，且基期的选择对最终的结果具有决定性的影响。

第二节 城市物流竞争力研究

一、城市物流竞争力概念

竞争力的概念内涵非常广泛，一般是指多个主体为了达到一定的目标而表现出的综合能力。按照竞争的主体不同，可以分为国家竞争力、产业竞争力和企业竞争力。另外，按照行业不同也可以分为旅游业竞争力、建筑业竞争力等。就中观层面的城市对象来讲，城市竞争力指的是能够对城市各种资源进行有效配置，体现为城市经济、政治、文化、教育、政策制度等各方面所具备的综合能力。基于此，本书认为城市物流竞争力主要是指一个城市的物流产业在受到经济发展水平、市场发展环境、交通条件及政治制度等因素的影响下所表现出的一种综合能力。依据竞争场所的差异，可以分为国际竞争力、国家竞争力及城市竞争力。竞争力是一种能够创造附加值，国家或企业获取财富、提高人均收入水平的能力。而城市竞争力是在经济、文化、价值、政策制度等方面的作用下表现的城市综合能力，是城市资源合理配置的能力。结合上述理论，城市物流竞争力是指城市在一定时间的发展环境中，物流业优于其他城市资源，具有的服务产业发展、开拓市场、获取经济增长的能力。它主要由四个基本要素构成：城市物流经济基础、城市物流供需情况、城市物流基础设施、物流服务业保障水平，如图6-1所示。

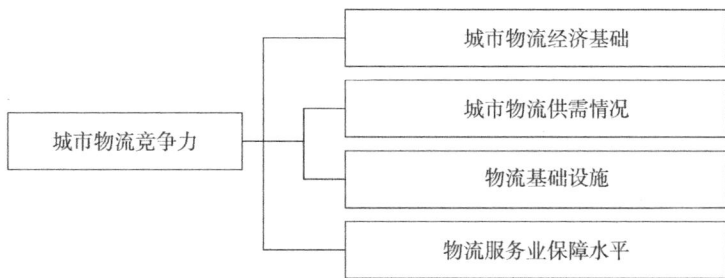

图6-1 城市物流竞争力基本构成要素

135

二、城市物流竞争力的特征

城市物流是一个区域性的物流系统，具有强大的物流功能，包括综合物流服务功能、货物集散功能、物流配送功能、加工增值功能、商贸流通功能、物流信息服务功能等。这些功能共同组成了城市物流，城市物流的特征包括：

（1）贡献性。城市物流是城市经济发展的重要组成部分，城市物流竞争力对城市竞争力起着推动作用，对调整城市产业结构，降低城市物流成本，增强城市功能，改善城市环境，有着重要的影响，这也是城市物流快速发展的原因。

（2）相对稳定性。影响城市物流竞争力的一些因素，如交通及物流设施设备等硬件条件在一定时期内是基本不变的，再加之城市特有的产业结构及特色产业，使得为之服务的物流产业的竞争力在一定时期内保持相对稳定的水平与特色。

（3）动态性。事物是不断发展变化的，城市物流竞争力也不例外。这说明，城市物流竞争力是一种动态的能力。如果想要实现城市物流业的可持续发展，只有发扬不断创新、拼搏和进取的精神，保持城市物流发展速度、结构、质量、效益的协调统一，才能不被淘汰。但这是一个长期的过程，城市物流竞争力的动态性与其相对稳定性的关系是辩证统一的。

（4）整体性。城市物流竞争力的高低并不仅局限于几个要素的优劣，因为城市物流竞争力是一个整体，是各种相关要素相互作用的集合，包括物流发展环境、物流资源、物流人才、物流基础设施、城市经济、物流信息技术以及政策法规等综合作用的结果。评价城市物流竞争力的高低就如木桶效应一样，它不是取决于城市物流某一方面竞争力的高低，而是诸多因素整合的结果。

三、相关理论基础

1.供应链管理理论

供应链管理理论是在哈佛大学教授迈克尔·波特提出的"价值链"理论基础之上发展而来的。供应链管理运用业务流程的思想，在上游供应商至末端的最终客户的不同环节中，运用组织、计划、协调、激励、控制等一系列手段实现对整个环节中的资金流、物流、信息流、商流的有效整合，促使供应链价值最大化。城市物流供应链流通环节具有节点多、分布范围广等特点，是一个庞大的系统工程。城市物流的发展目标就是为了实现需求主体与供应主体的有效协调，物流企业之间建立良好的沟通与合作，优化整合供应链上下游的信息系统管理，提升城市物流供应链应对市场动态变化的反应能力，建立起一个完善的供应链体系。城市物流的发展规划运用先进的供应链管理思想，通过对生产企业、物流企业、零售企业等进行合理的布局，实现整个城市物流供应链的增值，提高城市物流的运作效率与水平。因此，在现代城市物流的发展过程中，供应链管理理论贯穿其整个发展流程，高效敏捷的城市物流供应链在优化物流设施布局、提高企业服务水平、改善城市物流发展效率与水平方面发挥着重要作用。

2.产业集群理论

产业集群的理论研究者最早可以追溯到马歇尔。他将在一定空间内大规模集聚、生产同类产品的相关企业组成的区域，定义成"专业化产业区"，他认为集聚区的企业可以通过三种方式实现外部规模经济：一是通过信息技术外溢的方式，实现企业间新知识、新理念、新技术等的交流应用；二是共同投资及市场服务共享，享受其大规模生产带来的经济性；三是提供专业化的劳动力市场。除此之外，产业集群还具有促进集体行动与降低进入壁垒的优势，具有地理优势的集群区企业交流频繁，更容易形成推动整个集群发展的集体行动。而产业集群通过分工，降低了进入门槛和技术壁垒，给中小企业家提供了进入市场的机会。从城市物流的角度看，物流产业在城市特定空间上的集聚能够促进物流主体及相关要素的互融互通，创新物流发展模式，刺激大量的物流劳动力需求，降低物流的交易成本和实现规模经济，增强区域内物流企业的竞争力。从产业集群整体的视角看，城市物流一方面容易受产业集群特征的影响，另一方面也制约着产业集群的发展，产业集群内部企业的生产、加工、销售等环节都需要物流来提供一体化、专业化的服务。如果没有物流的支撑，产业集群的发展将无从谈起，所以产业集群和城市物流是相互依存的关系。

3.系统理论

"效益背反"现象虽然在很多领域都存在，但在城市物流领域却显得尤为严重。如果要减少运输次数，就必须增加库存来平衡；简化产品包装，就会明显降低产品的防护效果，增加产品损失的风险。物流管理环节众多"效益背反"现象的存在决定了城市物流管理的关键所在。因此，若要支出最低的成本达到最优的服务水平和经济效益就要利用系统论的观点管理城市物流。系统理论是理论生物学家L.V.贝塔郎菲于1952年创立的，他提出了"开放系统论"的思想。系统论通过逻辑数学的方法考察整体和各个部分的属性功能，并在系统的动态变化中调整整体与部分的关系，寻找达到整体目标最佳的组合方式。它的核心思想就是系统的整体性，其基本思想就是把研究对象当作一个系统，研究系统的结构、功能，分析系统、环境、要素三者间的关系及变动规律。城市物流本身就是一个极其复杂的系统，在城市物流的管理过程中，涉及产品物资的采购、装卸搬运、运输、"最后一公里"的配送等环节。因此，可以利用系统优化的理论把物流看作一个整体，进而有效地解决物流环节的"效益背反"，实现城市物流的整体优化。

137

4.比较优势理论

古典经济学是竞争力研究的起点，该理论的逻辑起点应该是绝对比较优势论，具有绝对代表性的人物是英国经济学家Adam Smith。他首先提出竞争力应来自生产成本和效益的差异。因此，一个国家应该在全球贸易中出口该国具有绝对优势的产品，进口占劣势的产品。依照该观点，如果不同国家之间都明白自身的优势产品何在，并对其进行批量专业化生产，那么国与国之间就能进行优势互补，通过交换能够得到该国自身较为缺乏的产品，资源、劳动力和资本都能得到最有效率的利用，从而促进国民经济的提高。绝对优势论直接明了地强调了土地、劳动力、资本和自然资源这些生产要素的作用。进一步讲，真正让学者熟知的比较优势理论是大卫·李嘉图结合亚当·斯密的绝对比较优势两个概念所创立出的理论。该理论表明，产品生产成本存在任何差异，都必然导致各个国家在各产品生产上具有比较优势，应用于国际贸易上就是一国可以按自身的比较优势进行生产，并通过贸易而具有一定的竞争力。显然，比较优势与经济和生产发展中的资源禀赋和发展条件有着深厚的关系。就城市物流发展而言，比较优势所造成的必然差异性是物流竞争力具有的独特特征以及物流竞争力发展的基础。

5.波特钻石理论模型

"钻石"理论模型是由美国著名经济学家迈克尔·波特首先提出的，用来分析一个国家的特定产业竞争力，由四个基础要素和两个辅助变量组成，即生产要素、需求条件、相关支持产业、企业战略结构和竞争、机会和政府。本书将其应用到城市物流竞争力评价研究中，如图6-2所示。

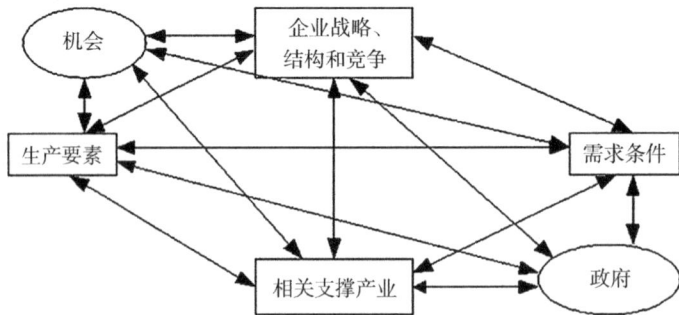

图6-2 钻石模型

6.九因素模型

韩国首尔大学教授赵东成（Dong-Sung Cho，1994年）认为，波特的钻石模型只适合运用于发达国家，对评价发展中国家的竞争力水平不太适用。为了使所建立的模型不仅能评价、影响发展中国家的影响因素，还能提高国家的优势产业，他联系并了解韩国各大产业的实际发展状况，将影响产业竞争力的要素分为"三大类、九因素"，即提出了适合发展中国家竞争力研究的九因素模型。其中"三大类"主要是指客体、主体以及外部因素；"九因素"是指自然资源、创新技术资源、区域环境、相关支持性产业、市场需求状况、普通劳动者、政府官员、高素质人才以及外部偶然事件。九因素模型与钻石模型相比，特别强调了主体的作用，认为产业发挥其竞争优势不论是劳动者还是高素质管理者均起到了重大作用，客体因素及外部环境因素起作用也是基于主体因素发挥了作用的基础之上。因此，提高人员素质，发挥人的主观创造性作用，支持产业创新，是提高发展中国家竞争力的关键。此外，在构建物流业竞争力的指标体系并对区域物流竞争力评价时必须考虑人的主观能动性。

7.工业国际竞争力理论模型

中国社会科学院教授金碚主要研究工业经济学，也对竞争力经济学进行了更深一步的研究。基于波特的国家竞争力模型和我国工业发展的实际情况，他认为对产业竞争力的研究应从容易分析且因果性较强的产业着手。因此，他选择工业产业，分析了决定工业生产总值、盈利状况的直接和间接的影响因素，并对形成工业产业的因果关系进行了分析，建立了工业竞争力理论模型。该模型认为判断一个国家或地区的某种工业品的国际竞争力强弱，可以从直接及间接两个方面的影响来进行分析。通过分析可得，竞争力的高低，即市场占有率的大小，表现在竞争实力和竞争潜力两个方面。该产业竞争力分析模型主要集中分析了对工业起直接、间接影响的因素以及竞争力的实现结果，必要时特别是当外部条件起到重要作用时，如同九因素模型，也把"外部条件"归为影响产业竞争力的因素。

8.彼得模型

彼得教授早在20世纪80年代开始就致力于城市竞争力的研究，他是全球第一位开始研究城市竞争力的学者。彼得认为，城市竞争力不是一种可以直接测度的性质，我们可做的全部都是用其所投下的影子来估量其本质和量值。他认为城市竞争力指的是城市创造财富以及提高收入的能力。他提出城市竞争力是由其显示性的框架和解释性的框架结合而成的。在显示性框架之中，他选择一个小型变量系来反映一个城市的竞争力，表示为：

城市竞争力=（制造业增加值，商品零售额，商业服务收入）

在解释城市竞争力时，彼得参考了现代经济增长理论，把影响城市竞争力的

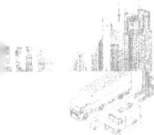

因素分为经济因素和战略因素两个方面：

$$城市竞争力（UC）=f（经济因素、战略因素）$$

其中：

经济因素=生产要素+基础建设+区位+经济结构+城市环境适宜度

战略因素=政府效率+城市战略+公共和私人部门合作+制度的灵活性

在评价方法上，评估城市竞争力时，指标的选择至关重要，并且对城市竞争力与国家竞争力加以区分是评价城市竞争力的关键。他用多变量把竞争力显示为具体的可比较的竞争力，是对城市竞争力研究的一个重要贡献。

此外，还有很多的学者也对产业竞争力理论进行了研究。裴长洪教授增加了利润率和价值增值指标的进一步结果，完善产业竞争力指标体系。厉无畏教授强调产业组织效率、投入要素的数量和质量、学习和创新能力、文化力量以及产业政策等要素对产业竞争力的影响。赵彦云教授建立核心竞争力、基础竞争力、环境竞争力的范式来提高产业竞争力水平。除此之外，还有很多学者都提出了各自分析产业竞争力的分析范式，对产业竞争力的分析起到了一定推动作用。

第三节　案例分析

一、河北省物流业发展现状

河北省在地理位置上环邻北京，毗连天津，是京津冀都市经济圈非常重要且不可或缺的一部分，被定位为"全国现代商贸物流重要基地"。因此，近年来河北省政府以及各市政府相继制定了物流发展相关规划，如"十一五"期间的《河北省现代物流发展规划》，"十二五"期间的《交通运输"十二五"发展规划》，"十三五"期间，为了努力实现与京津的高速公路、国省干线公路和重点农村公路的全面对接，将重点放在了建设太行山、津石等高速公路项目，而且为了疏解北京很多非城市功能，许多物流中心已外迁至河北省各地。据河北省统计局发布，2017年全省生产总值达到34115.22亿元，同比增长7.4%。

如表6-2所示，2013～2017年间河北省地区生产总值（GDP）呈现出不均衡增长的趋势，2013～2015年的GDP增长率递减，2015～2017年增长率递增；2013年完成社会消费品零售总额10516.7亿元。此后逐年递增，2017年增至15907.6亿元；2013年完成货物进出口总额548.83亿美元。此后有所波动，先是2014年增加至598.83亿美元；随后又持续递减，一度下降至466.23亿美元；在2017年年底又上涨至498.1亿美元，非常不稳定。交通运输、仓储和邮政业在2015年出现过减少的情况，2016～2017年持续上涨，2017年增加值为2497.9亿元。

河北省物流业发展情况（亿元）　　　　　　表6-2

年份	GDP	社会消费品零售总额	货物进出口总额（亿美元）	交通运输、仓储和邮政业的增加值
2013	28463.22	10516.7	548.83	2345.1
2014	29421.34	11820.5	598.83	2396.4
2015	29773.41	12990.7	514.82	2359.1
2016	31752.95	14364.7	466.23	2369.3
2017	34115.22	15907.6	498.10	2497.9

综上所述，可以发现河北省过去几年间在GDP和社会消费品零售总额方面是呈现增长趋势的，说明其物流能力在不断提升。但是在货物进出口总额和交通运输、仓储和邮政业增加值方面则呈现了波动的状态，整体上看没有太大影响，说明河北省的物流业发展不够稳定。

二、河北省物流竞争力评价指标体系和评价方法

以河北省11个城市的物流产业为研究对象，结合国内外相关研究成果，构建城市物流竞争力评价指标体系，应用因子分析和聚类分析法对河北省物流产业做出全面、系统、科学的评价。

目前，关于城市物流竞争力的研究，国内外学者已经取得了众多的研究成果，建立了一些指标体系。由于城市物流系统的评价涉及多个参数，一个城市物流的发展依赖区域内各个城市的相互衔接，彼此之间互相联系。城市物流错综复杂、多层次以及各系统彼此间的相互作用，牵一发而动全身，系统中元素和子系统的某些变化会使整个系统发生巨大变化。所以不宜选取过多指标，指标的选取应该易于量度、反应灵敏且内涵明确。

因此，关于河北省城市物流竞争力的评价指标的构建，应该遵循以下基本原则：

（1）系统性。城市本身就是一个结构复杂、多元化、多层次的系统。对于城

市物流竞争力的评价，除了要考虑影响物流竞争力的因素之外，还涉及城市物流的方方面面，贯穿于物流活动的各个环节，指标的选取应该使它们形成涵盖广泛、相互联系、各有侧重的整体。因此，要满足指标体系的总体要求必须定性与定量相结合，既要突出重点，又要避免以偏概全的问题，尽量全面反映。

（2）代表性。指标的选取应该具有代表性，数量不宜太多，但是应该具有代表性，否则易造成指标过于细致，层次过繁，可能形成干扰，造成杂乱无章，不能真正反映整体，有代表性的指标会使指标显得精简，易于评价，使结果准确，有效反映整体。

（3）科学性。对于指标体系的构建首先要有科学依据，避免主观随意性对评价结果的影响，要尽量使指标真实反映地区的实际发展情况和潜力。因此数据来源要可靠，尽量选取官方权威数据，方法的选择应该合理且科学，尽量使评价结果客观真实，正确反映评价对象的特征。

（4）可比性。城市物流竞争力的评价，指标的选取应具有动态可比性，在时间、空间、地域上，任何孤立测度的在时间、空间上的数据都是毫无价值和意义的，在不同时间、空间内对数据进行横向和纵向对比，同时，在指标的构建选择上各个城市应具有共同的含义，统计口径方法和范围尽可能地保持一致性，保证评价指标的可比性。

（5）动态性。物流的发展是一个动态演进过程。城市物流竞争力的评价，既要关注城市物流的当前发展状况，也要重点关注城市物流产业各要素的变化情况，把握城市物流产业动态发展的脉络以及发展趋势，从而为城市物流产业发展提供更为准确的决策依据。

评价研究方法的选择，科学地评价河北省城市物流竞争力状况，不仅需要建立一套完整的指标体系，还需要科学、合理的评价方法。故而，本书运用了因子分析和聚类分析两种方法。

1.因子分析法

它最早是由1931年Thurstone提出的，是主成分分析法的引申。因子分析法运用了城市物流竞争力评价的具体步骤为：

（1）本书依据河南省物流业总体发展水平，选取了河北省11个地级市为样本，并结合城市物流竞争力评价指标体系，收集相关指标数据，列出河北省城市物流竞争力评价指标原始数据表，对其数据进行标准化处理。

（2）将城市物流竞争力评价所选取的样本数据进行KMO或Bartlett球体检验，看其是否适合进行因子分析。

（3）对相关系数矩阵求特征值和特征向量，并得出方差贡献率和累积方差贡献率。

（4）用线性函数计算省辖11个城市物流产业公共因子上的得分，根据公共因子权重求得河北省11个地级市城市物流竞争力综合得分，对其进行排名。

（5）根据因子分析的结果，得出有关河北省城市物流竞争力评价的相关分析结果。

2.聚类分析

聚类分析又称为群分析，它源于分类学，是研究分类问题的一种多元统计方法。本书根据收集资料，运用定量数学方法，把有些相似程度较大的样本数据聚为一类，共有三类。依据分类结果，将河北省城市物流竞争力划分为三个区，依据不同区域，对城市物流进行定位分析。

而这种分析法，被广泛应用于社会各种领域，例如：模式识别、市场研究、图像分割、文件恢复和机器学习等。

三、评价指标体系的构建

从城市物流竞争力评价指标体系构建的原则和评价目的出发，广泛查阅相关理论，综合考虑影响城市物流竞争力的各种因素和河北省12个主要城市物流产业的发展状况。建立了包含城市物流经济基础、城市物流供需情况、城市物流基础设施水平、物流服务业保障水平四个方面的评价指标体系。评价指标如表6-3所示。

城市物流竞争力评价体系　　　　　　　表6-3

目标层	一级评价指标	二级评价指标
城市物流竞争力	城市物流经济基础	居民消费水平
		地方财政收入
	城市物流供需情况	限额以上批发零售贸易企业
		社会消费品零售总额
		进口、出口
	城市物流基础设施水平	公路货运量
		年末城市道路面积（万平方米）
	物流服务业保障水平	交通运输仓储邮政固定资产投资
		互联网用户数

143

四、河北省城市物流竞争力评价

依据建立的评价指标体系，将运用因子分析与聚类分析方法，利用SPSS统计分析软件对所选的11个地级市样本进行量化分析。

1.数据收集与处理

城市物流竞争力是一个相对概念。本书选取河北省11个代表性的城市石家庄、承德、张家口、秦皇岛、唐山、廊坊、保定、沧州、衡水、邢台和邯郸进行分析。为保证数据的准确性和真实性，所有数据均源于《河北经济年鉴——2018》。利用SPSS统计分析软件，使用因子分析统计方法和分层聚类的分析方法进行因子分析和聚类分析（表6-4）。

SPSS软件对基础数据进行标准化处理　　　　　　　表6-4

城市	各市区居民消费价格分类指数	地方财政预算收入（亿元）	限额以上批发零售贸易企业（个）	社会消费品零售总额（亿元）	海关进出口贸易总额（万美元）	公路货运量（万吨）	年末城市实有道路面积（万平方米）	交通运输仓储及邮政业固定资产投资（万元）	互联网用户数
石家庄市	-1.17006	1.94785	1.92917	2.11256	2.15546	0.54341	2.12491	1.84322	2.06747
承德市	0.13751	-0.88931	-1.5245	-0.96245	-1.07346	-0.76836	-0.93471	-0.43974	-1.05467
张家口市	-0.04666	-0.37791	-0.6291	-0.79211	-1.05503	-0.69236	-0.48439	-0.28971	-0.69333
秦皇岛市	-0.23585	-0.16962	0.34304	-0.76624	0.12221	-0.57889	-0.0734	-0.60617	-0.70227
唐山市	-0.65779	1.81159	1.12331	1.33729	1.41551	2.43722	0.6376	1.95133	0.46227
廊坊市	1.62506	0.09778	-0.69306	-0.53194	0.21461	-0.20505	-0.83704	-0.3722	-0.37372
保定市	1.96546	-0.86586	0.73957	0.66214	0.12072	-0.19955	0.58876	-0.70489	0.99535
沧州市	-0.13097	-0.02244	-0.05349	-0.1039	-0.23144	0.5282	-0.78947	-0.09826	0.0122
衡水市	-0.62948	-0.73126	-0.11745	-0.7933	-0.42054	-0.70386	-0.85226	-1.05288	-1.42556
邢台市	0.21825	-0.81656	-1.06401	-0.42253	-0.63247	-1.02846	-0.51928	-0.54539	0.28816
邯郸市	-1.07548	0.01575	-0.05349	0.26047	-0.61557	0.66769	1.13929	0.3147	0.42411

如表6-5所示，为KMO和巴特利特检验，当KMO为0.72，可以进行因子分析，且在巴特利特观测值的概率小于0.05时，表明适合进行因子分析。所以，可以对河北省用因子分析法进行城市物流竞争力研究。

KMO 和巴特利特检验　　　　表 6-5

KMO 取样适切性量数		0.725553
巴特利特球形度检验	近似卡方	97.75854
	自由度	36
	显著性	0

2.明确公因子

通过 SPSS 软件对城市物流竞争力水平评价指标体系中的 9 个指标因子分析，并找出两个公共因子，选取的两个公共因子累计方差贡献率达到 84.40675%，这就达到了解释总方差表各个主因子累计贡献率值要大于 84% 的标准条件。因此，这两个公共因子能够比较全面地涵盖河北省物流竞争力各个方面的内容。

根据总方差贡献率大于 80% 的原则，提取两个因子，此时累计方差贡献率为 84.40675%，即总体 84.40675% 的信息可以由这两个公共因子来解释，如表 6-6 所示。

方差解释表　　　　表 6-6

成分	初始特征值					旋转载荷平方和		
	总计	方差百分比	累积(%)	方差百分比	累积(%)	总计	方差百分比	累积(%)
1	6.491183	72.12426	72.1243	72.12425902	72.12426	5.369558	59.66176	59.66176
2	1.105424	12.28249	84.4068	12.28249269	84.40675	2.22705	24.74499	84.40675
3	0.644398	7.159981	91.5667					
4	0.373235	4.147061	95.7138					
5	0.242719	2.696878	98.4107					
6	0.083856	0.931732	99.3424					
7	0.029928	0.332535	99.6749					
8	0.024111	0.267904	99.9428					
9	0.005144	0.057157	100					

各因子得分矩阵如表 6-7 所示。

因子得分矩阵表　　　　表 6-7

名称	1	2
消费价格	0.27246636	−0.674234147
地方财政预算	0.034830204	0.243935463

续表

名称	1	2
限额以上批发零售贸易企业	0.185729461	-0.061578493
消费品零售总额	0.214570791	-0.093126862
进口、出口总额	0.183861733	-0.053390423
公路货运量	0.010235491	0.248080129
道路面积	0.18177427	-0.059468201
交通运输仓储及邮政业固定资产投资	0.029128734	0.255681641
互联网用户数	0.294245889	-0.297409635

3.公因子表达

由表6-6可得公因子表达式：

$Z_1 = 0.27246636 \times X_1 + 0.034830204 \times X_2 + 0.185729461 \times X_3 + 0.214570791 \times X_4$
$\quad + 0.183861733 \times X_5 + 0.0102$

$Z_2 = -0.674234147 \times X_1 + 0.243935463 \times X_2 - 0.061578493 \times X_3 - 0.093126862 \times X_4$
$\quad - 0.053390423 \times X_5 + 0.24808012$

综合得分公式为：

$W = (59.66176\% \times Z_1 + 84.40675 \times Z_2)/84.40675$

根据综合得分公式，计算出综合得分如表6-8所示。

综合得分　　　　　　　　　　　　表6-8

	因子1	排名	因子2	排名	W	排名
石家庄市	2.0108	1	0.69827	3	1.63	1
唐山市	0.97341	3	1.54427	1	1.14	2
邯郸市	-0.01182	4	0.79309	2	0.22	3
保定市	1.18432	2	-2.21082	11	0.19	4
沧州市	-0.24862	6	0.25739	5	-0.1	5
秦皇岛市	-0.39196	7	0.07598	7	-0.25	6
廊坊市	-0.03228	5	-0.97617	10	-0.31	7
邢台市	-0.40956	8	-0.65711	9	-0.48	8
张家口市	-0.81425	9	0.09728	6	-0.55	9
衡水市	-1.07859	10	0.38044	4	-0.65	10
承德市	-1.18145	11	-0.00262	8	-0.84	11

综合得分为0分，表示物流竞争力处于平均水平；得分高于0分，表示综合竞争力高于平均水平；得分高于1分，表示竞争力较强；得分低于0分，表示竞争力低于平均水平。

4.聚类分析

根据计算得到的11个城市物流竞争力的各个公共因子以及综合因子得分与排名，通过SPSS软件运用分层聚类的方法将11个不同地市按照城市物流产业竞争力水平的大小划分为3个不同的级别层次，结果如表6-9所示。

聚类分析结果　　　　　　　　　　　　　　　　表6-9

分类	城市
强	石家庄、唐山
一般	沧州、秦皇岛、衡水、张家口、承德、廊坊、邢台
弱	保定、邯郸

五、结论及建议

石家庄是河北省区域经济最发达、资源最丰富、技术最先进的城市，应利用自身的竞争优势积极推动物流公共信息平台建设，建立专门的物流信息网，加强各自之间的物流信息交流，实现与其他城市的资源共享。

唐山、秦皇岛、沧州都拥有港口优势，可促进其经济发展。因此，可以推动自身进出口贸易，扩大自身物流发展规模，提升自身物流竞争实力。

物流、信息流和资金流是一条供应链的三大核心，物流的发展离不开信息流的发展。信息化建设不仅可以提高物流运作效率，还可以通过信息技术为物流活动创造更多的机遇。信息共享是实现资源共享的基础，而信息技术水平的发展，是提高物流工作效率，加强物流质量的重要因素之一。所谓科技改变生活，随着信息时代的到来，人们的工作和生活都发生了很大的变化，获取信息的渠道变得愈发广泛，与此同时，物流行业的发展也受到了重要影响。由于现代物流的发展趋势是信息化、自动化和智能化，推进物流信息化建设，离不开先进的信息技术的运用。根据综合评价结果显示，河北省大部分城市信息水平较弱，所以河北省政府相关部门应加大对信息产业的投入，积极引进现代物流信息技术，完善物流信息系统和公共信息服务平台建设。

小　结

本章基于城市物流相关理论为基础，介绍了城市物流竞争力的相关理论及评价方法，并基于SPSS对河北省进行了案例分析。

由于能力和精力有限，对河北省城市物流竞争力选取的指标较少，许多能够反映问题关键性指标的数据难以获得，为了保证数据的权威性和客观性，没有设置定性指标，且仅靠统计年鉴上的数据不能充分反映河北省物流发展的更多信息，故而对河北省物流竞争力的评价还不够合理。

未来，希望随着对城市物流竞争力研究的更加深入，能对城市物流竞争力进行更为科学准确的评价，为城市物流理论体系做出更大的贡献。

第七章

京津冀城市物流网络协同演化研究

城市物流网络作为城市物流系统的一种内在规定性，反映了系统结构各个要素之间相互联系、相互制约，正是这种关系使得城市物流系统的网络结构呈现出一些特征。本章先通过对分析京津冀地区城市物流网络的特征，认知该地区城市物流网络现阶段所呈现的结构状态，了解城市物流网络的本质，探索影响京津冀城市物流网络特征形成的影响因素，然后以此为基础，构建基于节点吸引力及边权赋值的城市物流网络演化模型，对京津冀城市物流网络的协同演化过程进行深入研究，以期为现实物流系统的规划与建设提供指导。

第一节 城市物流网络结构类型

一、城市物流网络的基本组成单位

149

物流即物品从生产到消费全过程的流动体系，但物品在运输过程中是以移动—停顿—移动的流程进行的。那么在城市物流网络中，可将停顿的地方视为物流网络上的节点，每两个节点之间若有物品流动，则该两节点之间存在物流通道，视为城市物流网络中的边。将物流全活动绘制成图，则成了城市物流网络。需注意的是，这里的图不是地图或图表，而是图论中的图，是一种抽象表示事物间关系的方法，如图7-1所示。

物流网络的基本组成要素包括代表物流节点和表示其之间相互作用关系的连线。城市物流是一个有机系统，包括物流节点、物流通道以及由二者结合所形成

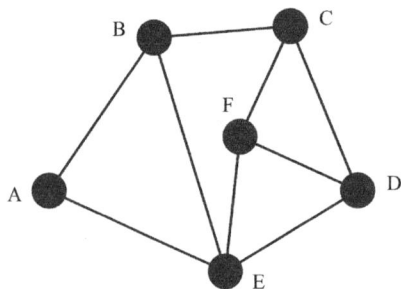

图7-1　事物间关系的表述方法

的物流网络。在城市物流的前期发展中，一般的城市交通节点都是依据自然条件择优设立的，而后发展起来的城市物流节点则是根据前期城市自然条件形成的较为便利的交通路线，因此在城市范围内进行观察可以发现，此时的物流组织呈现"点"状分布。为了使物流服务范围覆盖整个城区，出现了点与点之间的互补形式，即新增了节点之间的"连线"——物流线路，来平衡各个节点的物流量，降低物流成本。随着城市物流的发展，城市物流节点和物流线路等要素不断增多，在以城市为界限的"面"上，物流的"点""线"相互作用，相互制约，形成了城市物流的网络结构。

二、物流网络的结构种类

依据划分标准的不同，网络结构有多种类型。本书依据物流网络的拓扑结构将城市物流网络分成以下几种：

（1）星状网络。在星状网络中存在多个非中心节点与一个中心节点，该中心节点与其余节点均有连线，但其他非中心节点之间互不相连。星状网络中的中心节点十分关键，是整个物流网络的枢纽，理论上具有发达的运输能力及较强的中转货物能力。比较典型的星状物流网络即以一些小型的农产品市场中心，农产品都是从周边的产地运到市场进行销售的（图7-2）。

（2）线状网络。线状网络是由一条线将多个节点串联起来。线状网络中的每个节点都可以与其他节点发生物流交换活动，但是必须按次序经过中间若干个节点进行传递。在一些规模化程度较高的农产品产地，沿着某条公路形成的物流运输通道，就是典型的线状物流网络（图7-3）。

（3）树状网络。在树状网络中，所有的物流节点都是按等级划分。处于某一层级的物流节点只与上一层级和下一层级的节点发生连线，不会越级连线。并

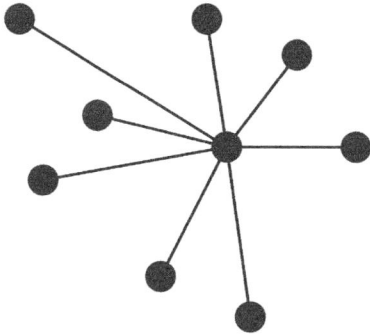

图7-2　星状网络　　　　　　　图7-3　线状网络

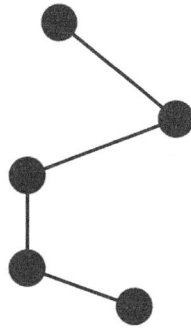

且，处于同一层级的物流节点之间不会互相连线。该种网络结构具有严格的等级制度，条块分割现象明显，隶属于不同上级节点的下一级节点之间也不会产生物流需求（图7-4）。

（4）轴辐式网络。在轴辐式网络结构中存在若干个中心节点，每个普通节点都与其中的某个中心节点相连。中心节点之间存在连线，以互相传递物流需求，但普通节点之间不产生连线。该种网络结构中，普通节点之间的货物都是经由中心节点汇集再中转，实现物流产业中的规模经济效应，以此降低物流运输成本，但相应地会增加节点间的路程。从结构形式上观察，树状网络与轴辐式网络非常相近，只有树状网络存在顶端节点，而轴辐式网络则不存在该类节点（图7-5）。

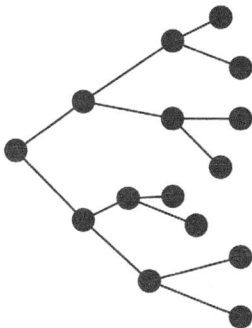

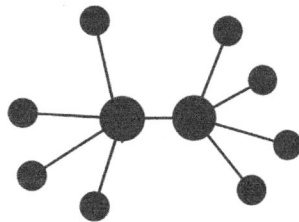

图7-4　树状网络　　　　　　　图7-5　轴辐式网络

第二节　京津冀城市物流网络协同演化特征分析

现实生活中的物流网络不可能完全符合某种类型的定义，其特征也会有多样性的变化。因此，本节将从时间和空间两个角度来判断京津冀地区的城市物流网

151

络的结构特征。城市物流网络的演变其实就是物流要素在地理位置上的变迁，因此，可通过测量京津冀地区物流产业的分布来深入研究京津冀城市物流网络的结构特征。

一、物流网络特征判断的基本思路

城市物流网络时间序列演化特征判断指标，是物流网络特征判断的基本思路。

（1）区位熵（LQ）

在考虑数据的易得性及物流产业的行业特性下，本书运用区位熵系数测算京津冀区域的物流业集聚水平。区位熵是判断产业专业化的重要指标，可充分比较各城市物流产业的集聚程度，从而判定该城市物流产业集聚状况在此区域中的位置。计算公式如下：

$$LQ_{ij} = \frac{e_i / e_j}{E_i / E_j} \qquad (7\text{-}1)$$

式中　e_i——i市物流业增加值；

　　　e_j——i市总增加值，即i市GDP；

　　　E_i——我国物流业增加值；

　　　E_j——我国总增加值，即全国GDP。该系数的取值越高，表明该地区物流产业集聚水平越高。

　　　LQ——当$LQ>1$时，说明物流产业在该区域具有较大的比较优势，呈现集聚状态；当$LQ<1$时，说明该区域物流产业专业化发展程度较弱，尚未呈现集聚状态。

（2）赫芬达尔指数

芬达尔—赫希曼指数，简称赫芬达尔指数，是一种用来测量产业集中度的综合指数。其定义是计算某行业中各市场中的竞争主体占行业总收入（或总资产）的平方和，以此分析市场份额的变化，可判断市场中厂商规模的离散程度。从宏观视角看，可以将物流网络中的节点视作在物流市场上提供物流服务的各个竞争主体，即可用各节点物流量占其网络物流总量的比重来判断物流枢纽的形成程度。因此，在研究区域中物流节点聚集和离散的演化趋势方面可借鉴赫芬达尔指数。

$$HHI = \sum_{i=1}^{n}\left(\frac{s_i}{s}\right)^2 = \sum_{i=1}^{n}P_i^2 \qquad (7\text{-}2)$$

式中　s_i——各节点城市的物流量；

s——区域物流网络总的物流量；

P_i $(0<P_i<1)$——节点城市 i 的物流量占区域总物流网络量的比例。

其中，物流量虽然作为物流学科中一个十分重要的概念，但至今仍没有明确的定义，物流是指物的流通，据此我们在统计北京、天津及河北省内各城市的物流量时，采用货运量作为物流量进行计算。从上述公式可知，$0 \leqslant HHI \leqslant 1$。当 $s_i<s$ 时，$P_i^2 \to 0$，$HHI \to 0$，表明各物流节点城市的物流量较小，物流规模趋向扩散，尚未形成物流枢纽城市；当某节点城市存在 $s_i \to s$，$P_i^2 \to 1$，$HHI \to 1$ 时，表明该区域物流网络的物流量在向该节点城市聚集，则该节点城市正在逐渐成为区域物流网络中的物流枢纽。

（3）区域非均衡系数

区域物流网络中各个节点的物流量是否均衡是判断物流网络演化阶段的重要特征。一般来说，如果各点物流量差别不大，则说明尚未形成物流枢纽；如果其中某几个节点的物流量要远远大于周围其他各节点，则说明，此节点已成为该区域内的物流枢纽。具体公式：

$$\sigma = \sqrt{\frac{\sum_{i=1}^{n}\left(P_i - \overline{P}\right)^2}{n}} \qquad (7-3)$$

式中　P_i $(0<P_i<1)$——节点物流量占整个区域物流总量的比例；

n——区域物流网络中节点城市的个数；

$\overline{P}$——物流网络节点分布比例的均值；

σ——越大表示该物流网络演化越不均衡，各物流节点之间的物流量差距较大，存在区域物流枢纽；σ 越小表示该物流网络各节点演化相对均衡，产生区域物流枢纽的可能性较小。

153

二、城市物流网络结构空间分布特征指标

（1）全局 Moran's I

本书利用 Geoda 的空间聚类分析功能来探测京津冀地区城市物流产业的空间结构演化特征，全局空间自相关统计量有 Moran's I 和 Ceary's，张红等学者就曾利用 Ceary's 指数研究长三角城市群的经济空间集聚特征，这两个系数的一般形式十分相近，但由于计算属性值差异的不同，使得两个指数具有不同的值域和不同的统计性质，其中 Moran's I 的统计性质更加理想。该指标体现的是空间上邻

接或者相近区域属性的相似度，因此，针对京津冀地区13个城市物流业的整体
空间关系的全局指标，本书采用Moran's I指数。计算公式：

$$I = \frac{n\sum\limits_{i=1}^{n}\sum\limits_{j=1}^{n}w_{ij}\left(x_i-\bar{x}\right)\left(x_j-\bar{x}\right)}{\left(\sum\limits_{i=1}^{n}\sum\limits_{j=1}^{n}w_{ij}\right)\sum\limits_{i=1}^{n}\left(x_i-\bar{x}\right)^2} \tag{7-4}$$

式中 $\bar{x} = \frac{1}{n}\sum\limits_{i=1}^{n}x_i$ ，x_i——地区 i 的观测值；

    n——研究区域的城市个数；

    w_{ij}——空间权重矩阵；

    Moran's I——取值范围为[-1，1]。I越接近于1，表示地区间空间正
相关的程度越强；I越接近于-1，表示地区间空间负相关的程度越强；接近
0表示地区间不存在空间自相关性。

（2）局部Moran's I

由于空间自相关程度一般都存在变化，仅有全局指标不足以描述空间自相
关的空间变异，因此采用局部Moran's I，解释局部单元在临近空间的自相关性，
辅助计算区域内各城市的物流业的空间自相关值。计算公式：

$$I_i = \frac{n\left(x_i-\bar{x}\right)\sum\limits_{i}w_{ij}\left(x_j-\bar{x}\right)}{\sum\limits_{i}\left(x_i-\bar{x}\right)^2} \tag{7-5}$$

式中 若I_i——显著为正，表示局部单元的空间观测值具有空间集聚效应；

    若I_i显著为负，表示局部单元的空间观测值具有空间分散效应。

154

三、数据处理

1.计算区位熵

基于数据的易得性和实证研究的需要，本书中使用的样本数据为2008～2017
年京津冀地区13个城市的年度物流业增加值。数据来源于各城市统计年鉴
（2008～2017年）。因现有的产业分类体系中，并没有"物流产业"这一项，故所
使用数据为交通运输、仓储和邮政业年度增加值，这三类的增加值约占物流产业
增加值80%以上，因而能够代表该城市物流产业的发展情况。依据式（7-1），可
计算出13个城市物流产业的区位熵。

京津冀物流业区位熵测算值　　　　　　　表7-1

年份 城市	2008年	2009年	2010年	2011年	2012年	2013年	2014年	2015年	2016年	2017年
北京	0.840	0.900	1.000	1.040	1.127	1.005	1.019	1.024	0.881	0.931
天津	0.750	0.909	0.935	0.911	0.830	0.736	0.871	0.920	1.190	1.038
唐山	0.807	0.806	0.762	0.688	0.707	0.732	0.988	1.213	1.341	1.416
张家口	1.206	1.185	0.471	0.363	0.367	0.353	0.473	0.499	0.567	0.657
承德	0.696	0.684	0.670	0.562	0.597	0.619	0.935	1.091	1.168	1.043
石家庄	0.447	0.472	0.526	0.526	0.577	0.629	0.898	1.105	1.279	1.505
秦皇岛	0.692	0.629	0.700	0.457	0.543	0.505	0.41	0.892	0.925	0.840
廊坊	1.003	1.120	1.090	0.990	0.985	0.984	1.275	1.276	1.332	1.489
邯郸	0.875	0.799	0.754	0.684	0.686	0.719	0.962	1.114	1.177	1.252
邢台	1.130	1.140	0.436	0.372	0.392	0.394	0.620	0.801	1.159	0.955
衡水	1.025	1.008	0.939	0.887	0.884	0.895	1.153	1.308	1.284	1.384
保定	0.738	0.753	0.874	0.706	0.665	0.586	0.353	0.350	0.369	0.446
沧州	1.052	1.008	0.971	0.905	0.926	0.935	1.233	1.435	1.504	1.667

如表7-1所示，在2008～2017年间，各城市物流产业增加值区位熵波动明显，纵观整个京津冀地区的物流产业增加值则呈现上升趋势。部分城市的区位熵一直呈上升趋势，从小于1变为大于1，说明该城市的物流业由缺乏集聚效应发展为具有专业化优势的集聚产业，如唐山、石家庄、邯郸、衡水、承德五个城市；部分城市的区位熵呈下降趋势，由大于1变为小于1，说明该城市的物流产业逐渐失去集聚效应，如张家口、邢台；部分城市的区位熵一直大于1，或稳定在1上下浮动，说明该城市的物流业具有显著集聚效应，如北京、天津、沧州、廊坊；部分城市的区位熵一直小于1，说明该城市物流业还较为分散，不具有集聚效应，如秦皇岛、保定两个城市。

2.计算各区域的赫芬达尔指数（HHI）

将表7-1中的京津冀各城市1997～2017年之间的货运量，代入公式，可以计算出京津冀三大物流片区的HHI。

京津冀区域物流的HHI指数（1997～2017年）　　　表7-2

年份	环京物流区域	环津物流区域	石家庄物流区域
1997	0.44634	0.40615	0.33304
1998	0.42955	0.39709	0.37442

续表

年份	环京物流区域	环津物流区域	石家庄物流区域
1999	0.41047	0.42001	0.35737
2000	0.40906	0.35721	0.30796
2001	0.40288	0.36248	0.31172
2002	0.39910	0.35014	0.30295
2003	0.41257	0.38816	0.31431
2004	0.39859	0.38106	0.31126
2005	0.39107	0.36252	0.31366
2006	0.37887	0.36074	0.31177
2007	0.26997	0.39181	0.31088
2008	0.27844	0.31072	0.31113
2009	0.26641	0.33132	0.31799
2010	0.25027	0.31632	0.32481
2011	0.24877	0.31038	0.31883
2012	0.24603	0.30740	0.32277
2013	0.24286	0.30407	0.32376
2014	0.25722	0.31124	0.34488
2015	0.23792	0.31231	0.34771
2016	0.24396	0.30902	0.35831
2017	0.24489	0.31165	0.37424

如表7-2所示的数据，绘制京津冀三大物流片区1997～2017年的赫芬达尔指数发展趋势图（图7-6）。

图7-6 三大物流区域赫芬达尔系数折线图

3.计算各区域的分均衡系数（σ）

年份	环京物流区域	环津物流区域	石家庄物流区域
1997	0.22196	0.19758	0.14408
1998	0.21427	0.19176	0.17637
1999	0.20517	0.20616	0.16383
2000	0.20448	0.16372	0.12037
2001	0.20144	0.16769	0.12421
2002	0.19955	0.15822	0.11506
2003	0.20619	0.18585	0.12680
2004	0.19929	0.18101	0.12376
2005	0.19549	0.16772	0.12616
2006	0.18914	0.16639	0.12427
2007	0.11829	0.18829	0.12337
2008	0.12525	0.12321	0.12363
2009	0.11525	0.14258	0.13037
2010	0.10027	0.12877	0.13675
2011	0.09876	0.12286	0.13117
2012	0.09595	0.11979	0.13488
2013	0.09259	0.11627	0.13580
2014	0.10698	0.12373	0.15401
2015	0.08709	0.12481	0.15629
2016	0.09377	0.12147	0.16455
2017	0.09475	0.12415	0.17624

京津冀区域物流的非均衡系数 σ（1997～2017年）　　表7-3

如表7-3所示的数据，绘制京津冀三大物流片区1997～2017年的非均衡分布折线图（图7-7）。

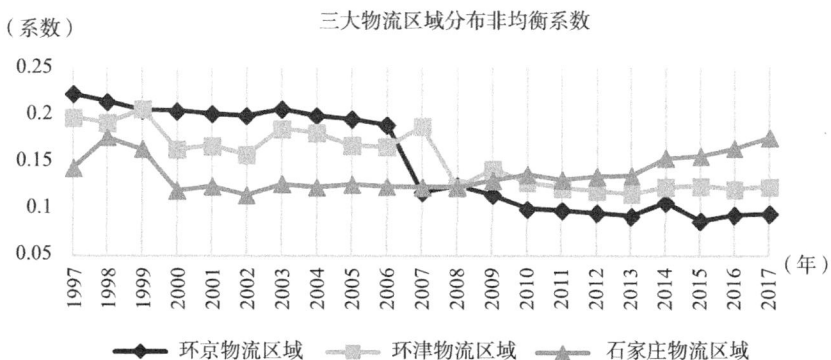

图7-7　三大物流区域分布非均衡系数折线图

4.计算全局 Moran's *I*

本书利用2008～2017年的京津冀地区物流产业集聚值，运用Geoda软件进行莫兰指数分析，其中以邻接规则构建邻接空间权重矩阵，计算结果如表7-4所示。

京津冀物流业全局 Moran's *I* 指数 表7-4

年份	全局 Moran's *I*	标准差 *Sd*	正态性统计量 *Z*
2008	0.0469	0.1144	1.0697
2009	0.0750	0.1284	1.1771
2010	0.0799	0.1280	1.2422
2011	0.2115	0.1695	1.7039
2012	0.2134	0.1733	1.6817
2013	0.2082	0.1755	1.6354
2014	0.1904	0.1740	1.5538
2015	0.1397	0.1611	1.3709
2016	0.1450	0.1746	1.3367
2017	0.1061	0.1629	1.1684

如表7-4所示，Moran's *I* 的正态性统计量 *Z* 值均通过10%的显著性水平检验，表示京津冀地区物流业在空间上呈正相关，即具有空间依赖性。2008～2017年间，全局 Moran's *I* 指数都是正值，且先增加后逐渐减小，其中，2012年全局Moran's *I* 指数达到峰值0.2134，空间集聚效应最强。说明该地区物流产业空间格局由集中向分散演变，且分散性逐渐增强。

5.计算局部 Moran's *I*

全局自相关只能反映京津冀地区物流业整体的集聚程度，为了进一步分析各市级物流业发展的集聚空间演化特征，本书分别绘制了2008年和2016年Moran's *I* 散点图，用以表述城市与其临近城市的空间集聚关系，如图7-8所示。

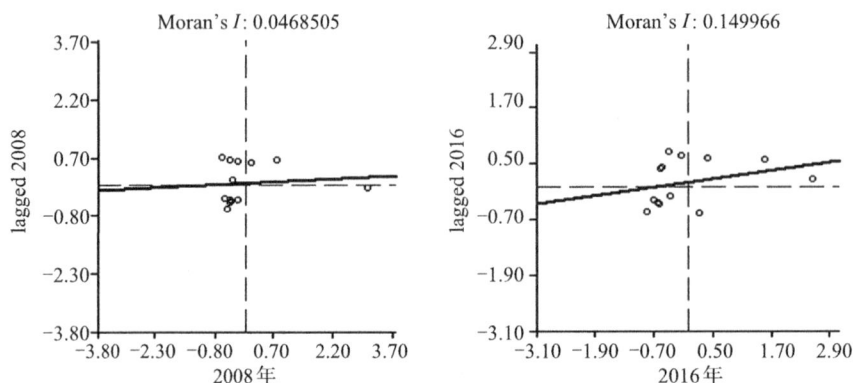

图7-8 2008年、2016年京津冀物流业集聚程度 Moran's *I* 散点图

从图7-8可知，各个城市的物流业发展情况可分为4种空间模式：第一象限是代表物流业高增长地区被其他高增长地区所包围，即高—高集聚（HH）；第二象限是代表物流业低增长地区被其他高增长地区所包围，即低—高集聚（LH）；第三象限是代表物流业低增长地区被其他低增长地区所包围，即低—低集聚（LL）；第四象限是代表物流高增长地区被其他低增长地区所包围，即高—低集聚（HL）。各城市归类如表7-5所示，京津冀地区地形复杂，多数城市都互相邻接，而京津两城市地理上位于河北省的中心，与多个城市相临，因此位于第二象限和第三象限的城市较多，符合实际情况。

物流业集聚度各城市的空间相关模式 表7-5

	空间相关模式	2008年	2016年
第一象限	HH	天津、唐山	北京、天津、唐山
第二象限	LH	廊坊、秦皇岛、承德、沧州	廊坊、沧州、秦皇岛、承德
第三象限	LL	保定、石家庄、张家口、邢台、邯郸、衡水	保定、张家口、邢台、邯郸、衡水
第四象限	HL	北京	石家庄

四、京津冀城市物流网络特征概括

由于地区经济发展的不平衡性，使得物流经济因素初期在地区上呈现不均衡分布，各种生产要素向着平均利润率高的地方转移和集聚。但随着地区工业化发展达到一定程度后，由于生产要素价格上涨，平均利润率降低，而欠发达地区的物流要素低成本的优势逐渐显现，加上政府政策的引导，物流生产要素向欠发达地区转移，促进经济增长，缩小地区之间的差异。当城市经济由最初的散乱向系统发展时，物流网络也倾向于完善、系统和集约化发展。

分析HHI数据得出：1997～2005年，环京物流区域的HHI指数较为平稳，但在2005年国务院召开常务会议，对北京的城市化起着决定性的作用。在此次规划中提出"宜居城市"的概念，将北京建设为"全国的政治中心、文化中心，世界著名古都和国际大城市"，并开始疏散人口和产业。因此，在2006～2007年HHI指数有了较大波动，也验证了该模型具有一定的解释能力。突变之后的HHI指数较为平稳，说明环京物流网络在较大程度上完成了产业疏散，其货运量仍远大于周边城市，说明北京依然处于增长极的地位，集聚效应明显。同时，环京地区的非均衡系数也在以微弱的趋势缓慢变小，也证明环京地区的物流网络在

159

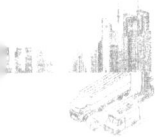

逐步向着均衡化方向发展，符合事实。1997～2017年，环津物流网络HHI呈平稳的下降趋势，2012年后趋向稳定，说明了环津物流网络处于平稳地，并由凝聚发展阶段向放射扩散发展阶段演变，其网络演化发展明显。环津地区的非均衡系数也是呈缓慢下降趋势，说明该区域同环京地区一样，都是朝着均衡化方向发展。相比之下，环津地区的网络演化速度较环京地区慢一些。另外，该物流圈内的四个城市都是沿海城市，其中天津、唐山和秦皇岛都拥有港口，且港口吞吐量较大。在统计货运量时，并未包括港口吞吐量，可能会对结果造成影响。1997～2017年，石家庄物流区域HHI指数总体在0.30上下浮动，且近年来有上升趋势。说明包含石家庄在内的四个城市物流发展还较为均衡，下一阶段将逐渐演化出该地区的物流枢纽。石家庄物流区域的非均衡分布系数也在逐步上升，有极化趋势。主要原因是，这四个城市处于河北省的南部，与多个省份接壤，虽然石家庄是省会城市，但邢台和邯郸是连接中原经济区和环渤海经济圈的北方门户，也是京津冀协同发展国家战略重要节点城市。京九铁路、京九高铁等多条铁路线和规划铁路线均途经衡水，是重要的黄金十字交叉路口。近年来，由于政策倾斜、北京疏解等工作的进行，石家庄物流区域物流量逐渐增大，存在巨大的发展空间，石家庄作为省会成为物流枢纽的趋势日渐显现，但该物流圈相距京津两城市较远，可围绕建成京津冀城市群南部副中心城市。

宏观上，京津冀城市物流网络呈现出典型的"双核"轴辐式网络结构，以北京和天津两直辖市为核心，向河北省内11个城市辐射。由于长期以来京津冀形成以北京和天津为依托的"双核"结构，加上北京对周边地区的"虹吸效应"明显，所以北京地区的物流业集聚程度远高于其他城市。但随着北京非首都功能疏解工作的进行，加之天津滨海新区、河北雄安新区等地的设立，北京市物流枢纽的地位正在衰退，其紧邻的周边城市，诸如天津、保定、唐山等城市的物流业集聚态势日益增强。借鉴张璐璐等人的最新研究，京津冀地区的物流企业从"北京—石家庄"一线向城市群东南部扩展特征明显。石家庄作为河北省省会，其物流业集聚水平要低于京津两个城市，但近几年增长速度较快，逐渐发挥出区域中心城市的功能，下一阶段具有优先发展为核心区的潜力。

微观上看，京津冀城市物流网络的节点建设呈现出多属性和多元化的特点，物流通道也在大型化发展，与城市公共交通道路混用，并逐步发展成为国际型物流大通道。物流企业由分散到集聚，且围绕交通干线的集聚范围不断扩大。

第三节 京津冀城市物流网络特征形成影响因素

由2008年和2016年两年Moran's *I*散点图可看出，物流产业高度集聚的城市由15.38%变为23.08%，比重依然偏低，这说明虽然近年来京津冀地区的物流业整体发展迅速，国家也制定了一系列政策，但是河北省内大部分城市的物流产业集聚水平还比较低，物流业与其他产业联动效果不显著。究其原因，主要是：一是专业化分工程度低，产业发展各自为战，各类企业的物流外包意识不强，其合作意愿较低，较多的企业依然倾向于自建物流体系进行运输配送，导致第三方、第四方物流发展缓慢，社会的物流资源得不到有效整合；二是区域间物流协调机制尚未全部发挥作用，虽然强调京津冀一体化协同发展，打破行政壁垒，但实际上，物流市场条块分割仍然十分严重，各区域内物流基础设施存在重复建设现象，造成资源的严重浪费。因此，加大对京津冀地区经济结构和空间结构的调整，着眼于大局，实现物流产业跨区域的优化布局，提升物流业的规模效应，既是京津冀地区现代物流产业发展的客观要求，也是三地企业的机遇和挑战。

根据已有的文献研究，以及结合京津冀城市物流的实际发展状况，分析归纳影响京津冀城市物流网络特征的因素，可以从经济层面和政策层面两个方面进行阐述。

一、经济层面影响因素

物流是社会经济活动所引发的派生性需求，可以认为，社会经济是物流网络存在和演化的前提条件。通过对现有文献的分析，影响京津冀城市物流网络发生变化的经济层面的主要影响因素包括人均GDP、规模经济效应和交通条件。

（1）人均GDP

一个城市GDP总量的增加势必会促进城市物流产业的发展，根据国际的发展经验看，当人均GDP超过4000美元（京津冀三地人均GDP都已超过4000美元），城市经济将会得到快速发展，而城市物流是促进城市经济发展的重要支柱产业，极有可能也会受到经济发展的影响，呈现出集聚与扩散的动态变化。作者依据统计年鉴上的数据，将京津冀范围内的物流企业数量与人均GDP绘制成图，分析后得出，随着人均GDP的增长，物流企业的数量也在不断增加，因此可能

161

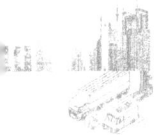

会成为城市物流产业集聚和扩散的重要推动力。

（2）规模经济效应

自从亚当·斯密提出规模经济理论后，以Poter为代表的众多学者以经济集聚对企业带来的规模收益的增加为切入点，分析规模经济现象，并认为经济行为集中在某一地区将会给该地区带来更大的经济增长和更好的创新机会以及融资优势。在Poter理论的基础上，Sheffi等人详细阐述了物流产业集群所带来的规模效应，并指出了规模收益在物流产业集聚进一步深化过程中的重要作用。京津冀范围内城市物流的集聚，连带了众多规模不一、能力大小差异的企业在同一地区布局，有效地促进了不同类别之间企业的分工与合作。城市物流的集聚，既可以使企业享受到行业内的规模收益，还可以让企业不增加投入扩大自身的生产能力就能够享受到外部的规模经济，从而降低了城市物流配送的成本。因此，规模经济可以进一步促进城市物流集聚和扩散。

（3）交通条件

对于城市物流的效率而言，交通条件至关重要。若交通拥堵，则极有可能导致物流活动向别处转移扩散。北京市市内的交通拥堵问题越来越严重，自2010年以来，根据北京市交通委检测的工作日五环内道路网交通拥堵指数来看，北京市经常达到中度拥堵，甚至严重拥堵。对于物流产业而言，物流运送效率与物流成本之间成反比，若物流节点周边长期拥堵，交通不便，不仅会造成物流成本增加，还会大大降低物流配送效率和物流服务水平。基于效率、成本和服务水平等方面的考量，物流企业会寻求交通更为便利、畅通的其他地区，就京津冀范围而言，环路与高速通道的规划、协同修建，缩短了津冀两地与北京之间的距离，为物流业由北京城内逐步向郊区、天津及河北省省内搬迁创造了条件。因此，交通条件亦会造成物流集聚与扩散的动态变化。

二、政策层面因素

政策因素在推动京津冀城市物流网络不断发展演化的过程中发挥着重要的作用。一方面，城市明确的发展规划能够为物流活动划分出发展空间，建成大量的物流用地，能够极大地推进城市物流的集聚或是跳跃性扩散。例如，2017年年初国家二级大型商贸物流园区——北京铁路局定州物流园区建设项目正式启动，这是京津冀第一个具有较大规模的综合铁路物流园区。该物流园区不仅实现了三地共建，也探索了物流通道及节点相结合的新方式。在京津冀协同发展的趋势下，已逐渐形成了以北京为中心的"北京—天津—河北"大都市区，呈现同城效应；另一方面，城市规划往往伴随着资金扶持，北京市市政府为进一步实现北京城市职能的疏解、引导物流产业走出北京，在天津和河北建厂布局，已提出由北京市商务委员会牵头，北京市市政府出资给予配套的资金支持。津冀两地政府也在逐步通过"筑巢引凤"的形式吸引物流企业的入驻，发展了一批专业物流园区以承接北京产业转移，如北京中关村科技园区丰台园和保定满城分园的合作、北京大红门和白沟大红门国际服装城的合作等。这些新园区在继承北京原有专业市场名号的同时不忘创新园区管理，促进园区现代化发展，推进物流资源重新配置，有力地促进了京津冀物流业的协同共进。

第四节 京津冀城市物流网络协同演化模型

一、城市物流网络的复杂属性分析

城市物流作为一种经济活动，其网络的空间布局会受到经济利益的影响，同时它作为网络结构也具有复杂性特征。

（1）组成要素复杂性与多样性

在前面第三节中讲述了城市物流网络的组成要素，主要包括物流节点及物流通道。城市物流网络的节点类型繁多，通道纵横交错，数量较大。不同类型、不同等级的节点的功能、服务对象及处理能力都会有所差异，而不同通道的运输与传送功能，交通状况也会存在各类差异。从网络的拓扑结构看，物流网络通常具有多层次性，其拓扑结构及其数量巨大的物流节点耦合作用下推动着不同网络之间的演化。这就导致了城市物流网络的复杂性与多样性。

（2）结构具有多层次性与非均衡性

城市物流网络结构是复杂、多层的，且具有不均衡性。不同类型的物流节点及不同功能物流通道，因为空间位置的不同，它们之间的连接程度和互动频率也是不同的，而且城市物流节点的数量较大，类型较多，不同节点之间的联系形式多样、关系复杂且随着时间推移不断地呈现动态变化。节点之间所存在的连接具有不同的权重比例和传递方向，同时城市中的节点和通道的分布也具有非均质性。

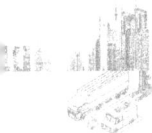

（3）动态时空演化性

城市物流网络是动态网络，而且物流网络具有实时动态演进的特征，这又导致了物流网络中结构和功能的实时变化，并通过涌现和自组织的机理产生网络的复杂效应。物流网络随着时间的变化而变化，经过网络内部和外界环境的相互作用，不断适应、调节网络的结构和功能，同时通过自组织作用，整个网络向更高级的有序化发展，不断涌现出复杂网络独特的行为与特征。城市物流功能从一个功能转变为多样化与专业化功能，结构的动态演化表现包含城市物流节点的数量变化、物流通道的数量和处理能力将增加或减少，以及物流节点与物流通道之间的连接关系将发生变化等。

二、网络演化模型选择

以城市物流网络举例说明，当网络发展到一定水平，城市物流网络就会进入稳定保持阶段。那么在此阶段，不单是由新节点加入网络、与原有物流节点之间产生物流关系，在市场经济作用下，竞争机制使得一些位置不佳、经营状况不善的物流节点逐渐衰退，从而退出城市物流网络，而节点与节点之间也会因为这样或那样的原因切断物流关系，即表现为物流节点之间连线的断裂。在复杂网络理论中，小世界网络和无标度网络能够反映大多数的现实系统的基本复杂网络特性，在建模问题上获得突破性进展，其中，小世界网络虽然能在一定程度上反映实际系统的小世界效应，但是却忽略了网络的增长特性，以BA模型为代表的无标度网络所展现的生长与择优连接的动力生长机制能够更好地刻画现实复杂系统的演化过程。

基础的无标度（BA）模型太过简单，已无法解释现实世界网络演化的复杂性，并且各种类型的网络与人们的生产活动密切相关，在人们的工作和生活中发挥着重要影响，因此对于基础的无标度模型进行扩展研究具有重要的理论意义与实践价值。在现有文献中，学者们也进行了许多改进或扩展研究。由于简单的拓扑结构可能会忽略城市物流网络的重要特征，物流节点之间的关系和交互强度也对物流网络的演化具有重要的影响。因此，本章在BA模型的基础上，同时参考了其他扩展模型的结果，提出一种新模型来解释城市物流网络的演化过程。即将城市物流系统视为一种复杂网络，并对其进行加权，加权网络所定义节点的权重和边权，可以用来体现节点的重要程度及节点之间关系的强弱程度。其具体动态演化流程为当城市物流网络按照基本BA模型中生长机制发展到一定阶段，之后又出现衰退现象，部分旧边被删除，与此同时，新节点及新边仍在增加，由此形成一个有增有减的动态无标度网络模型。

（1）模型构建

根据前述物流网络的复杂性得出，物流节点数量的不断增加和节点规模的不断扩大使得物流网络在不断地演进生长与扩张。当新增物流节点进入物流网络时，必定要与原有节点连接。从网络的初期开始，假设区域内最初两个节点之间产生物流交换，必然经过两个节点之间的通路来实现，该通路在网络中可以抽象为一条边。在城市物流网络不断产生新节点的过程中，新节点需要与网络中原有节点通过连线连接，加入到原有网络中从而演变成一个新的物流网络。新增节点在选择与原有节点连线时是存在一定规律的，主要表现在有限的资源下，为了能与原有网络中的更多的物流节点产生关联，新增物流节点会优先选择物流线路更多、密度更大、交通更为便捷、成本更低的物流节点，以此为中转，从而实现与网络中所有节点的贯通（图7-9）。

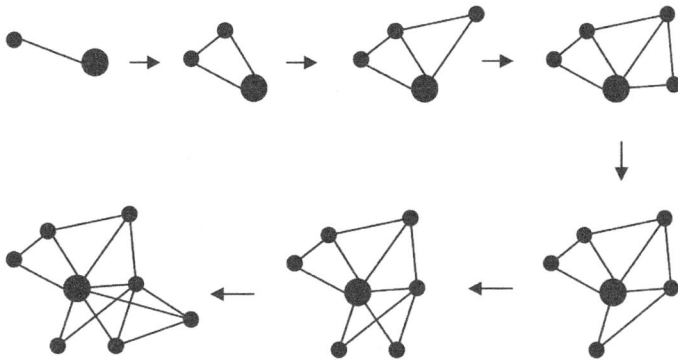

图7-9 城市物流网络的生长演进过程示意图

165

（2）演化模型的假设条件

用图论 $G=(A，B)$ 来表述城市物流网络结构，A 是网络中物流节点的集合，B 是网络物流通道的集合。在现实生活中，城市物流网络的各节点的承载与处理能力不同，每条物流通道的运输能力也有所不同，所以将图 $G=(A，B)$ 中的节点和边都视为存在不同比例的权重；城市物流网络结构的演变过程表现为物流节点及物流通道在数量上增加与减少或位置上的变迁，以及整体上物流节点与通道的集中和分散的状态变化等，因此本书利用物流节点及物流通道上的物流量当作节点的权重和边权，因本书篇幅有限，暂不将物流量的流向问题考虑进去，从而将城市物流网络抽象为加权网络。

结合现实情况，京津冀协同发展政策是习总书记在2014年北京座谈会上提出的，北京疏解政策亦从2015年开始实施。因此，综合考虑物流网络成长性和择优连接机制，按照以节点吸引为基础，同时考虑各边非均衡权值的构造城市物流网络演化模型，第一阶段是原有节点由于长期发展与其他物流节点连接线较多、经济总量较大、交通条件便利等因素对新节点具有较大的吸引力。第二阶段是2015年以后，在各种国家政策的鼓励下，北京地区的物流产业开始疏散至津冀两地，效果显著。

引入度量节点吸引力的参数 f_i，表示节点 i 对其他节点的吸引力，$f_i=a_1 S_i + a_2 Q_i + a_3 E_i + a_4 G_i$，$S_i$、$Q_i$、$E_i$、$G_i$ 分别是物流节点 i 的经济总量GDP、区位交通条件、规模经济效应和政策条件归一化处理后的数值。

$$a_1+a_2+a_3+a_4=1 : G_i=\begin{cases} 1, & \text{有政策支持} \\ 0, & \text{无政策支持} \end{cases}$$

对于吸引力参数 f_i 的设置，不仅避免了网络演化过程中孤立点的存在，同时也更好地刻画了具有较强吸引力的新节点的竞争力。

引入权重 w_i 对新节点 j 和已有节点 i 之间连接的"边"进行赋权，节点 i 的度数为 k_i，其中 $0 \leq \gamma \leq 1$，可以调节网络节点的度数和边权重，取值可以根据实际情况确定。综合考虑节点度和边权值的影响，那么新节点与已有节点之间连接的概率为 P_i，那么有如下关系式：

$$P_i = \frac{k_i^{\gamma} w_i^{1-\gamma} + f_{ij}}{\sum_j \left(k_j^{\gamma} w_j^{1-\gamma} + f_{ij} \right)} \tag{7-6}$$

按 P_i 从大到小的顺序将新节点与已有节点连接。边的权值越大，说明此边对其他边的重要度越大，与此连接的两个节点相关度越大，相互连接的概率越大。

三、模型演化算法设计

依据复杂网络演化理论，综合考虑上述影响因素，提出如下城市物流网络演化模型的构造算法：

（1）生成初始网络。在运用复杂网络理论解决物流问题的文献中，大部分都是将城市物流网络空间结构的初始状态抽象为一个随机网络。为保持一般性，文章也将初始网络状态设置为随机网络，设初始节点数为 m_0，将第一个出现在聚集的物流节点设定为网络产生和演化的起点。

（2）出现新节点。现有的文献中，无论是BA网络还是小世界网络模型的演化算法中，对于新增节点多是采用随机生成的模式。为保持一般性，文章新增节点也采用该模式。待新节点产生后，赋予其节点强度值，作为初始吸引力。赋予网络中其他节点发展吸引力。

（3）网络规模扩大，随机化增加新的节点及连边。由于经济的成长性，出现越来越多的物流节点，新节点以概率P_i（$0<P_i<1$）按从大到小的顺序择优选择网络中的节点，并与之相连接。任意两个节点之间至多只有一条边，并且每个节点都不允许存在边与自身相连。同时，基于现实情况，京津冀城市物流网络尚处于发展扩大阶段，本章节中暂不考虑节点的衰退机制。

四、模型求解

（1）理论分析

上述是基于无标度网络演化模型构造的择优成长的城市物流网络演化模型算法，由此模型可知，一个物流节点的度数，权重及吸引力影响着新节点与它相连接的概率。

在式（7-6）中，由于有了$k_i^{\gamma} w_i^{1-\gamma}$和$f_i$的影响，网络演化会分为三种不同的情况。

①当物流网络中存在某节点$k_i^{\gamma} w_i^{1-\gamma}$和$f_i$都较大时，这时新产生的物流节点会倾向于与该类物流节点相连接，这种物流节点就会逐渐演变为城市物流网络中的物流中心。如天津，作为一个老牌的物流节点，因其节点度和吸引力都很大，所以在一般情况下，会不断巩固其地区城市物流网路中心的地位。这也是上述算法中择优成长所反映的一种情形。

②当$k_i^{\gamma} w_i^{1-\gamma}$较大而$f_i$较小时，这相当于一个地区内老牌的物流节点的衰弱，虽然节点度数及其权重都较大，但其吸引力变小，导致新产生的物流节点与其相连接时并没有较大的优势。如北京，因其城市定位的改变，非首都功能不断疏解，造成其物流中心的性质逐渐被改变，降低了对新生节点的吸引力。

③当$k_i^{\gamma} w_i^{1-\gamma}$较小而$f_i$较大时，这时对一些具有很大吸引力但发展时间不久的新节点有益，这些新的物流节点，即使初期在其辐射范围内所连接的物流节点较少，但其吸引力却很大，可能是由于政策或经济利益的导向，因此会在较短时间内获得大量的连接，从而有可能超过一些时间久远的老物流中心，进一步成为该地区新的物流中心，如石家庄、保定等。

167

（2）模型的度分布

在众多复杂网络的拓扑属性当中，度分布是区分网络属性的主要特性之一，因此根据建立的复杂网络演化模型，对其中的度进行理论分析。

令$k_i(t)$表示第t步时节点i的度数。假定在BA网络中，每增加一个节点，新节点将和m个原有节点连接，即增加m条边。节点i在第t步时增加到网络中，由于到了第t个时间步已经添加mt条边，每条边连接两个节点，因此在统计网络中所有节点总度数时，每条边被计入两次，减去新增节点的m条边，在t时刻，网络中所有节点的总度数时$\sum_i k_i(t)=2mt-m$。当$t=t+1$时，有$\sum_i k_i(t+1)=2mt+m$。所以在t趋向于无穷大，m值不大的情况下，根据连续性理论，$\sum_i k_i(t)\approx 2mt$是合理的。

那么对于该书中使用的演化模型的度分布中，当新物流节点与物流节点i相连接时，物流节点i以式7-6成比例增加其度数d_i，则有：

$$\frac{\partial k_i}{\partial t}=m\frac{k_i^\gamma w_i^{1-\gamma}+f_i}{\sum_j\left(k_j^\gamma w_j^{1-\gamma}+f_j\right)},k_i(t_i)=m \tag{7-7}$$

上述公式的初始条件为节点i在t时刻进入系统，其度数$k_i(t_i)=m$。

在$k_i\geqslant 0$，t函数为单增。可将$k_i(t_i)$的概率写成：

$$
\begin{aligned}
p\{k_i(t)\} &= p\left\{t<\frac{2mt_i+\sum f_i}{2m(m+f_{ij})^2}\left(k^\gamma w^{1-\gamma}+f_i\right)^2-\frac{\sum f_j}{2m}\right\}\\
&= p\left\{t_i>\left(\underset{\leqslant}{t+\frac{\sum f_i}{2m}}\right)\left(\frac{m+f_i}{k^\gamma w^{1-\gamma}+f_i}\right)^2-\frac{\sum f_j}{2m}\right\}\\
&= 1-p\left\{t_i\leq\left(t+\frac{\sum f_j}{2m}\right)\left(\frac{m+f_i}{k^\gamma w^{1-\gamma}+f_i}\right)^2-\frac{\sum f_j}{2m}\right\}
\end{aligned}
\tag{7-8}
$$

时间t服从均匀分布，所以有：

$$p(t_i)=\frac{1}{m_0+t} \tag{7-9}$$

将其代入上面公式中，可概率分布为：

$$p\{k_i(t)<k\}=1-\frac{1}{m_0+t}\left\{\left(t+\frac{\sum f_j}{2m}\right)\left(\frac{m+f_i}{k^\gamma w^{1-\gamma}+f_i}\right)^2-\frac{\sum f_j}{2m}\right\} \tag{7-10}$$

所以得出物流节点的度分布为：

$$p(k) = \frac{\partial p(k_i < k)}{\partial k} = -\frac{1}{m_0 + t}\left(t + \frac{\sum f_j}{2m}\right)(m + f_i)^2\left\{-2\left(k^\gamma w^{1-\gamma} + f_i\right)^{-3}\right\} \qquad (7\text{-}11)$$

$$= \frac{2}{m_0 + t}\left(t + \frac{\sum f_j}{2m}\right)(m + f_i)^2\left(k^\gamma w^{1-\gamma} + f_i\right)^{-3}$$

由上述公式可知，由于物流节点 i 已经随机选择，再领 $t \to \infty$，所以网络的度分布为：

$$p(k) = \lim_{t \to \infty} p(k) \approx 2(m + f_i)^2\left(k^\gamma w^{1-\gamma} + f_i\right)^{-3} \qquad (7\text{-}12)$$

五、数值模拟

为了证明模型的有效性和可行性，但因涉及参数较多，故采用Matlab对模型进行数值仿真。为消除仿真过程中随机因素的影响，对每个仿真过程都进行了10次独立仿真，再取平均值作为结果。令 N 取 125，$m_0 = m$ 分别取 3、5、7；f_i，w 和 γ 分别取不同数值对度分布状况做比较分析。

①当 $\gamma = 1$，$w = 0.8$，$f_i = 0.75$（其中 $s_i = q_i = e_i = 1$，$g_i = 0$，$a_1 = a_2 = a_3 = a_4 = 0.25$），得到如图 7-10 所示。

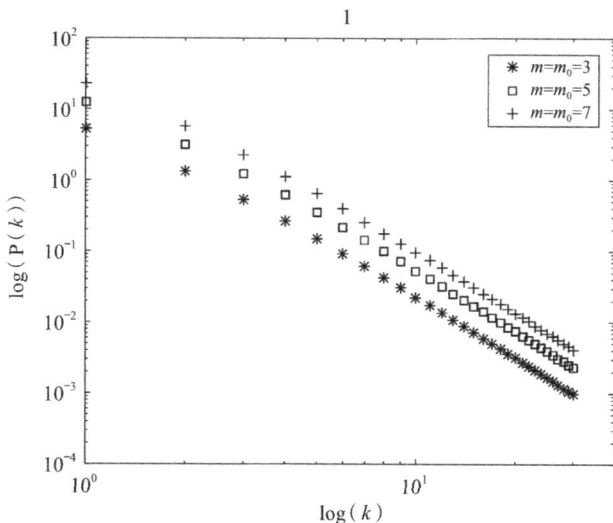

图7-10　城市物流网络演化模型的度与度分布（一）

②当 $\gamma = 0.6$，$w = 0.8$，$f_i = 0.75$（其中 $s_i = q_i = e_i = 1$，$g_i = 0$，$a_1 = a_2 = a_3 = a_4 = 0.25$），得到如图 7-11 所示。

169

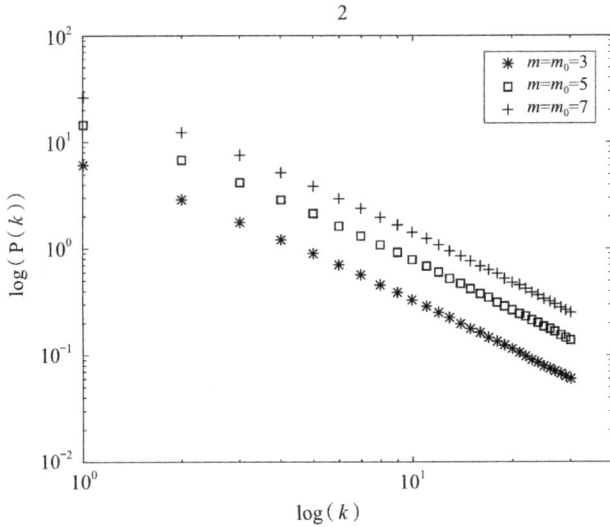

图7-11 城市物流网络演化模型的度与度分布（二）

③当$\gamma=1$，$w=0.6$，$f_i=0.75$（其中$s_i=q_i=e_i=1$，$g_i=0$，$a_1=a_2=a_3=a_4=0.25$），得到如图7-12所示。

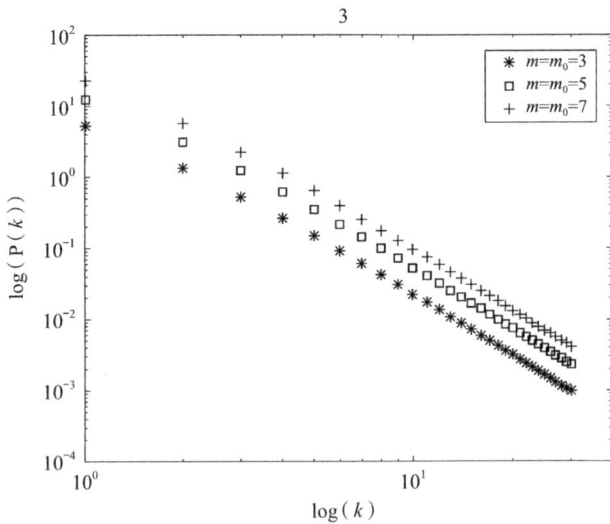

图7-12 城市物流网络演化模型的度与度分布（三）

④当$\gamma=1$，$w=0.8$，$f_i=1$（其中$s_i=q_i=e_i=g_i=1$，$a_1=a_2=a_3=a_4=0.25$），得到如图7-13所示。

如图7-10～图7-13所示，可以看出，城市网物流网络节点度分布具有无标度性。基于节点赋权吸引力的网络度分布仍然为幂指数方程，因而该模型建立的

4

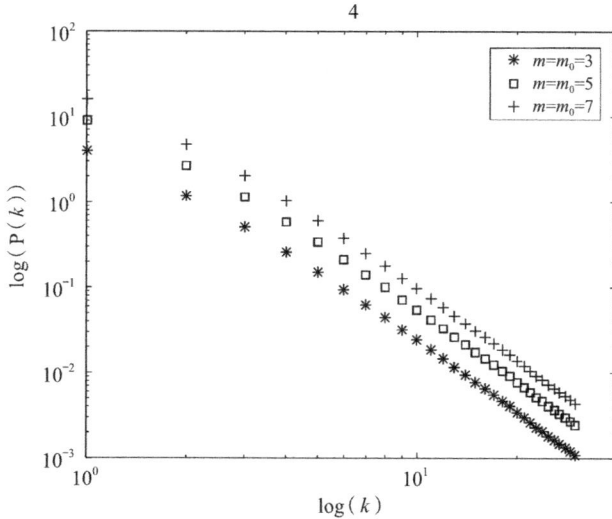

图7-13　城市物流网络演化模型的度与度分布（四）

网络还是幂律分布网络，即无标度网络。

　　根据公式得出，吸引力f_i和权重系数w对节点度分布起重要影响作用，当$f_i=0$，$\gamma=0$时，节点的度对网络的演化没有影响，起决定作用的是边的权重；当$f_i=0$，$\gamma=1$时，网络中节点被选取连接的概率大小完全取决于节点的度，该模型就退化成仅以节点度数为决定因素的基础演化模型；当$f_i=0$，$0<\gamma<1$时，节点的度和边的权重同时起作用。吸引力f_i取值变化时，城市物流网络节点度分布的变化如图7-10、图7-13所示。权重系数w取值变化时，城市物流网络节点度分布的变化如图7-10、图7-12所示。指数γ取值变化时，城市物流网络节点度分布的变化如图7-10、图7-11所示。

　　研究表明，当其他参数保持不变而f_i增大时，度分布趋于减小，即包含政策等在内的择优因素使网络具有收敛性，向"枢纽"节点聚集。当其他参数保持不变而w变大时，度分布同样趋于减小。当其他参数保持不变而γ变化时，度分布亦是同样的趋于变小。因此，考虑节点吸引力和边权重两个因素的城市物流网络也具备无标度网络的特性，存在"枢纽"节点。但在城市物流网络节点间存在的吸引力和边的权重共同影响下，"枢纽"节点的分布不大可能全部集中在某一"枢纽"节点，从而分化形成多个物流中心的网络结构。

171

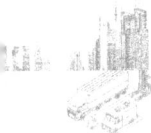

第五节　京津冀城市物流网络协同演化过程

结合京津冀地区城市物流网络的实证研究，考虑到京津冀城市群2018～2019年部分县域物流信息尚未公布，因此使用GIS绘制京津冀地区2010年、2017年的城市物流配送中心的节点数量分布热力图，可直观看出该地区物流网络的变迁。

从2010年、2017年京津冀范围内物流园区热力分布可得，京津冀范围内的城市物流集聚中心发生了明显的扩散和迁移，由原来的极化集聚发展状态向轴辐扩展状态变化，呈现出以"北京—石家庄"为轴线向东南部城市群扩展的分布格局。

在2010年前后，由于物流资源及物流基础设施等方面的客观差异性，以及京津冀地区内各城市交通条件的不同，导致了城市物流网络内各节点不是同步获得规划及发展的，使得一些物流需求旺盛、集聚区位优势突出、交通便利的城市成为物流经济活动的集聚地，在物流园区分布上表现为以北京为核心集聚发展特征，城市物流网络极核式结构逐步形成。北京及天津的物流中心多集聚在主城区，河北省省内的物流企业呈现分散状态。由于北京相对发达的城市经济，进一步吸引周边地区的资金、货物、产业等各类经济要素不断向其集聚，使之成为带动城市物流网络发展的增长极核，同时协调其他网络节点的逐步形成。此阶段中，城市物流活动范围小，整个物流网络中物流节点的数目有限，跨地区联系松散，京津冀城市物流网络的结构体系尚不完善，总体呈现为非均衡发展状态[22]。

在2017年前后，京津冀地区城市物流活动和布局不断扩张，物流节点快速增长，城市物流网络向规模化扩张发展，在京津冀协同发展及非首都功能疏解等政策的强力支持下，石家庄、沧州、邯郸、唐山等一些城市经济相对发达的交通节点的物流价值逐步被认可，加入城市物流网络中，使得城市物流网络的规模进一步扩大。京津冀城市群东南部小规模集聚现象增多，说明该地区城市物流的发展主要集中在东南部。北京及天津对周边地区的物流活动、物流要素的集聚及扩散作用已由开始显现逐步变为影响显著，部分次一级的物流节点得以有目的地开发，呈现辐射状扩展发展，城市物流活动呈现双向性辐射特点，城市物流网络结构向多极化、均衡化方向发展。在这一阶段，京津冀城市物流网络呈现出"点—轴"的结构模式，在政策因素的主导作用下发展起来的枢纽节点与其周围一些中小的物流节点在一起，在紧密的物流服务活动基础上形成物流域面，进而使得城市物流网络出现了层次性变化的演化趋势。

第六节　城市物流网络协同演化规律总结

从时空发展的角度看，城市内部物流空间结构伴随着社会经济活动的发展处于不断变化之中。经济的发展模式、产业布局、技术水平的发展在很大程度上影响着城市内部物流空间格局的变化。城市内部物流空间结构的形成，是适应城市社会经济活动功能需求的结果，在一定时期内相对稳定，并随着时间的变化呈现动态变迁。

城市物流网络的结构不是自然形成的，它是依附于外部各类影响因素而形成的具有社会经济性质的结构。研究表明，集聚和扩散是城市物流网络里两种具有典型特征的分布和发展趋势。但城市物流网络的演变过程不只是简单的集聚或扩散过程，而是一个纷繁复杂的动态协同变化过程。在上述模型研究的基础上，可将城市物流网络的协同演变过程简要归纳为：基于经济发展及社会政治等多种因素的共同作用，城市物流节点由最初阶段的分散分布历经集聚的中间过程变为集中分布状态。随后经过多次集聚、扩散相互作用的循环过程，物流节点的分布状态也历经"集中到再集中"的重复循环，最终城市物流网络实现由分散状态演变为多中心、多轴线及多层次的复杂网络结构。其演化规律及过程如图7-14所示。

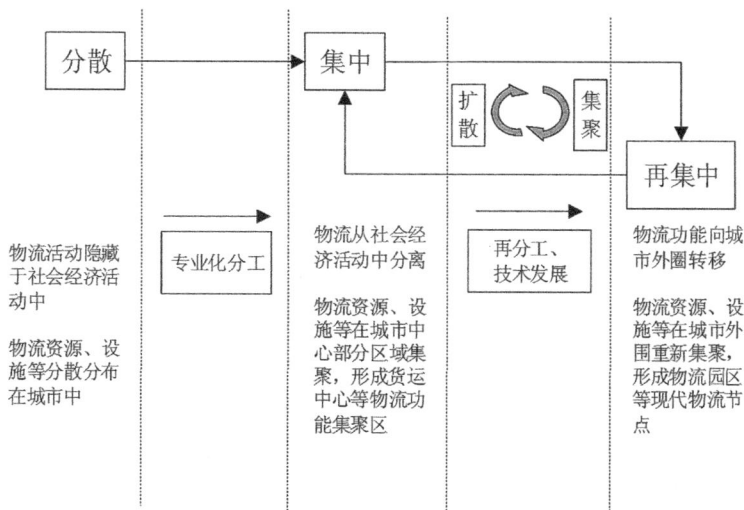

图7-14　城市物流网络结构协同演化规律

173

集聚与扩散既对立又统一，存在于城市物流网络结构协同演变的全过程中，二者相互促进，相互制约，共同实现城市物流网络的成长与优化。"对立"是因为，它们是物流要素在城市范围内迁移时两种相反的运动方向；"统一"是因为，当集聚区内的物流要素扩散到周边地区时，会反过来进一步增强集聚区对物流要素的吸引力，即扩散是为了实现更高效率的集聚。而集聚所获得的经济效益是吸引物流资源集聚的最根本动力，但是并不是任意或无限程度的集聚都能获得经济效益和竞争优势。集聚与扩散所形成的制约关系促使集聚在一个合适的规模内进行，从而保证集聚获得经济效益。经过不断的成长与优化，最终将形成规模稳定、结构合理、协同高效的城市物流网络结构。

城市物流系统是一个复杂系统，其空间结构演化具有自组织机制。城市物流的区位择优和空间不平衡发展过程是一种比较典型的自组织现象。城市物流发展空间首先在优势区位得到发展，由于区位之间存在差异，产生了位势，促使城市物流活动从低位势向高位势流动，从而形成城市物流系统从无序走向有序的一种负熵流，产生了自组织现象。由人口流、信息流和物流等共同作用形成了空间集聚，集聚的结果使区位规模发生了变化，由于规模效应的作用，又产生新的势和流，进一步产生新的自组织现象，使城市空间继续集聚和演化。城市物流空间结构是城市空间结构的重要组成部分，城市物流的空间结构必须服从于城市经济空间布局结构，同时也是对城市经济结构、规模和空间布局有反馈和引导作用，实质上也是将城市物流优势转化为城市生产优势和经济优势的过程。两者之间时刻发生着密切联系，相互之间不断进行着物质、能量和信息交流。城市物流空间结构是物流资源功能配置在城市空间上的反映，服务于城市内外的经济活动，当城市的经济活动和人类赖以生存的空间和资源等外部环境或内部机制发生变化时，城市物流空间结构就会演变或重构。因此，城市内部物流空间结构是一个动态开放的结构。

城市内部物流空间结构是远离平衡态的。热力学认为，平衡态是孤立系统稳定存在的一种最均匀无序的状态。系统离开平衡态后，可分为近平衡态和远离平衡态。在近平衡态下，系统演化的主要运动趋势总是走向平衡态；只有远离平衡态，系统处于力和流的非线性区，才有可能演化成有序结构。远离平衡态是系统出现有序结构的必要条件。在城市物流空间系统中，所谓平衡态是指城市物流子空间中，各个子空间的物流基础设施、货物运输量、仓储、流通加工、信息传递等不再增加或减少，内容也不再发生变化，所有的物流服务都是按照固定的方式进行。但在实际中，随着城市经济社会的发展和城市产业布局的合理调整，城市物流基础设施在不断地进行数量、层次结构、功能，以及空间布局的调整；城市内部子空间物流系统随着城市产业布局和空间结构调整而呈现不同的发展态势，一些区域物流功能不断被强化，而另一些区域则逐渐弱化，不断改变着城市物流的流向和流量；物流技术的运用，物流企业对区位的竞争，以及企业之间的兼并重组，都在改变城市物流空间布局及结构形态。这种远离平衡态的物流空间结构适应了现代城市经济社会的发展趋势和必然要求。经济越发达的城市，其物流空间结构的远离平衡态趋势就越显著。

城市内部物流空间结构之间存在非线性的相互作用。城市内部物流空间结构演化并非遵从简单、被动、单向的线性关系。在空间演变过程中，以往的历史会留下痕迹，以往的经验会影响将来的行为。在这种情况下，线性、简单、直线式的因果关系已经不复存在，实际的情况往往是各种正、负反馈作用交互影响、相互缠绕的复杂关系。城市物流空间结构主要是由以下四种非线性相互关系形成的作用力推动。

（1）物流供给与需求的非线性作用。表现为物流供给对需求的适应性和反馈作用。在城市经济发展初期，物流需求量较小，内容也比较单一，物流供给主要以传统运输、仓储为主，物流空间较为分散；随着城市经济发展和城市化进程加快，物流需求内容、方式发生变化，趋于多样化、复杂化，物流供给适应需求发展要求，分散的供给集聚起来，综合性第三方和第四方物流企业得以发展。物流供给水平提高也拉动了更多物流需求，在物流供给水平较高的地域空间，也可能引致物流需求的集聚。

（2）城市物流活动和地域空间关系的非线性作用。城市地域空间响应城市物流需求而进行改变，原来临近海洋和河道的地域，因为社会经济活动对交流的需求进而成为港口，铁路、公路在地域空间上延展，各种类型的物流节点在城市一些区域建立。随着满足日益增长的社会经济需求成为地域开发的首要目标，地域的承载能力受到挑战，人、社会、物流活动和地域之间的协调关系逐渐被打破，追逐利益最大化的负面效应开始显现。为维持人、社会、物流活动和地域之间的平衡关系，会通过一系列调控措施，控制产业发展和物流活动，实现可持续发展。

（3）城市内部物流空间的非线性作用。城市内部物流空间最初是分散的，随着城市产业集聚和中心区形成，城市物流集聚在中心区，随着城市化带来城市规模扩大，城市产业布局重构，中心区集聚的物流空间结构不能适应城市经济发展，因此，优化城市内部物流空间结构就上升为主要的推动力量，城市物流集聚

区有向次一级中心扩散的趋势，新的、更多样的城市物流集聚空间发展起来，一个有层次、多样性的城市物流空间结构就逐渐形成。

（4）各利益主体的非线性作用。城市物流空间结构的形成是各利益主体共同作用的结果，各利益主体均能在现有的空间结构中获得的利益均衡，才能共同促进城市物流空间结构的和谐发展。城市内部物流空间结构形成和发展中主要涉及政府、物流企业（包括物流基础设施投资者）、物流需求方，以及外部效应相关者四大类利益主体。政府发展物流空间的主要目的是促进城市协调均衡发展，通过一系列的政策和经济调控手段，引导城市物流空间结构变化。物流企业通过集聚获得集聚经济效益，通过空间迁移获得新的利益机会。物流需求方要以最低的成本获得更优质的物流服务，会在物流便捷的空间选址。物流发展水平较高的城市空间，将产生正的溢出效应，使空间内的产业获得外部收益，也可能带来交通恶化，环境资源承载过重等负的溢出效应。因此利益主体间打破了利益均衡关系，就会形成连锁反应式的非线性变化，经过远离平衡态非线性关系的相互作用，势必带来整个城市物流业的业务范围、运作模式、竞争关系等的剧烈变化，然后在远离平衡态的新的格局中产生新的有序形态。

城市内部物流空间结构呈现出涨落现象。涨落是使系统由原来均匀定态到耗散结构演化的最初驱动力。一个具有耗散结构的系统，其宏观系统状态的改变，是由一些微小的扰动——"涨落"所引起的。从系统存在的状态看，涨落是相对于系统宏观平均状态的偏离或波动。在远离平衡态的临界点上，某种微涨落通过非线性作用被放大为影响系统整体运动的巨涨落，如果巨涨落不断地与外界进行物质、能量和信息的交换，即触发系统发生突变，系统失稳，在分叉点上靠涨落实现对称破缺选择，形成新的有序稳定结构。涨落贯穿于城市物流空间结构形成和发展过程中，涨落可能是由城市物流空间内部引起的，如城市内部物流子空间中各种类型物流需求的释放、由企业物流转向社会物流、由潜在物流需求转向现实物流需求等物流需求量和供给量的涨落，物流运行效率的涨落，物流技术的创新和扩散等；涨落也可能由城市物流空间外部环境的变化引起，如城市功能结构调整，规划新的产业经济区，物流鼓励政策或限制政策出台等。这些随机、无规则的局部涨落，通过非线性机制的协调作用，使它们相互耦合放大，形成巨涨落，产生新的城市内部物流空间结构。

城市内部物流空间系统是一个典型的复杂、开放的巨系统，城市内部物流空间系统在很大程度上是自组织发展的。由于自组织性的存在，城市内部物流空间结构有其动态演变的秩序和规律，这种秩序和规律作用于城市内部物流空间扩展的规模大小、区位选择、发展时序以及发展方式之中。当城市内部一定空间范围内物流供给和需求变化时，城市内部物流子空间会通过合作、竞争等自组织过程重新自适应地形成某种稳定结构模式。

城市内部物流功能区空间分布的演化，是与城市空间结构的发展变化密切联系在一起的。城市空间结构决定了不同城市功能区的空间分布和相互关系，由此也决定了货物的流向和交流方式。因此，对城市内部物流功能区空间分布演化的认识，首先要从城市空间结构的变迁开始。关于城市内部空间结构的诸多学说都有一个共同点，即城市内部空间结构是围绕着一定的中心构建的，因此，城市中心对研究城市空间结构的发展具有重要的意义。虽然世界上的城市类型各异，规模不同，但是所有的城市内部空间结构发展还是遵循着由小到大，由简单到复杂的规律。从"单中心"到"多中心"，城市内部空间结构不断发展变化，城市物流网络系统演化总体分为四个阶段。

第一阶段：城市物流节点发展阶段（物流中心城市发展阶段）。根据"增长极"理论，一个地区具备其他地区所不具备的发展条件、能力而成为增长极，其"极化"效应促使物流经济的空间聚集，表现为点状聚集和线性聚集两种形态。点状聚集的特征是物流活动集中城市面积狭小，如物流中心城市；线性聚集是指由于物流资源及其带动的相关产业沿着物流资源流动的线性公用基础设施周围进行集聚，而使得聚集城市呈现线性通道特征，如物流通道。

第二阶段：城市物流经济带发展阶段。物流经济带发展阶段是在物流点状或线性聚集的基础上，结合其他经济要素后的集聚，依托物流中心城市及其经济腹地形成的以物流经济为特色的城市经济有机整体。这是城市物流聚集活动的升级，意味着城市物流经济不平衡的加剧。

第三阶段：城市物流网络化发展阶段。物流经济追寻利润的动机导致物流经济要素伴随着外部城市经济、交通等条件的发展与高级化而呈现的动态变化，并表现为城市内物流资源聚集通过点—线之间的连接成为一体，最终形成网络体系。物流网络体系能保证城市内具有复杂、交错、便利的物流资源流动通道，加剧物流资源的聚集、吸引和辐射效应，促进物流经济要素在地域上集聚密度的提高，进而加深城市物流经济的不平衡发展。

第四阶段：城市物流圈发展阶段。物流圈是城市物流经济高级同质化的表现，集团内物流经济发展与周围地区相比，呈现出高水平的一致同质性。物流圈的形成以物流网络的完善为基础，通过物流点状聚集和线性集聚程度的加深，城市内物流经济要素运动趋向于多方向性的扩散与辐射。物流圈具有巨大的物流经

177

济吸引和辐射力，能达到相应地区经济发展的最大地域范围，能提高不发达地域物流经济水平，使城市物流经济向高级化、一体化方向发展；同时，城市内的物流圈与城市外的物流圈的有机结合，形成更大范围的城市物流圈及国家物流圈。由此可见，城市物流网络演化，是随着城市经济、城市内物流需求与区际物流需求的发展而不断发展的。同样，城市物流的发展，也符合城市经济产业发展的集群规律。

小　结

本章将复杂网络思想用于城市物流网络的演化研究，基于此分析了城市物流网络的结构类型，判断了京津冀城市物流的网络结构特征以及其所具有的复杂属性；提出了基于节点吸引力的加权网络演化模型，设计了城市物流网络的演化算法，通过数值仿真证明了所构建演化模型的可行性与有效性；最后详细阐述了京津冀城市物流网络的协同演化过程。

城市物流配送研究

　　随着人们需求的日益增长和多样化，各行各业都面临着不同的挑战，物流业作为服务行业，更能深刻感受到不同程度的压力，因为人们的需求不再只是以原来物质需求多样化的形式出现，而是对于服务的需求呈现了一种前所未有的多样化景象。物流业在发展的过程中更是要不断满足这些需求，其中最贴近人们生活的便是城市物流配送的问题，城市居民的生活离不开生活必需品，同时也依赖于消费品，各大中小消费型城市和居住型城市的各种商业模式都离不开城市物流配送，这就涉及城市物流配送中心选址、配送路径优化以及配送最后一公里等问题。

第一节　城市物流配送概述

一、城市物流配送定义

179

　　随着城市产业布局的调整、现代消费方式的不断升级、电子商务技术的广泛应用，以及城市工商业发展模式的日趋多元，使得小批量、多频次、时效性强的直接配送、住宅配送以及"门到门"的配送需求日益增长。配送是指配送企业按照客户的订货要求和时间计划将货品按时送达指定地点的服务活动，通过配送可以将商流与物流进行紧密连接，实现资源的有效配置。城市物流配送在配送的基础上进行区域细化，服务范围涉及城区以及近郊，是指在经济合理的区域内，根据客户的要求对物品进行加工、包装、分割、组配等作业，并按时送达指定地点的物流活动。城市配送其主要对象为商品，也包括部分工业品。在我国城市物流配送的从业者中，主要包括专业物流服务商，转型搬家、货运公司，邮政和快递企业（主要从事小件、小包裹运输）等。城市物流配送中面向客户的环节被称为配送的最后一公里。

二、城市物流配送特点

1.物流配送信息化

表现为配送信息的商品化，信息收集的数据库化和代码化，信息处理的电子化和计算机化，信息传递的标准化和实时化，信息存储的数字化。例如，条码技术（Bar Code）、数据库技术（Database）、电子订货系统（EOS：Elect ronic Ordering System）等。

2.物流配送自动化

自动化的基础是信息化，自动化的核心是机电一体化、自动化的外在表现是无人化、效果是省力化，另外，可扩大物流作业能力，提高劳动生产力，减少物流作业的差错。例如，条码/语音/射频自动识别系统、自动分拣系统、自动导向车、货物自动跟踪系统等。

3.物流配送网络化

物流配送网络化指物流配送体系的计算机通信网络化和组织网络化，以及所谓企业内部网络化Internet。例如，物流配送中心向供应商提出订单，有助于增值网（VAN：Value—Added Network）上的电子订货系统（EOS）和电子的过程数据交换技术（EDI）自动实现，物流配送中心通过计算网络收集下游客户的订货过程自动完成。

4.物流配送智能化

物流配送作业运用大量的运筹和决策方法解决一些实际问题，如库存水平的确定，运输搬运路径的选择，自动导向车的运行轨迹和作业控制，配送中心经营管理的决策支持。

5.物流配送柔性化

物流配送柔性化即配送中心根据消费需求的"多品种、多批次、短周期"等特点，灵活组织和实施物流作业，实现配送活动的柔性化。

三、城市物流配送模式

城市物流配送不论是在国内还是国外均是一个重大的课题，多数国家面对日益增长的城市物流量所带来的相应的配送问题，纷纷探索与尝试新的城市物流配送模式，以期更好地解决城市物流问题。较为创新的几种做法包括以下五种。

1.共同配送

共同配送模式在多个国家和地区实施。共同配送模式开始于日本，是指由企业联合，共同完成物流配送任务，依据共同配送主体分为两种：一种是以货主为主体的共同配送，便利店是典型的代表企业；另一种是以物流业者为主体的共同配送。共同配送模式联合有配送需求的各单位组织或个人进行协调合作，使用一辆车实现多货主混装，或通过设立共同的配送场站，实现资源优势互补，提高配送的效率。日本连锁经营协会的物流调查显示，日本大多数零售企业采用了共同配送方式，共同配送采用率达55.4%。德国不来梅市的共同配送由物流中心协调，14家物流企业组成城市物流配送有限公司，将分散的配送转变为共同配送，车辆实行统一调度，并在每辆车上安装GPS，方案实施后，日均减少400辆车次，运力节省80%。斯德哥尔摩在哈马比斯德区成立了一个物流中心，主要负责社区的共同配送，包括居民在线购买的各类物品、干洗的衣物、每天的食品和饮料等商品的配送。同时，该中心还成为该社区农产品加工配送一体化的配送中心，来自大约300家农户的农产品都在这里进行加工和配送。德国首都柏林则由地方政府、店铺老板、警察、地方商会等在内的多方人员共同参与建设"货运平台"（Goods Traffic Platform），将相邻商业区的道路设置为共同装卸区，以便有效组织相邻店铺的共同配送。

我国商务部在2009年将"城市配送"列为九大城市公共服务工程之一，2013～2015年陆续在东莞、青岛、哈尔滨、上海、襄阳、厦门、南京、成都、贵阳等城市开展共同配送试点工作。各试点城市结合地方特点，形成各具特色的城市共同配送模式，如"共同配送成都模式"、贵阳"城市共同配送班车"模式等。

2.新型运输设备配送

从1998年开始，荷兰第二大城市鹿特丹市在市公共事业部的协调下，实施了电动车城市配送系统（Electric Vehicle City Distribution System）的项目，提供清洁、高效的城市物流配送解决方案。1999～2000年，日本大阪为了减少城市的货运交通量、缓解城市交通拥挤，实施了一项新型的城市物流计划——电动

货车的公共利用系统。该计划在大阪市的中心城区总共建设了8个电动货车出租站，78家自愿组织起来的企业提供了28辆电动货车。使用者可以在电动货车出租站租到电动货车，给客户送货后可以在最近的出租站将车辆送回，然后自己乘坐公共交通返回办公室。2011年，巴黎地铁公司倡议在地铁闲暇时段使用有轨电车的部分运输能力为沿线客户进行商品配送。当货物到达相应站点后，用小型厢式货车完成最后一公里的配送。该措施大大缓解了有轨电车在闲暇时段利用率不高的状况，同时还避免了原先物流公司对道路的占用。1987年成立的法国公司星辰服务集团开始倡导并实施新型电力车配送，星辰服务集团采取了购置电动车、购买新的欧6标准车辆、通过电脑工具优化路线、送货司机对生态驾驶的培训、燃料消耗的监测以及获得CO_2排放目标许可。该公司截至2017年末共拥有3600辆汽车，其中200辆电动车及电动辅助摩托车。电动摩托车自重100公斤，能够装载180公斤的货物，容积1500升。这种车辆无污染、低噪声，被允许在夜间进行城市配送作业。

3. O2O配送

O2O意为Online To Offline的缩写，表示从线上到线下的一种新型电子商务模式，顾客在网上下单，到实体店取货或由实体店直接配送到家。2011年，巴黎推出一项新的服务，该项服务为用户提供超市门到门的配送，用户通过线上下订单，由距离客户最近的一家合作超市将商品送达用户家中或由顾客自行提货。

在我国，O2O模式发展迅速，以京东为代表，开展与线下便利店的大规模合作，消费者在线上下单，京东通过信息系统，将配送指令分派到离消费者最近的便利店，由该便利店负责进行配送，或由消费者到门店自提。

4.终端配送点配送

城市配送中的终端100米也是城市物流的难点之一。设置终端配送点是目前我国较为常见的做法，终端配送点主要包括社区便利店、社区自提柜等。如7—11便利店、十足便利店等均有与电商企业的合作，消费者在线上下单后，可选择距离最近的便利店进行自提。自提柜已在全国多个城市的物流企业开展，如申通快递投资3000万元在社区和学校建立了3万个自提货柜，京东和天猫在北京、上海等城市地铁站设立快递自提柜，以缓解末端配送的压力。当前国内市场上快递自提柜的提供者主要有两类：一种是物流公司或电子商务企业建立的快递自提柜，如顺丰、京东在部分城市率先建立的快递自提柜；另一种是第三方企业所设立的快递自提柜，如速递易公司。快递自提柜在很大程度上方便了快递员和客户，减少了快递员的等待时间和沟通环节，继而降低了配送成本，提高了配送效率。在客户不方便取货时，快递员将快件暂时存放在快递自提柜内，并将投递信息通过短信等方式发送给用户，为用户提供24小时自助取件服务，用户只要输入验证码即可自行取走快递。

5.智能化配送

移动互联网、全球定位系统、人工智能、云计算、大数据等先进技术不断应用于城市配送物流中，物流企业的智慧化水平不断提高。京东、亚马逊等企业将智能机器人、无人机、大数据、无人车、智能技术等新技术应用于物流行业，有力地助推了配送服务向智慧化发展，提高了物流作业的效率和准确率。无人机在使用过程中具有直线行走、垂直起降、空中悬停等技术优势，同时对交通不便的偏远山区的配送也具有较强的优势，苏宁等越来越多的企业开始采用无人机配送。无人配送车可以实现针对城市环境下办公楼、小区便利店等订单集中场所进行批量送货，其出色的灵活性和无人化应用将大幅提升配送效率。无人车可以在配送站完成商品装载，根据目的地进行自主路径规划，寻找最短路径并规避拥堵路段，到达指定位置后通过电话、短信等方式通知客户收货。京东无人配送车已经在大学校园、办公楼等区域尝试使用。

以上城市物流配送的创新做法大大改进了城市物流的效率，便利了居民生活，降低了物流成本，在解决城市物流问题方面极具借鉴价值。

第二节　城市物流配送中心选址

随着城市的不断发展，人类的生活方式也发生了巨大的变化，人们更加依赖于物资的转移和配送，城市物流配送中心布局和选址是否合理，对于物资配送和配送中心充分发挥其功能和综合效益影响极大。优秀的物流配送中心选址可以加快产品的流通效率，给供需双方带来便利，促进物流社会化的建设，符合物流社会化大生产的发展规划，可以减少环境污染，降低能源浪费。有利于物资分配的科学化、合理化，有效降低了物流成本、库存成本和购销成本，使资金流转顺畅，提高了资金的利用率。有利于人们对新技术的研究，提高了工人的工作效率。有利于整体带动城市的经济发展，对相关产业起到推动作用，增加工程项目的数量，增加就业岗位，给众多闲置的物资产品提供了市场，创造社会效益。因此，城市物流配送中心选址具有极其重要的意义。

一、城市物流配送中心选址现状

1.城市物流配送中心的分类

市场经济的澎湃发展为物资的流通规模和频率加大提供了基础，物流配送中的数量也在迅猛增加。由于物流配送中心提供服务的种类不一、服务的对象不一、服务的功能不一等原因，可以分为多个种类。在本书所介绍的物流配送中心中，就投资主体、运营主体、配送功能这三个方面进行划分，并对每个分类下物流配送中心的具体种类进行了详细介绍。

（1）根据投资主体不同分类

根据投资主体的不同，我们可将物流配送中心分为 H 类，分别为自用型配送中心、公共型配送中心、合作型配送中心。

1）自用型配送中心

自用型配送中心是由原材料供应商、制造商、分销商、零售商等企业为了提高物资中转效率、减少配送成本、提高服务质量而自行建设的物流配送中心。所以，此类物流配送中心在建立时更要考虑配送物资的具体情况和配送中心在整个供应链的主要作用是什么。举例来说，如果是原材料供应商建立的物流配送中心，则配送中心的供应链上端是原材料供应商，其服务对象是原材料供应商的客户，配送的产品是工厂需要的原材料。因此，物流配送中心在设计选址时就要充分考虑原材料的来源分布和主要客户的位置情况，在功能架构时就要求配送中心至少拥有原材料的仓储、分拣、加工和按时配送的能力。

2）公共型配送中心

公共型配送中心的投资主体大都是政府或第三方物流企业，其建立的物流配送中心具备综合的物流配送能力。相比于自用型配送中心类似于为特定客户量身定做的配送智能，公共型配送中心所面对的客户群体则较为多样化，在供应链中的任何主体都有可能成为公共型配送中心服务的对象。但供应链中不同的主体，其所需要的服务质量和要求也不尽相同，这就注定了对公共型配送中心经营管理的要求是非常高的。公共型配送中心具有高度专业化的配送能力，这不仅是物资的转移能力，它需要同时处理好商流和信息流，并根据客户的要求增加其他的职能，这就要求公共型配送中心在规模上要求一个量的保证。可见，公共型配送中心需要考虑的选址影响因素相当复杂。公共型物流配送中心除了能向各类服务对象提供高水平的服务外，对于提高物资配送行业的资源利用率也有帮助。在我国，未来的物流配送中心的建设规划中，公共型物流配送中心必然占有自己的一席之地。

3）合作型物流配送中心

合作型物流配送中心在主体组成上类似于自用型物流配送中心，也是由多家企业联合投资建设的配送中心，但相比于自用型物流配送中心，合作型物流配送中心投资主体之间的供应链从属关系不是那么明确，他们之间有可能是同为小商品的批发企业，共同建立管理一个物流配送中心，方便同种类型的物资配送；也有可能是区域性的多种企业联合建立的物流配送中心，向一个地区内的多种企业提供配送服务；还有可能是多企业、多地区组建的较为庞大的物流配送中心，向多区域进行辐射式的配送服务。

（2）根据运营主体不同分类

相比于公共型物流配送中心的主体是政府外，大多数配送中心的投资建设主体都是民营单位，其建立配送中心主要考虑两点：第一是能为自己的主营业务带来多少便利；第二就是能为自己带来多少利益。从这个角度出发，可以将物流配送中心分为四类，分别是制造商型配送中心、批发商型配送中心、零售商型配送中心和专业型配送中心。

1）制造商型配送中心

制造商型配送中心的投资和运营主体就是制造类企业本身，其服务的对象也是制造商企业，主要负责企业生产产品的配送或销售活动。通过建立独有的物流配送中心，制造商企业可降低产品运输配送成本，提高对客户的服务质量，对产品在开展销售和促销活动时起到促进的作用。由于制造商型配送中心所负责的产品大都是自己企业所生产的产品，因此它可以根据上级的指示预先将生产所需要的成组元器件送到相应的工位进行加工包装，产品从预处理到加工到包装再到条形码粘贴的各项活动较容易掌握，所以制造商型的物流配送中心非常适用于现代化、集成化的产品生产，但很难处理特定化的产品需求，社会化程度低。这种物流配送中心的主要业务在于销售配送，同时也可负责制造原材料的从集运地到工厂的运输业务。其优点是通过大批量运送模式取得规模效益。

2）批发商型配送中心

批发商型配送中心的投资和运营主体是产品的批发商或代理商。在商流供应链中，批发商和代理商起到了桥梁和纽带的作用，他将制造厂商和零售商或消费者连接起来。批发商型配送中心的主要业务是将各个生产厂商的产品聚集到配送中心，再由配送中心将种类繁多的商品进行分类组合并配送到零售商或消费者手

中。这种配送中心的货物来源是各大制造厂商，其担负的职能是产品的集合和再次组合分配，具有较高的社会性。

3）零售商型配送中心

零售商型配送中心的投资和运营主体是零售商，往往是多家大、中型零售商共同建立一家配送中心，向其提供服务。当零售企业的批发达到一定的规模后，通过批量采购和批量运输可以取得规模效益，使得运输成本降低，甚至可以达到采购价格降低的效果。零售商型配送中心就是将大量同宗商品运送到聚集地，再将产品分包组合运送到各个大、中型批发商要求的地点。零售商型配送中心面向的对象多种多样，有可能是零售商店、超级市场、大型商场、建材市场、大中型饭店和宾馆等，它的社会化程度在制造商型配送中心和批发商型配送中心之间。

4）专业型配送中心

专业型配送中心的投资和运营主体是正规的物流公司。这种配送中心的社会化程度极高，由管理经验丰富的第三方物流公司管理，面向整个社会提供物流配送业务。专业型配送中心的选址是经过充分考虑的，因此专业型配送中心所在的地点往往具有地理优势，配合其较强的物流配送能力，可以在最短的时间内将物品送达到客户要求的地点。以生产厂商为例，生产厂商委托专业型物流配送中心进行货物的配送，专业型配送中心将产品运输至集合地，产品的所有权仍属于制造厂商，而专业型配送中心所处理的业务只是产品的仓储和按要求配送，因此，此种配送中心在机械化程度和现代化管理程度上较高。

（3）根据物流功能不同分类

在物流配送中心的概念当中，我们发现物流配送中心具有多种职能，如仓储、加工、流通等。但每个配送中心不可能将所有职能都做到精益求精，这在配送成本上也是不允许的，因此配送中心往往会倾向于某一个或几个职能的建设上，这就出现了根据物流功能不同的分类。我们一般将其分为四类，分别是仓储型配送中心、配送型配送中心、流通加工型配送中心和枢纽型配送中心。

1）仓储型配送中心

仓储型配送中心较为重视物流配送中心的仓储智能，因此此类配送中心都具有较强的货物保管能力。在供应链中，从买方市场的角度讲，其产品往往是先生产出来再进行销售，因此会存在大量成品的累积，这就要求配送中心拥有较强的仓储能力；从买方市场的角度讲，其用于生产所购置的产品原材料、代加工零部件也都需要大量的空间储存，因此也要求配送中心具有较强的仓储能力。随着在仓库建设中机械化、信息化产品的增多，仓库的处理和管理能力有了质的提升，因此仓库的容量也进一步扩产，仓库的大型化建设变为必然的趋势。而在城市当中，可用的土地越来越少，且租金昂贵，因此在大型的产业园区设计建设仓储型物流配送中心便成了最好的解决方式。一来可以为众多企业减少仓储成本，二来通过共用的仓库可以提高土地的使用率。就我国目前所建设的物流配送中心看，虽然机械化和信息化水平有待提高，但都具有大容量、集中化储存的特点，因此属于仓储型配送中心。

2）配送型配送中心

配送型配送中心较为重视配送中心的配送职能，配送职能并不是单一的职能，又可以分为集货、保存、分拣、加工、运输和信息管理等几个小的流程步骤，它是直接面向零售商、消费者提供物品配送服务的物流节点。配送型物流配送中心重视配送的速度，因此配送型物流配送中心的负责范围较小，往往是一个城市的部分区域，因此在配送型配送中心选址时，会重点考虑消费者的分布情况，尽量减少配送距离、加快配送程度、减少配送成本。

3）流通加工型配送中心

流通加工型配送中心较为重视物流配送中心的物品流通和加工职能。流通加工型物流配送中心产生的原因是，客户对市场现有成品并不满足，或是客户希望在现有产品的基础上对产品进行二次包装。为了最大限度地满足客户的需求，在市场竞争中占据主动，生产厂商和销售商对于产品的个性化包装和多样化包装越来越重视，这就产生了对具有产品流通职能和加工职能并存的配送中心的需求，因此流通加工型配送中心便有了自己存在的基础。流通加工型配送中心为配送中心带来了增加利润的第二种途径，除了产品的配送业务以外，将产品按照客户需求进行包装，不但为产品增加了二次价值，也为自己带来了利润，也为生产厂商增加了针对性、降低了盲目性。就我国目前的流通加工型配送中心来看，数量并不多，原物资部北京剪板厂便属于这一类型的物流配送中心。

4）枢纽型配送中心

枢纽型配送中心较为重视物流配送中心在不同运输方式的连接上，属于强调配送中心集运能力的转运型物流节点，此外，因为重视的是不同运输方式的连接上，因此多出现在海关或机场附近，所以其还需具有拆拼箱的能力。枢纽型配送中心的业务多属于国际范围业务或国内跨省市范围的业务，因此此类配送中心占地面积大，要求其具有较强的辐射能力和物资处理能力。枢纽型配送中心在选址时多选在城乡接合处，接近主要公路干线，在大型的港口、机场和铁路中转站附近进行建设。

187

2.城市物流配送中心的功能

配送中心是专业从事货物配送活动的物流场所或经济组织，它是集加工、理货、送货等多种职能于一身的物流节点，具有集货中心、分货中心、加工中心于一体的综合功能。一般物流配送中心应具有以下七种功能：

（1）采购功能

物流配送中心需要根据用户的要求，及时采购相应的原材料和商品，才能有效保证准时将物资配送给客户。此外，配送中心需要组织专业人才建立专门负责采购的组织结构，结合市场上产品的供需变化，及时制定具有大局观和可实践性的采购计划。

（2）存储功能

具有采购功能，但不能在得到客户的确切需求数量后再进行采购，一是这样会浪费时间，降低服务质量；二是采购产品的价格不一定是产品在市场上的最低价格点，因此为了保质、保量、准时地向客户提供物资的配送，物流配送中心就要提前对物资进行一定数量的储存。尤其是负责国际或国内的大型物流配送中心，没有一定的仓储能力，很难顺利开展货物的中转和配送业务。

（3）配组功能

由于顾客要求的配送货物可能并不只是单一的，有可能是多种产品的组合，因此配送中心就必须根据具体要求对货物进行种类和数量上的配比。这一能力也是配送中心与传统仓储企业相比最大的不同点，也是物流配送中心较为重要的特征之一。

（4）分拣功能

配送中心作为物流节点，连接着供应商和需求方。配送中心通过批量的运输将大宗商品先运送到集合地，但配送中心服务的需求方数量众多，且彼此之间对于需求产品的类型、数量、质量等要求不一，为了及时向需求方配送产品，提高配送服务水平，要求物流配送中心拥有分拣的职能，将大宗商品根据顾客需求进行分拣，并在此基础上，结合配送任务，对分拣好的物资进行分装和配装。

（5）集散功能

集散功能最典型的代表就是枢纽型配送中心，通过配送中心自身优越的地理位置和现代化的处理设备及运输工具，配送中心可以将来自全国各地甚至全世界的货物都集中起来，再进行分拣、配组、包装、配送。

（6）加工功能

现代配送中心相比于传统仓储的另一大特点就是加工功能。配送中心可以根据客户的要求或是在客户允许下遵循有利的配送原则，对货物的尺寸和规格进行一定的加工。加工业务现在已是配送中心的一项重点业务，通过负责货物的二次加工，配送中心可以扩大业务范围，增加业务数量，在帮助客户节省物力和人力的同时，又提高了整个供应链过程中物资配送的效率。此外，就加工活动本身而言，也增加了配送中心获取利润的途径。就目前世界主要配送中心来看，其都拥有一批专业的加工人员和先进的加工设备，具有很强的二次加工能力。

（7）信息处理与提供能力

在完成传统的仓储、分拣、加工、配组、配送等业务后，现代的物流配送中心还具有信息处理的功能。将业务信息统计起来，除了有利于配送后服务质量的提升，也有利于向配送中心改进管理方法、制定发展策略提供依据。

3.城市物流配送中心的作用

物流配送中心的作用可以从五个方面进行阐述。

（1）使供货更贴近市场变化

市场上的原材料的质量与价格会随着季节和供需情况的变化而改变，而制造厂商的工厂和车间是无法处理这些问题的，因此就需要专业的配送中心来满足客户的需求，调节生产与原材料之间的供需平衡。

（2）高效率的储运活动

从供应商到需求方需要经历非常复杂的储运过程，是一种结合多种运输工具，协调调配才能顺利完成的工作。原有的以产品或部口作为配送单元的方法明显存在效率低、成本高的问题。所以通过建立大型的物流配送中心，可以大批量存储、配组、运输货物，形成规模经济，提高配送效率，降低配送成本。

（3）提供高质量的保管、包装、加工、配送、信息服务

现代物流行业随着规模的扩大，所接受的物资的物理性、化学性也是多种多样，加之物资转运需要经过复合交通工具运输，途径多种气候条件、长时间的配送，因此对物资的保管、包装、加工、配送和信息服务有了更多的要求。因此只有通过专业物流配送中心的服务，才能保证货物快速、准时、高质量地到达用户的手中。

（4）有助于地区经济的增长

配送中心给地区经济带来的效益类型大于大型的交通设施，如火车站、机场、港口等，可以通过自身的经济活动带动周边其他产业的发展，对于所在区域的经济可以起到快速的推进作用。

（5）帮助生产厂商降低成本、提高市场竞争力

对于大型的生产制造厂商来说，将原材料供应业务外包给物流配送中心可以节省企业的精力，将全部注意力投入到生产和市场销售当中，并且获得优质、性价比高的原材料供应，对于提高企业生产效率、降低各项成本、增加自己在市场上的竞争力起到帮助作用。

4.城市物流配送中心选址的影响因素

城市物流配送中心选址的影响因素在城市物流配送中心选址过程中起着决策的作用，往往一个影响因素的缺失，就会导致整个预测模型与实际情况出现较大的偏差，从而导致无法达到精确的预测结果。下文将从自然环境、经营环境、基础设施建设、物流成本和其他因素五个方面对城市物流配送中心的影响因素进行分析。

（1）自然环境

1）气候条件：由于城市的区域面积有限，因此气候条件都属于同一种类，所在城市物流配送中心选址时，此影响因素可以忽略不计。

2）地质条件：由于配送中心时常要储存大量的产品，因此对于地面的硬度和抗压力有一定的要求，所以在进行选址时，要避开松软的地质条件的区域，如流沙层或松土层等。

3）水文条件：在我国的城市中，尤其是经济发达的城市，有很多是靠近江河湖泊和海岸的，在配送中心的选址时，要远离容易出现河水泛滥的地区，以及古河道、内涝区和干河滩等区域。

4）地形条件：为了降低设施的建设难度以及较少时候的运输成本，配送中心应该选择地势平坦的地区，远离盆地、高地等复杂地貌的区域。

（2）经营环境

1）获取土地：在城市物流配送中心建设当中，土地的获取是极其重要的一个影响因素。条件便利的区域可能没有充足的面积建立配送中心或往往租金昂贵，远离城市中心区域的位置虽然有充足的面积，但因为远离主要客户群体又会出现增加运送成本和缺少客户的问题。因此，要权衡多方面因素，找到最合适的建设位置。

2）产品特点：不同类型的产品对于配送中心的选址也有很大的影响。如果蔬类产品，对于及时配送以及产品的新鲜度非常看重。而大宗商品对于仓储面积的大小则更为看重。因此，要根据具体的产品特点进行配送中心的选址。

3）服务水平：在现代物流行业中，配送速度和准时是体现客户满意度最直接的方式。能否以最快的速度送到客户指定的区域，对于配送企业未来经营建设有着重要的影响。

4）客户需求：客户需求是经营条件因素中最为重要的因素，毕竟企业服务的对象是客户。考虑到客户需求的数量，有时会出现地理位置并不是最优越的地区反而成为经营利益最高的位置。

5）政策扶持：国家政策也是影响城市配送中心选址不可缺少的因素。国家政策如道路规划、行业优惠政策等都会对未来配送中心的经营产生影响。

（3）基础设施建设

1）交通条件：城市物流配送中心主要利用公路进行短途运输配送，因此需要靠近主要的交通干线。除此之外，由于需要接受国际或国内的物资，所以最好是能够连接两种或两种以上交通方式的枢纽地带。

2）公共设施条件：配送中心周边需要具有完备的配套公共设施，如水、电、燃气等，还需有废弃水、固体的处理设施。

（4）物流成本

1）投资成本：建立城市物流配送中心及相关配套建筑，需要一定的资金投入，且数额巨大。因此，在充分考虑后期经营和成本的情况下，最后选择建筑成本较低的选址方案。

2）库存成本：库存数量是配送中心需要结合自身所在位置决定的一个影响因素。库存数量过多，会增加配送中心的库存成本。库存数量不足，又会无法最大限度地满足客户的需求，实现利润的最大化。

3）运输成本：运输成本由两部分组成：一是进货运输；二是送货运输。因为很少出现制造商和消费者都很接近的情况，因此配送中心在选址时最好选择接近某一方的地点，以达到缩短距离，降低成本的目的。

（5）其他因素

保护环境的要求：配送中心的建设要保证周边道路不会因此出现大量拥堵，不会影响周边居民休息，不会对周边生态环境带来破坏。

二、城市物流配送中心选址存在的问题

1.配送中心自身存在的问题

（1）配送规模较小，发展不平衡

配送的优越性在达到一定规模和一定水平形成规模经济以后才能充分发挥出

191

来。然而我国长期以来受行业限制、地域分割的影响，物流网点没有统一布局，小、散、差的分散状态普遍存在，层层设库、行行设库的现象严重，造成物流的不合理布局，在此基础上建造的配送中心，规模达不到提高社会总体效益的程度，形成不了规模优势，导致配送双方的积极性下降。此外，以企业集团内部为对象的专业化配送发展较快，而面向社会的区域性配送发展比较滞后，这就形成了社会配送资源的闲置与重复配置的突出矛盾。

（2）配送中心现代化程度低

目前，我国配送中心计算机的应用程度较低，仅限于日常事务管理，而对于物流中的许多重要决策问题，如配送中心的选址、货物组配方案、运输的最佳路线、最优库存控制等方面，仍处于半人工化决策状态，适应具体操作的物流信息系统的开发滞后。同时，机械化程度低，基本上是原有物流设施转过来的，无论是技术还是设备都比较陈旧，有的配送中心在实质上相当于仓库，功能也仅限于原有仓库的储存和保管，同国外以机电一体化、无纸化为特征的配送自动化、现代化相比，仍有一定的差距。此外，整体物流技术水平比较落后，具体体现在运输技术、储存保管技术、装卸搬运技术、包装技术、流通加工技术以及物流各环节都密切相关的信息处理技术，与国外先进技术相比，差距也不小。

（3）配送中心的功能不健全

配送中心是集诸多流通功能于一体的现代化流通中心，尤其强调各功能的协调和一体化。其基本功能远超出了仓储和运输。我国当前的配送中心多数则充当了仓库和运输中转站的角色。

2.配送中心选址存在的问题

（1）受自然环境影响

城市的气候、水文条件以及地形等都会影响物流配送中心的建设。例如，松软的地质条件就不适合建设配送中心。由于某些配送中心的地理位置常年处于干燥的气候条件，尤其在冬季这样干燥的季节，会因其管理不善等细微差错，导致在大量货物之中即使有非常微小的火源存在也会引起大面积的起火。例如，北京市在2017年进入秋冬季以后，连续发生火灾等各类安全事故，安全形势严峻，特别是2017年11月在大兴西红门镇发生的火灾事故，造成大量的人员伤亡。于是北京市市政府要求对北京辖区内的物流、快递等行业进行整顿，受此影响，多家快递公司网点宣布暂缓运营，其中韵达快递受到的影响尤为严重，韵达称北京大片网点无法正常运营，处于瘫痪状态、快递严重积压。在此政策下，物流企业不得不采取重新选址的方法，这种临时的重新选址不仅造成了客户群体流失、业务流失，而且引发了人员配置问题、大部分东西需要重新采购，经营场地的装修成本提高的问题，损耗了人力、物力、财力。

（2）与城市总体布局规划不相协调

物流配送中心的选址难以适应城市货运对外辐射方向和产业区、居民区布局。同时，物流配送中心运营后会产生噪声，甚至污染周边环境。例如，在十二五规划中强调北京市非首都功能的疏散，随即对物流中心也产生了影响，大量的物流中心向河北、天津迁移，但北京作为一个消费型的城市，对城市物流的依赖仍然很大，新的物流中心建立后大量的货物仍要沿着通向北京内部的公路运送到城市中来，其间存在着严重的道路拥堵问题，这对物流中心的选址也造成了很大的影响。

（3）与道路交通规划和综合货运网络的发展不相协调

物流配送中心应与其他货运设施和综合交通运输网络有便捷的交通联系，以方便货物集散和中转换乘。同时应重视现有设施的利用改造，节约建设投资。随着交通运输业的发展，城市土地资源的有限性与交通需求间的矛盾日益突出，这给物流中心的选址带来不小的考验。就目前物流配送中心布局和选址的现状看，未充分考虑到利用现有货运站场设施，例如北京市内废弃的老铁路并未投入使用，若加以利用，可以减少拆迁的工作量，避免占用已有建筑用地和补偿费用过高的其他用地。目前，有些物流中心处于靠近城市中心、市场和消费者的位置，这些位置土地租金相对较高，物流中心面积相对较小，在未来若面临更大需求的时候无法适应需求，未留有余地，因此造成无法满足服务区域内社会经济发展对货物运输的需求，未来的发展局势不容乐观。

三、解决城市物流配送中心选址问题的方法

1.城市物流配送中心的选址原则

一个好的城市物流配送中心的选址，可以使物资在城市内的聚集、中转、配送更流畅，提高整个供应链的运转效率。如果选址不科学，则会降低配送速度，增加整个配送过程的成本。因此，在进行配送中心选址时，我们需要遵守一定的选址原则。在结合具体情况的基础上，选址原则作为标准，才能起到事半功倍的效果。应遵守的原则有以下几点：

（1）适应性原则

配送中心选址需要充分考虑与国家相关政策以及发展策略是否冲突，与我国

的资源分布情况和需求情况是否相切合，与我国的国家经济条件是否相适应。

（2）协调性原则

物流配送中心的选址应将国家的物流网络作为一个大系统来考虑，使物流配送中心的设施设备，在地域分布、物流作业生产力、技术水平等方面互相协调。

（3）经济性原则

创造经济利益是第三方专业物流公司建立配送中心的根本目的，不像国家建立的服务型配送给中心，如果不能给公司带来利润，则配送中心的存在就没有意义了。因此，为了满足经济性原则，配送中心需要在保证服务质量的同时，尽量降低成本，创造收益。

物流配送中心的成本主要由两个部分组成：一是前期建立配送设施及设备采集的费用；二是后期维护运营的费用。因此在建立配送中心时，如果只贪图第一次费用的最小化，可能造成后期维护和运营成本的增多，随着运营时间的增长成本反而更多了，所以要权衡两种费用的利弊，满足经济性原则。

（4）战略性原则

配送中心的最终选址需要具有战略眼光，需要结合国家的长期规划和政策制定，结合行业发展规律，局部利益让位于全局利益，短期利益让位于长期利益，既要满足现有需求，也要考虑到日后的发展。

2.城市物流配送中心选址的步骤

城市物流配送中心的选址影响因素众多，是一个十分复杂的工作。如果我们在选址过程中遵循一定的原则和步骤，则可以达到事半功倍的效果。我们可以将传统的城市物流配送中心选址工作分为两个阶段，第一阶段是一次评选阶段，第二阶段是二次评选阶段。一次评选是比较粗略的评价，它是根据配送中心的选址原则以及配送产品的特性和候选地址的各项指标进行初次评价。其方法较为简单，就是去除备选方案中较为明显的不可为的方案，但这一阶段却不可忽略，此阶段不仅有助于减少下一阶段的工作量，提高效率，而且有助于明确配送中心选址的目标。一次评选之后，二次评选过程就显得较为复杂了，它不能仅根据人为直观的感觉进行选址地点好坏的评价，而是要借助部分定量和定性的选址方法进行决策，并且给出合理的根据。

（1）确定地区建立物流配送中心的重要性和必要性

在某一区域建立物流配送中心时，首先要确定在该地区设立配送中心的重要性和必要性。明确配送中心所应具有的规模和各项指标，如物流配送中心的服务的对象、服务对象的分布情况，潜在需求对象的数量，配送货物的性质，服务覆盖范围，运营规模，配送中心达到的现代化水准等情况。

（2）收集候选地址的相关数据

在确定了建立配送中心的重要性和必要性后，就要开始着手收集候选地址方案和相关数据，以方便在接下来的步骤中使用。收集的候选地址的信息包括，如候选地址周边的交通规模、交通条件、地理条件、人文条件、劳动力水平和价格，当地物价水平、地价水平、政府的法规政策、优惠条件、流通职能条件、物流作业的水平等。

（3）对候选方案进行一次评选

将所有候选地址方案和相关资料进行汇总，根据配送中心选址的原则进行初步筛选，将较为明显的有缺陷或不可行的方案剔除掉。这一阶段的工作较为简单和快速，但可提高接下来分析的效率，避免做无用功。同时可以在讨论的同时，找到配送中心重要的影响因素是哪些，有利于日后做出决策。

（4）根据一次评选结果再次搜集数据

决策者通过一次评选将众多方案进行评价和比较，逐步找到影响建立区域物流配送中心的重要影响因素是哪些，还有哪些影响因素应该加入，这就使得需要根据剩下的方案和讨论结果进行二次数据收集。

（5）确定二次评选的主要目标

在进行完上述步骤后，一次评选阶段就已经结束了。此时需要确定二次评选的主要目标或具体目标，该目标应是建立配送中心最根本的追求。

（6）确定二次评选的指标评价体系

在确定了主要目标后，就要开始确定评价体系，以及对评价体系的细化，确定具体的评价指标。所选取的评价指标应该能够反映配送中心的目的，且是决定配送中心选址决策各个方面的体现。用这些评价指标对配送中心选址进行评价的结果应该是具有可比性的。

（7）成立评价小组

在准备好所有备选方案、数据资料、评价指标体系后就要开始着手评价了，评价的主体是人，因此要成立评价小组。评价小组应该由投资企业相关人员以及配送中心选址领域选址专家组成，通过使用定量或定性化的方法，对候选方法进行评价。在实际操作过程中，也可以将投资主体将整个项目外包给专业公司进行评价。

（8）进行二次评价

选取适当的方法，建立具体模型，通过专家的计算和讨论得到各个方法的评价结果。

（9）找出最优方法

结合专家的结论，找到最优的候选方法，配送中心选址流程结束。

3.城市物流配送中心选址的常用方法

（1）定性方法

定性方法是根据个人知识结合自身经过多年实践所得到的经验，再加上行业背景和现有发展状况，人为主观断定决策方法的一种方法。

常用的定性方法包括头脑风暴法、专家调查法等。此方法的优点在于简单易行，快速得到结论。缺点是容易陷入主观主义的错误当中，因此定性方法多用作辅助方法。

（2）定量方法

定量方法是使用数学模型，结合相关数据，通过计算或评价指标的结果决定最优方案的方法。本节主要介绍两种定量的方法，分别是单选址问题中的交叉中值模型和多选址问题中Baumol & Wolfe模型。

1）交叉中值模型

在选址过程中，如果候选点到需求点的距离为折线距离，则可用交叉中值法进行单点选址。

设有n个客户，坐标分别为(x_i, y_i)，用户的需求量为w_i，费用函数为候选地址到需求点的距离乘以需求量。若想确定目标地点(x_0, y_0)，使得总费用最小，其目标函数：

$$\min H = \sum_{i=1}^{n} w_i \left(|x_i - x_0| + |y_i - y_0| \right) \tag{8-1}$$

将目标函数分解为两部分相加：

$$H = \sum_{i=1}^{n} w_i |x_i - x_0| + \sum_{i=1}^{n} w_i |y_i - y_0| = H_x + H_y \tag{8-2}$$

又因为：

$$H_x = \sum_{i=1}^{n} w_i |x_i - x_0| = \sum_{i \in \{i|x_i \geq x_0\}}^{n} w_i (x_i - x_0) + \sum_{i \in \{i|x_i \leq x_0\}}^{n} w_i (x_i - x_0) \tag{8-3}$$

对式（8-3）微分并令其为0，得：

$$\sum_{i \in \{i|x_i \geq x_0\}}^{n} w_i = \sum_{i \in \{i|x_i \leq x_0\}}^{n} w_i \tag{8-4}$$

根据式（8-4）得出结论，当x_0取得最优解时，双方的权重均为50%，即H_x的最优点x_0是在x方向对所有的权重w_i的中值点。同样，可得H_y的最优值点y_0是

在y方向对所有权重w_i的中值点，即需满足$\sum\limits_{\geq\in\{i|x_i^c\ x_0\}}^{n}w_i=\sum\limits_{\leq\in\{i|x_{id}\ x_0\}}^{n}w_i$。

使用交叉中值法得到的最优地点可能不是一个单独的点，而是一段线或是一片区域，这为具体的选址地点确定提供了充足的选择性。

2）Baumol & Wolfe模型

该模型用于多个结果的决策问题。其目的是在众多候选地址中选择多个地点作为结果建设配送中心，如有多个工厂，在经过这些配送中心中的一个或几个后，向客户配送物资，并使得总物流费用最小。其目标函数：

$$\min F=\sum_{i=1}^{m}\sum_{j=1}^{n}c_{ij}X_{ij}+\sum_{j=1}^{n}\sum_{k=1}^{q}d_{jk}Y_{jk}+\sum_{i=1}^{n}\sum_{k=1}^{q}e_{ik}Z_{ik}+\sum_{j=1}^{n}\left(V_jU_j+W_j\sum_{j=1}^{m}X_{ij}\right) \quad (8\text{-}5)$$

式中　X_{ij}——从工厂i到配送中心j的供货量；

　　　Y_{jk}——配送中心j到客户k的供货量；

　　　Z_{ik}——客户k从工厂i直达进货的数量；

　　　U_j——配送中心j是否被选中的决策变量（0、1变量）；

　　　c_{ij}——配送中心从工厂i进货的单位货运价格；

　　　d_{jk}——配送中心向客户k供货的单位货运价格；

　　　e_{ik}——客户k从工厂i直接进货的单位货运价格；

　　　W_j——配送中心j每单位货物通过量的变动费；

　　　V_j——配送中心j被选后的基建投资费用。

此种方法在求解时需要使用一般运输规划的计算方法，即可求出解。求解的方法是给出费用的初始值，求初始值，然后进行迭代计算，使总费用函数逐步达到最小。

第三节　城市物流配送路径优化

无论采用哪种配送模式，必然要涉及配送路径优化的问题[9]。

一、城市物流配送路径优化现状

物流网络配送路径问题实际上为VRP（Vehicle Routing Problem）问题，最早由国外学者Ramse和Dantzig提出，该问题的研究目标是，对一系列的顾客需求点设计适当的路线，使车辆有序地通过，在满足一定的约束条件（如货物需求量、发送量、交发货时间、车辆容量限制、行驶里程限制、时间限制等）下，达到一定的优化目标，如里程最短、费用最少、时间尽量少、车队规模尽量小、车辆利用率高等。

1.国外研究现状

物流网络配送路径优化问题起源于国外，为了解决汽油送往加油站的问题建立了模型，随后得到了重视与发展。国内学者对于物流网络配送路径优化问题的研究相对国外晚了很多年，在21世纪才逐渐被相关学者研究，但随着国内物流的发展，物流网络配送路径优化在近几年越来越成为热点。

最早研究物流网络配送路径问题的是Ramse和Dantzig，在1959年研究针对加油站汽油配送问题，建立了数学模型，并对其数学解法进行了研究。随后，在1964年，Clarke和Wright对Dantzig-Ramse的方法进行改进，提出了一种Clarke-Wright里程节约算法的启发式算法。在这之后，物流网络配送路径问题迅速得到了关注。

随着问题不断发展，物流网络配送优化问题研究规模也不断增大，对于求解速度也有了一定的要求，因此，智能算法不断被提出，改进当前算法。Glover在1986年提出了，利用禁忌搜索算法对物流网络配送路径问题进行求解。Osman、Laporte. G利用模拟退火算法求解物流网络配送路径问题。Ombuki将禁忌搜索算法与遗传算法混合对路径进行优化，Bent和Van Hentenryck则采用模拟退火算法与领域搜索法将运输费用降至最低这些算法，在求解带时间窗的物流网络配送路径问题方面取得了一定的成果。Prescott-Gagnon E研究了以成本为限制，结合领域搜索算法的带时间窗的物流网络配送路径优化问题，并且用算例证明了此算法的优点。Yousefikhoshbakht M改进禁忌搜索算法求解非均匀固定车队开放的物流网络配送路径问题，并与蚁群算法进行比较，用算例证明此算法能在合理的时间内更好地找到最优解。Kim G用综述的方式总结了近年来城市物流网络配送路径问题，对利益相关者进行分类（包括托运人、承运人、居民和管理人等）的城市物流网络配送路径问题的文献进行了调查，总结了城市物流网络配送路径问题的约束条件、模型和求解方法。基于利益相关者所考虑的利益问题和相应的模型，对城市物流网络配送路径问题进行了分析。

尽管国外学者对这一问题研究长久且深入，但这类问题的模型求解算法在效率方面存在一些局限性，因而对算法不断改进或者寻找新的优化算法成为当前研究的焦点。

（1）遗传算法

Yusuf研究了遗传算法（GA）求解组合问题（即车辆路径问题）的有效性。提出了一种新的基于选择率的轮盘选择方法，称为"排名选择法"，并与轮盘选择法进行了比较。初步试验结果表明，遗传算法所产生的路径能够有效地解决丰富的VRP问题，特别是对于大量的客户、车辆段和车辆。与现有路线相比，拟建路线的燃油消耗量降低了约20.38%。Petrica提出了一种基于遗传算法的有效的元启发式算法。证明了所提出的元启发式算法在求解质量和计算时间方面与目前公布的其他启发式算法都具有竞争力。给出了基准问题的计算结果，指出遗传算法是探索这一复杂问题搜索空间的一种合适方法，可以在短时间内得到较好的解。Rasyid运用遗传算法分别基于行程时间和基于距离的路线搜索进行测试。结果显示，得到的基于行程时间的传递速度比基于距离的路线搜索快了近两倍。然而，基于行程时间的路线距离比基于距离的路线搜索的距离长。这项研究可以用于快递和灾难救济时的路线搜索。Fatnassi认为以总行程最小为目标的DCVRP并不能满足最近对绿色物流相关环境问题的关注。试图从环境的角度对DCVRP进行研究，提出了一种求解DCVRP的遗传算法。

（2）蚁群算法

Gambardella和Dorigo在蚁群系统的基础上进行了改进，于1996年提出蚁群系统（ACS），改进从以下几个方面进行：以伪随机比例规则进行状态转移；只在最优的蚂蚁路径上应用全局更新规则；将局部信息素更新规则应用在建立问题解决方案的过程中；提出全局更新规则和局部更新规则。从收敛性上看，全局信息素更新规则更好。该算法具有很强的搜索较优解的能力，但是搜索时间太长。蚁群系统有很强的发现较优解的能力，不会轻易陷入局部最优，但对于大规模优化问题其搜索时间较长，一般用来解决小规模的问题。德国学者T Stuetzle和H Hoos针对蚁群算法容易出现过早的停滞现象，提出目前求解效率最高的最大最小蚁群算法（MMAS）。相比基本蚁群算法作了如下改进：一次循环结束后，并不是所有的蚂蚁都进行信息素更新，而是只对一只蚂蚁的信息素进行更新；信息素的浓度限制在一个最大和最小值区间范围内；信息素浓度初始化的值不再是一个常数，而是设置为区间的上限；当系统停滞或迭代一定次数后不再出现更优路径时，重新初始化所有信息素的值。信息量平滑机制对于提高解的质量非常有效，能够获得最优解。获得的平均解的质量比蚁群系统的最优解还好。最大最小蚂蚁算法得到了广泛的应用，算法的性能得到提高，搜索能力得到加强。

2.国内研究现状

在国内，物流网络配送路径优化从2002年开始出现相关研究，近两年达到高峰，至今共有400余篇相关论文。物流网络配送路径优化问题不仅在物流相关学科为热点问题，其跨学科发展也非常迅猛，数学、计算机科学与技术、管理科学与工程、系统科学、控制科学与工程也都对配送路径优化问题研究非常深入。本节主要深入研究算法在实际问题中的应用，故从算法角度对国内物流网络配送路径优化问题进行深入分析。

（1）遗传算法（Genetic Algorithm）

国内最早研究配送路径优化问题在2002年，最先采用的就是遗传算法，郎茂祥对物流配送路径优化问题建立了数学模型，为求解该问题，构建了遗传算法并计算，证明了用遗传算法求解，能得到全局最优解或近似最优解。其后，不同的学者针对不同的问题从不同的角度对遗传算法解决物流网络配送路径优化问题进行了深入研究。赵辰从实际问题角度展开理论研究，采用遗传算法解决从生产中心前往仓库之间的路径优化问题，将实际问题描述成数学问题，建立模型，并针对实际问题研究其配送路径的优化方案，再将方案转化为遗传算法的编码方案等，最后应用MATLAB对模型进行仿真，结果表明文章研究的路径优化方法可以使运输成本降低。周艳聪通过改进遗传算法，应用小生境技术避免传统遗传算法的早熟问题和局部最优问题，建立了不带时间窗约束的配送优化模型。在求解过程中，应用轮盘赌和最优个体保留，保证改进后的遗传算法全局寻优能力的提高和收敛速度的加快，并在最后用算例验证。姜代红因物流配送路径问题多约束和复杂性，提出了一种自适应免疫的改进遗传算法，主要原理为应用新的免疫选择策略和免疫操作方法，结合并列选择法，优化多目标配送路径优化问题。麻存瑞根据特性建立模型、设计算法、求解，主要针对快递配送车辆路径优化问题进行了研究，比较与物流配送的不同点，构建数学模型使之更加符合快递配送路径优化问题，考虑了多方面快递的特点，综合快件数量、车辆载重、车辆容量等约束条件，构建新模型，通过算例分析，得出快递配送车辆路径优化问题相关结论。

（2）蚁群算法（Ant colony optimization）

蚁群算法是在研究物流网络配送路径问题时应用较多的方法，研究也较为成熟，且在近几年的研究时多将蚁群算法改进。陈建军结合物流配送选择特点，利用蚁群算法进行建模解决配送路径优化问题，并与传统算法进行比较，并证明比传统算法更为有效。王力峰建立以物流配送成本最低的蚁群算法优化模型，同时结合配送车辆的配送特点，提高了蚁群算法的收敛速度和全局搜索能力，最后运用实例进行仿真验证。沈鹏为了获得更优的配送路径优化方案，采用量子蚁群算法解决配送最短路径问题，此方法加快了收敛速度，解决了容易陷入局部最优的问题。在构建模型、求解后，对量子蚁群算法（QACA）的性能进行仿真测试，证明QACA具有更好的收敛速度以及全局搜索能力。邓必年提出一种新的基于蚁群优化算法的物流网路配送路径的选择方法，主要解决用区间重构法配送路径寻优收敛性不够好的问题。首先采用重极标差法对邻域网格进行小尺度分割，将配送路径划分为公路、铁路、水路和航空，再对路径的动态进行实时系统性分析，设计出物流配送路径选择的流程。最后用蚁群优化算法进行物流配送路径的自适应寻优，实现路径优化选择规划。

樊世清、娄丹等从冷链物流入手，研究物流网络配送路径优化问题，结合冷链物流特点，以配送总成本最小为目标函数建立配送优化模型，利用蚁群算法求解，并考虑冷链物流的配送成本和转移概率，引入最大最小蚁群算法与轮盘赌选择策略完成模型求解，最后用算例验证模型的可行性。

（3）模拟退火算法（Simulated Annealing）

模拟退火算法在物流网络配送路径优化问题研究过程中，与遗传算法和蚁群算法相比，相对较少，在近两年的研究中多与地理信息系统相结合。潘国强为了解决大规模VRP问题，提出了一种混合算法，并与GIS相结合，求解配送区域划分问题。首先建立了GIS路网数学模型，并将路径规划问题与GIS融合。对杭州市配送区域实际问题求解，采用GIS模型约束的启发——模拟退火混合搜索算法，并与另外一种启发式算法比较，证明此算法的有效性。裴小兵将GIS图解法与模拟退火算法相结合，用GIS图解法得到更加准确确定的初始状态，使得优化效率得到了提高，并且对传统模拟退火算法进行改进，使得模型效率和准确度都得到了提高。由于模拟退火算法自身在求解过程中参数的选择会极大地影响求解质量，在求解时加入记忆函数，能够很好地解决这一问题，并利用保定实际数据进行求解，确定了算法的可行性。

（4）禁忌搜索算法（Tabu search）

陈晓峰和姜慧研对量子进化算法和禁忌搜索算法进行了改进与结合，提出了量子禁忌搜索QTS（Quantum Tabu Search）算法。在QTS算法中，为了适应高维函数求解空间变化无常的特点，提出了相位增量空间按指数级别下降并可动态循环调整的策略以及对相位邻域空间采用一种与禁忌表中最优解有关的可动态调整的划分方法，缩小了候选解的选取范围，同时增加了候选解局部优化处理方法。

上述方案在一定程度上避免了算法在对高维函数优化时的早熟现象，提高了算法的寻优速度和求解精度。通过对高维函数极值问题、多维背包问题的仿真验证，表明所提出的量子禁忌搜索算法是可行的。

禁忌搜索算法是一种基于邻域搜索技术，沿着可能改进解的质量方向进行搜索的方法，该方法的局部搜索能力很强，是一种常用的寻找局部最优解的方法。基于此，李松、刘兴、李瑞彩将局部搜索能力很强的禁忌搜索算法与全局搜索能力很强的遗传算法相结合，提出了一种求解物流配送路径优化问题的混合禁忌搜索算法，该混合禁忌算法综合了遗传算法速度快、禁忌算法搜索效果好的优点。并通过计算结果证明了该算法的良好寻优性能。

（5）混合算法

随着物流网络配送路径优化问题研究的深入，以及实际问题的多样性，单纯一种算法已经不能满足实际需求，越来越多的研究将不同的算法相结合，取长补短，以求研究结果更加准确，更加符合实际。在混合算法中又可以分为两类，其中一种为传统算法混合，另外一种为将传统算法与新的思想和算法融合。

在传统混合算法中，郎茂祥、胡思继针对遗传算法局部搜索能力不足的问题，提出将爬山算法与遗传算法结合的混合遗传算法，得到质量较高的解。王铁军将混沌思想引入粒子群法，利用混沌遍历性的优点以及对子代部分粒子群进行微小扰动，随着迭代的深入调整扰动幅度，避免粒子群位置趋同，解决粒子群算法易陷入局部最优的问题，并且信息采取正反馈机制，提高了算法的寻优能力，基于混沌粒子群算法有效地避免了过早收敛，提高了搜索效率，避免陷入局部最优。巩固提出了一种蚁群遗传融合的优化算法，解决传统蚁群算法和遗传算法存在的问题，利用蚁群优化算法在局部阶段产生最好解，再利用遗传算法对全局阶段寻找最优解，利用融合算法解决物流网络配送路径优化问题。罗庆将模拟退火算法与遗传算法融合，提出一种混合算法，首先对遗传算法改进，加入小生境技术和自适应调节交叉变异参数方法，提高传统遗传算法的全局收敛性，再结合带有记忆功能的模拟退火算法，很大程度上解决了物流网络配送路径的优化问题。

而在传统算法与新算法融合方面，钮亮基于海量性的大规模城市路网数据以及物流配送最短路径问题，将云计算应用于配送路径选择，并且将云计算同地理信息系统结合，采用了基于MapReduce的并行算法与GIS仿真结合的方法，解决了物流配送的最短路径问题。张京敏从交通路径规划的角度建立道路权重函数模型，在配送中确定最优路径，道路权重实际为车流量预测问题，文章中提出，应用改进GM（1，1）模型进行预测，利用支持向量机模型修正，实现小样本情况下车流量的预测，从而结合行驶时间建立道路权重函数模型确定道路权重，选取最优路径，从而降低配送时间和配送成本。葛显龙主要针对静态区域联合配送——"多对多"配送问题，以耗油成本为优化目标，设计了一种云量子遗传算法，解决配送路径优化问题，最后再用不同的算例对模型进行仿真。

国内研究虽然相对国外起步较晚，但近年来物流业的发展与实际需求的变化，使得物流网络配送路径问题得到了广泛的重视。国内学者除了在算法上不断寻求改进，在不同的领域也做了不同的探索，例如，张锦研究医药物品配送路径优化问题，向敏、缪小红研究了鲜活农产品和第三方冷链物流的配送路径优化问题。可见，国内学者对于物流网络配送路径优化问题也十分感兴趣，并持续探索不同的求解模型和优化算法。

二、城市物流配送网络路径优化存在的问题

城市物流配送的基本模式是配送企业将货物在配送中心进行汇总、整理与分类，制定完配送计划后通过各种配送工具将货物送达客户手中。与传统的物流配送不同，城市物流配送随着时代的发展，逐渐产生了新的特点，因此，城市物流配送网络路径优化主要有以下几个问题。

（1）需求点分散，客户多，配送路径复杂：城市配送客户基数大，客户地理和需求时间分布具有随机性，有时可能是一个小区的多个客户，有时可能相隔很远。与此同时，城市的复杂道路环境也给配送上门带来很大的挑战。

（2）及时性：随着科技的进步和互联网的快速发展，生活在城市的人们面临着越来越快的生活节奏，时间对于客户而言变得越来越宝贵，因此客户倾向于用最短的时间获得想要的配送服务。为了更好地满足客户的需求，许多配送企业都将提升配送时效性作为首要任务，逐渐衍生出"即日达""2小时送达"的配送模式，逐渐缩短了客户从下单到收到货物的时间间隔。

（3）不确定性：城市配送中的不确定性主要分为三类：第一类为配送车辆、配送行程的不确定性，在配送过程中可能会出现天气恶劣、车辆故障、道路拥堵封路等情况；第二类为客户地理位置的不确定性，在城市配送送货上门的模型下，客户分布的随机性给配送人员的工作带来了挑战，需要对该区域具有很高的熟悉度或者有定位导航服务；第三类为顾客被服务的时间具有不确定性，目前的城市配送场景中客户对获得配送服务的时间存在早晚的限制，当配送人员没有在

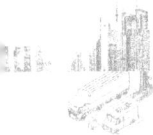

规定时间内完成配送服务就会导致配送失败，会导致客户的不满意，并对配送人员进行一定的惩罚。

三、解决城市物流配送路径优化问题方法

1.遗传算法

遗传算法是目前较为常用的一种全局优化算法，该算法是通过模仿自然界中生物进化的规律建立寻优方案，特点是方法可靠、收敛速度快，有效性比较高，而且可以不依赖于数学模型的梯度信息，是一种自适应全局随机优化的方法。

遗传算法应用十分广泛，经常用来处理复杂的优化问题，尤其用来处理传统搜索方法无法解决的强烈的非线性问题，许多资料表明，遗传算法是适用于解决VRP问题的有效算法之一。

2.蚁群算法

蚁群算法属于一种全局优化算法，其过程是模仿自然界中的蚂蚁觅食现象。通过设置一个权函数来模仿自然界中蚂蚁在觅食图中洒下信息素的过程，强化较优的路线，通过反复迭代，使解收敛于最优解。

3.禁忌搜索算法

禁忌搜索算法属于局部寻优算法，其依靠的是在局部邻域进行搜索，但是与一般的局部搜索算法不同的是，通过采用禁忌记录表的方式回避在前一阶段刚刚搜索得到的最优解，从而避免陷入局部最优。禁忌搜索算法实现过程相对容易，运算速度也较快，但是不能保证得到最优解。

4.模拟退火算法

模拟退火算法属于局部搜索算法，但是模拟退火算法是模仿金属加工中的退火过程，通过一个温度函数作为目标函数，使其趋于最小值，这样就可以选择邻域中目标函数值较低的状态。

第四节　城市物流配送末端——最后一公里

最后一公里本意是指长途跋涉过程中完成的最后一段路程，之后被人们比喻为完成一件事情时在末尾且最关键的一个步骤。物流最后一公里的服务对象为客户，它的本质是物流服务链的末端配送。从供应链的角度看，物流最后一公里是

供应链活动重要的组成部分，其目的是在末端节点将货物送到顾客手中，以满足顾客需求。

目前许多城市在完善干线运输与城市配送衔接方面，依托城市交通枢纽和对外交通节点构建起的多式联运模式起到了很好的应用效果，但在解决"最后一公里"问题方面仍处于探索阶段，多种模式并存，如上海的"公交化配送"、苏杭的"城市货的""众包物流""无人机""智能快递柜""快递自提点"，以及由商务部主推的首批九个试点城市开展的"共同配送"等，每种模式都存在各自适应性及优缺点。

一、城市物流配送最后一公里现状

1.我国最后一公里配送现状概述

当前，送货上门仍然是最后一公里配送的最主要模式，这种模式使得原本就较多的快递业务量更加急剧地增长。据统计，我国在2016年快递业务量比去年增长超过50%，达到313.5亿万件，快递业务收入比去年增长44.6%，收入超过4000亿元。

虽然我国电子商务业务量急剧增长，已经处于世界领先水平，但是配送质量仍然十分落后，物流配送服务，尤其是最后一公里配送，由于其配送成本占比高，配送效率低等因素，对于电子商务的发展来说存在严重的滞后性。存在这种滞后性的主要原因是国内尚未开发出一个值得信赖的物流行业。更重要的是，最后一公里配送是电商企业直接与客户交易的唯一途径，是决定配送质量的关键，但是由于客户众多，在实现成功配送的过程中仍然存在很多困难。例如，收货人不在家或某些指定的收货地点不允许快递员进入等。一方面，这些问题会导致配送失败，给快递公司造成额外的配送成本。在节假日或季节性购物期间，最后一公里配送问题更为严重，有相当一部分货物不能及时配送，服务质量比平时更差。另一方面，由于越来越多的消费者从通过实体零售店购买商品转变为通过互联网购买商品，配送问题变得越来越严重。

2.我国最后一公里配送模式

目前，国内解决最后一公里配送问题的办法不尽相同，总结起来主要分为直接配送和间接配送两种模式。直接配送是指企业通过自建物流或委托第三方物流服务商进行"门到门"即送货上门的派送；而间接配送则是通过自助提货柜、自建线下提货点以及与便利店合作，让客户自行取件的模式。国内一些企业如阿里、京东，第三方物流服务商如顺丰等也在解决终端配送的瓶颈问题，并逐渐形成了自己的间接配送方案。

（1）阿里"Mail World（猫屋）"

有阿里巴巴投资背景的"猫屋"是2013年依托深圳地区发展起来的电商线下实体店，用以实现最后一公里配送的覆盖、解决终端配送问题，"猫屋"提出打造"500米生活圈"的理念，直接对接"四通一达"和顺丰等快递公司，通过淘宝、天猫平台购物的用户在无法收取快递时，可以选择将包裹送至附近的"猫屋"暂存，也可以在购物平台上填写地址时直接选择距离自己最近的"猫屋"作为收货地址，即便是已购货物在途中，也可以临时更改成"猫屋"的地址，以方便用户自取。

"猫屋"这类由电商企业投资布局的线下实体店立足于解决最后一公里配送问题，但又不仅限于最后一公里的问题，而是以此为契机发展线下与线上相结合的电商模式。

（2）京东自提柜

京东作为目前国内自营式电商的龙头企业，近年来在解决最后一公里配送问题上也有较大动作。"京东自提柜"与Amazon的公共储物柜、日本的"乐天BOX"相类似，是线下无人工值守的24小时自助取货柜。在推广阶段，用户在京东平台下单后选择"自提柜"将免除运费，当包裹送到选择的自提柜后将会以短信形式将订单号码及其二维码发送至用户手机，用户在自提柜的操作界面上可以选择手动输入订单号或者扫描手机二维码两种方式。而对于货到付款的客户，自提柜操作界面旁边安装有POS机，用户可以选择刷借记卡或信用卡，另外也可通过手机自由付模式付款。当这一系列的操作完成后对应的柜门就会打开，用户便可将其中的包裹取走。

（3）顺丰"嘿客"店

作为顺丰旗下的网络购物服务店，顺丰"嘿客"便利店通过在居住密集的社区布局门店，为客户提供自寄自取的快递服务来解决最后一公里配送问题，但它与前面提到的"猫屋"一样，"嘿客"拥有解决电商终端配送的基本职能，但是却不限于这一角色，以第三方物流服务为核心业务起家的顺丰速运，正通过"嘿客"门店，将自己的经营范围拓展到虚拟购物、电商交易平台、生鲜冷链物流等，顾客可以通过浏览店内数字化的商品展示后下订单，实物会在两天左右的时间到达。同时，通过进一步整合，顺丰旗下的生鲜电商品牌"顺丰优选"也可以在"嘿客"店里完成选货和下单直至配送，因此"嘿客"对于顺丰来说，是典型的B2C向O2O转变的重要支点。

除上述三个典型的间接配送方案外，中国邮政建有包裹自提点、小麦公社建有校园最后一公里服务平台、万科物业建有便民的"幸福驿站"、北京市地铁建有快件收发站，以及城市"微社区"中由第三方企业建立的自助提货柜，如速易递、友宝、丰巢快递柜等。

二、城市物流配送最后一公里存在的问题

1.配送站点布局的问题

"最后一公里"物流配送是面向每一个分散地区不同个体客户的服务，涉及路线多，需求不一致，无法实现规模化作业。所以配送站点的选取布局影响着快递业务员的配送服务质量。据不完全统计，快递业务员派送时有30%的包裹需要额外花费更多的等待时间，甚至是"二次配送"，这是由于收件人不在家或者收件人找不到代收人等原因产生的普遍问题，这时的二次配送行为就会大大浪费了投递资源，同时还会降低投递效率。

2.配送车辆受限问题

例如，2015年天猫"双十一"全球狂欢节交易额达912.17亿元，其中线上交易额为626.42亿元，成交量占比达68.67%。面对"双十一"对物流业带来的压力，内蒙古呼和浩特却推出新规：快递三轮车被禁行。这样的规定导致呼和浩特近8000名快递业务员要靠走来实现"最后一公里"配送，将快递送到顾客手中。因为这种走街串巷、被人们熟知的快递三轮车被认定是非法的。它一无标识，二无生产标准，三无统一的规范和标准，这样的快递三轮车长期处于"无证上路"的窘境。呼市交管部门认为，这种无号牌、无行驶证、无驾驶证、无安全保险、非法改装的电动三轮车，在道路上随意穿行，对城市道路交通安全、市民出行安全构成严重威胁。面对"双十一"后急剧增加的快件，相关物流公司负责人担忧的是：呼和浩特限行电动三轮车给物流行业带来无"路"可走的困境。快递由城市物流配送中心进入到社区配送站点后，进入到城市"最后一公里"配送环节，很多物流公司仍采用电动三轮车甚至是改装电动车作为派发快递的交通工具，这样的方式存在很多安全隐患，同时这种小批量派发式的物流活动，也不利于物流公司实行车辆统一管理。所以，配送车辆受限以及配送时间受限的问题，不仅造成时间和运输上的浪费，还使得物流成本大大增加。

三、解决城市物流配送最后一公里问题方法

1.对于配送站点布局问题

一方面，建立共同配送网络，实现共同配送模式。建设共同配送网络的目的是实现不同快递公司和电商平台两两联盟，将快递快件进行集中分拣、暂时储存并配送，这样的共同配送模式可以达到规模化经济，使得各个快递公司在不同的配送区域的资源集成化。节约配送时间，降低配送成本，提高配送效率。另一方面，发展新型的配送模式，实现客户由"等快递"的观念向自主"取快递"的观念转变，也就是调动客户的积极性。例如，智能投递方式可以有效解决配送站点快递业务员与客户时间的冲突这个问题。而另外一种则是通过加盟零售商或者便利店的方式，代收快递快件，也就是菜鸟驿站。客户在网购下单时可以选择离自己最近、取快递最方便的菜鸟驿站作为自取快递的站点，这不仅极大地节省了快递业务员配送的时间，也提高了配送效率。

2.对于配送车辆受限问题

快递三轮车标准化、合法化已迫在眉睫。国家政府应尽快公布快递配送车辆的专用车型，使用统一标识，使快递三轮车合法上路。近日，国家邮政管理局发布国家强制性标准《快递专用电动三轮车技术要求》，意见稿中对最高车速、整车质量等技术指标做出了细化规定。对整车质量和最大装载质量也有相应规定。规范标准的发布有助于规范快递三轮车，减少其违规操作，减少引发交通事故的可能性，提倡其合法运行。但与此同时，也有快递企业的负责人反映，要求规定的最高时速堪比自行车，车速下降会影响配送的时效性，就无法保证快递配送"准时准点"，还有相关业内人士直呼快递三轮车改造成本太高，应统一快递三轮车的生产标准。对于这样的争议，在快递三轮车整改问题上需要国家政府进行深入权衡的思考，同时新规的产生也关系着整个快递行业的发展。

小　结

本章第一节首先从城市物流定义、特点和模式三个方面简要介绍了城市物流配送，接下来的三节则展开讨论了城市物流配送中非常重要的三个问题：配送中心选址、配送路径优化以及配送末端——物流最后一公里问题，其中每一节又分三个部分进行阐述，分别是现状、存在的问题和解决问题的方法，循序渐进。

第九章

城市物流需求预测方法研究

　　本章主要介绍物流需求的一般概念，并结合城市物流分析其需求的定义、内容与意义，从经济和消费两个方面分析影响城市物流的因素。本章重点介绍了几种常用的需求预测，并结合城市物流的预测方法及城市物流需求预测方法的应用，包括一般指标体系和方法的选择并进行对比分析。最后结合京津冀实际案例，分析京津冀现状后再对京津冀城市物流进行需求预测，并对京津冀城市物流发展提供一定的建议与参考。

第一节　城市物流需求分析

一、城市物流需求分析定义

　　物流需求分析是指将物流需求与生产需求的社会经济活动进行相关分析的过程。由于物流活动日益渗透生产、流通、消费等整个社会经济活动过程，与社会经济的发展存在着密切的联系，是社会经济活动的重要组成部分，故物流需求与社会经济发展有密切的相关性，社会经济发展是影响物流需求的主要因素[1]。

　　物流需求分析有定性分析和定量分析两种分析手段，了解社会经济活动对于物流供给能力的需求强度，进行有效的需求管理，引导社会投资有目的地进入物流服务领域，将有利于合理规划、建设物流基础设施、改进物流的供给系统。

　　物流需求分析的目的在于为社会物流活动提供物流能力供给，不断满足物流需求的依据，以保证物流服务的供给与需求之间的相对平衡，使社会物流活动保持较高的效率与效益。在一定时期内，当物流能力供给不能满足这种需求时，将对需求产生抑制作用；当物流能力供给超过这种需求时，不可避免地造成供给的浪费。因此，物流需求是物流能力供给的基础，物流需求分析的社会经济意义亦在于此。

区域资源合理分配、物流基础设施建设规模是制定各项相关政策的主要依据，也是相关企事业单位评价物流市场、制定本单位战略决策的依据。

二、城市物流需求分析内容

通过对物流需求预测的分析，可以大概预算出未来一段时间内某个城市的物流货运量，从而对该城市进行科学的物流资源规划配置，以提高该城市的物流运输效率。对城市物流需求的分析可以从城市物流需求规模分析和城市物流节点有效需求分析两方面进行分析。

1. 城市物流需求规模分析

城市物流需求规模分析是城市物流需求分析的主要内容。物流规模是物流活动中运输、储存、包装、装卸搬运和流通加工等物流作业量的总和。从实物角度来说，可由货运量、货运周转量反映；从货币价值角度来说，可由运输成本、保管成本、管理成本等构成的物流成本反映。可通过对城市经济指标与城市物流需求规模之间的相关性进行定量分析，或根据历史数据对当前的经济形势进行定性预测，然后利用各种有用的数据进行计算，对其进行综合分析。

一般来说，一个城市物流需求量从该城市的货运总量来体现，一般包括公路货物运输、铁路货物运输、航空货物运输、水路货物运输等的数据总和，货运量越大则该城市物流需求规模就越大。

2. 城市物流节点有效需求分析

物流节点是指物流网络中物流线路的结节。广义的物流节点是指所有进行物资中转、集散和储运的节点。城市物流节点主要包括物流园区、物流中心、配送中心、公路枢纽、货运场站以及批发市场等，进行城市物流节点有效需求分析旨在考察其服务市场的总体特征，进而分析进入各物流节点的作业量，为城市物流节点的合理规划提供定量化依据。因此，进行城市物流节点有效需求分析是非常重要的。

全部的物流活动是在线路和节点中进行的。其中，在线路上进行的活动主要是运输，包括集货运输、干线运输、配送运输等。物流功能要素中的其他所有功能要素，如包装、装卸、保管、分货、配货、流通加工等，都是在节点上完成的。所以，从这个意义上讲，物流节点是物流系统中非常重要的部分。实际上，物流线路上的活动也是靠节点组织和联系的，如果离了节点，物流线路上的运动必然陷入瘫痪（图9-1）。

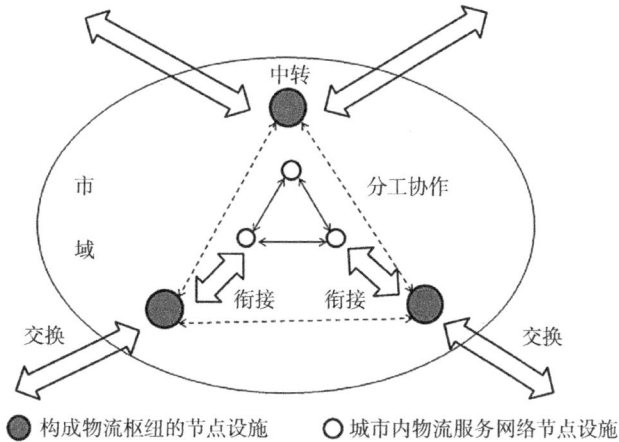

图9-1　物流枢纽服务功能示意图

物流节点是物流系统的重要组成部分，是组织各种物流活动，提供物流服务的重要场所。现代物流发展了若干类型的物流节点，不同的物流节点对物流系统的作用是不同的。节点类型有以下类型。

（1）转运型节点：以接连不同运输方式为主要职能的节点。铁道运输线上的货站、编组站、车站，不同运输方式之间的转运站、终点站，水运线上的港口、码头，空运中的空港等都属于此类节点。一般而言，由于这种节点处于运输线上，又以转运为主，所以货物在这种节点上停滞的时间较短。

（2）储存型节点：以存放货物为主要职能的节点，货物在这种节点上停滞的时间较长。在物流系统中，储备仓库、营业仓库、中转仓库、货栈等都是属于此种类型的节点。尽管不少发达国家的仓库职能在近代发生了大幅度的变化，一大部分仓库转化成不以储备为主要职能的流通仓库甚至流通中心，但是，世界上任何一个有一定经济规模的国家，为了保证国民经济的正常运行，保证企业经营的正常开展，保证市场物资的流转，以仓库为储备的形式仍是不可缺乏的，总还是有一大批仓库仍会以储备为主要职能。在我国，这种类型的仓库还是占据主要地位。

（3）流通型节点：以组织物资在系统中运动为主要职能的节点，在社会系统中则是组织物资流通为主要职能的节点。现代物流中常提到的流通仓库、流通中心、配送中心就属于这类节点。需要说明的是，在各种以主要功能分类的节点中，都可以承担其他职能而不完全排除其他职能。如转运型节点中，往往设置有储存货物的货场或仓库，从而具有一定的储存功能，但是，由于其所处的位置，其主要职能是转运，所以按主要功能归入转运型节点之中。

（4）综合性节点：在物流系统中集中于一个节点中全面实现两种以上主要功能，并且在节点中并非独立完成各自功能，而是将若干功能有机结合于一体，具备完善设施、能有效衔接和协调工艺的集约型节点。这种节点是适应物流大量化和复杂化，适应物流更为精密准确，在一个节点中实现多种转化，同时保持物流系统简化、高效的要求而出现的，是现代物流系统中节点发展的方向之一。

三、城市物流需求分析意义

1.城市物流需求分析是城市物流规划的必要条件

城市物流需求分析是城市物流规划中的一项重要内容，分析准确与否，直接关系城市物流规划的科学性与合理性，关系城市物流规划的成功与否，同时也会对城市的经济发展产生深远的影响。城市物流需求分析的目的在于能为城市物流提供物流能力，作为不断满足需求的依据，以保证物流服务的供给与需求之间保持相对平衡，使城市物流保持较高的效益和效率。物流需求分析是物流能力供给的基础，也是进行系统规划的主要依据，进行物流需求分析的社会经济意义也在于此。通过借助定性和定量的分析手段，进行有效的需求管理，引导社会投资有目的地进入物流服务领域。将有利于城市现代物流系统的合理规划，制定科学的政策决策，建设物流基础设施，改进物流供给系统。

2.物流需求分析能推动城市物流的合理规划

为了能够准确地把握城市物流需求规模和结构，必须经过合理科学的规划，将现有的物流资源和新建物流资源进行有效的整合和规划，以确保能够实现物流效应的最大化。

一些物流基础设施投资规模大、建设周期长，如果不考虑该城市的物流需求规模及需求结构就盲目地进行投资建设，不仅会造成不必要的浪费，同时也会造成城市商品经济流通体系的混乱。因此，通过对物流需求的合理分析，在规划时就能做到有的放矢，对各种物流要素进行优化重组和合理配置，从而实现物流活动效率的提高和社会物流成本的降低。

第二节　城市物流需求影响因素分析

物流的快速发展促进社会经济的快速发展，同时，社会经济的发展水平又是物流需求的形成或制约因素。影响一个城市物流需求的因素十分广泛且复杂，大致可以分为经济影响因素和非经济影响因素。

一、经济影响因素分析

1.城市经济发展对物流需求的影响

城市便利的交通为物流运输体系提供了一个良好的基础，交通便利、技术的突飞猛进、现代化的发展都与城市物流息息相关。城市中人群集中且交通运输便利，以及流畅的信息使得现在城市物流业飞速发展。同时，发达的城市物流业也促进着城市经济的发展。城市交通的便利为城市物流业提供了相当有利的条件，同时城市经济的发展也必然促进城市人民的消费增长，进而提高了城市物流业的需求量。物流的发展逐渐成为一个城市发展快慢的标志，成为国家核心竞争力的一部分。物流作为一个新时代的产物，以其与城市经济发展的紧密联系，成为新的城市发展指标。

物流活动日益渗透到生产、流通、消费整个社会经济活动过程之中，与社会经济的发展存在着密切的联系，是社会经济活动的重要组成部分，物流需求与社会经济发展有着密切的相关性，社会经济发展是影响物流需求的主要因素。

同时，物流对城市经济的促进作用表现在以下几个方面：

（1）从企业的角度出发，物流的发展必然可以降低企业的运行成本，提高企业自身的资源配置效率，实现零库存，增加企业的市场竞争力。因此，物流的发展对城市经济的维系有着不可替代的作用。

（2）物流作为一个产业，它同时也在形成自己的产业形态。物流入驻产业链，是产业经济发展的一个大变革，必将影响区域经济的发展和产业结构的调整。因此，创造的就业机会以及宏观的就业前景将是无可限量的。

（3）物流将奠定城市作为经济发展的核心地位。物流已然成了一个不可替代的经济产业，因此物流业的发展必然会成为人们生产生活的一部分。因此，城市与物流的发展必然相互依存，荣辱与共。

213

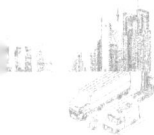

2.产业结构对物流需求的影响

影响一个城市物流需求规模和结构变化的根本原因是城市经济产业结构的调整。一个城市的经济产业结构在不同的历史发展时期是不同的，会随着城市工业化发展的不同阶段而不断变化。

当代产业经济学的研究表明，一个国家或地区经济发展道路大致沿着以第一产业为主转向以第二产业为主，再转向以第三产业为主的顺序进行，这一规律被称为"配第一克拉克"定律。

从横向分析，不同地区的城市其产业结构也是不同的。例如，我国东部、中部、西部地区的城市，其产业结构就存在较大差异：东部地区城市经济发展已经开始进入工业化后期阶段，产业结构基本形成三二一结构，城市的经济功能已经开始进入升级转换阶段，城市的物流流量在下降，而信息流量在上升；中部地区城市正处于工业化阶段，产业结构基本是二三一结构，城市经济功能正处于扩展阶段，城市的物流流量和信息流量都在增加，但物流流量可能要大于信息流量；西部地区的经济结构还是一二三的结构，城市经济功能还处于聚集发展阶段，城市的物流流量发展较快，信息流量发展相对滞后。

城市作为区域经济的核心，其产业结构往往与所在区域的经济结构相似，因此，要探讨城市产业结构对物流需求的影响，不仅要考虑某个城市自身的特点，还应将城市置于更大的经济区域，从经济区域之间的相互联系进行分析。

（1）产业结构不均衡性决定物流需求结构特点

就目前我国的区域发展现状而言，主要存在三大经济区域：环渤海湾经济区、长三角经济区和珠三角经济区，这些经济区域又与周边区域形成了梯度辐射的带动关系。而经济区域之间产业结构水平的差异和不均衡性则导致了区域乃至城市之间物流需求结构具有不同的特点。

目前，我国产业结构总体分布情况是东部地区三个省市的二三产业比重均高于全国平均水平，特别是上海市，而西部地区二三产业所占的比重则低于全国平均水平，与东部地区之间的差距更明显。工业产值占工农业总产值的比重同样是东部地区高于全国平均水平，中西部地区除湖北省与全国水平大致持平外，其余省份都较全国水平为低。从轻重工业比重来看，东部重工业比重较高，而中西部地区则是轻工业占优势。我国东、中、西部地区以及货运量比重情况，体现了我国地区间的经济发展水平、产业结构水平发展阶段的不同对物流需求的影响存在很大差异。

（2）产业结构升级导致物流需求特征的变化

产业结构是指农业、工业和服务业在国家经济结构中所占的比重，即一个国家所拥有的劳动力、固定资产和各种其他资源在产业部门之间的分配，以及作为其结果的各产业产值的比重构成。产业结构的变化一方面为某些行业带来了良好的市场机会，另一方面也会对其他行业带来生存的威胁。通常在经济成长的过程中，服务业的重要性会与日俱增，服务业的比重会日益扩大，服务业从业者有较大的市场机会。

产业结构高度化，也称产业结构高级化。指国家经济发展重点或产业结构重心由第一产业向第二产业和第三产业逐次转移的过程，标志着国家经济发展水平的高低、发展阶段和方向。产业结构高度化往往具体反映在各产业部门之间产值、就业人员、国民收入比例变动的过程上。

国民经济的各产业部门都要保持一定的比例关系，这是马克思社会资本再生产理论揭示的社会化大生产的客观必然性，是产业结构变动的普遍规律之一。包括以下三个方面的内容。

（1）产业结构合理化。即在现有技术的基础上所实现的产业之间的协调。涉及产业间各种关系的协调，如各产业间在生产规模上比例关系的协调、产业间关联程度的提高等，还包括产值结构的协调、技术结构的协调、资产结构的协调和中间要素结构的协调。

（2）产业结构高度化。即产业结构根据经济发展的历史和逻辑序列从低级水平向高级水平的发展。包括在整个产业结构中由第一产业占优势比重逐渐向第二、第三产业占优势比重演进；由劳动密集型产业占优势比重逐渐向资金密集型产业、技术知识密集型产业占优势比重演进；由制造初级产品的产业占优势比重逐渐向制造中间产品、最终产品的产业占优势比重演进。

（3）产业结构合理化和高度化的统一。产业结构合理化是产业结构高度化的基础；产业结构高度化是产业结构合理化的必然结果。推进产业结构优化升级是我国经济社会发展进程中的一项长期任务。

根据产业经济学理论，产业结构的递推效应是地区间要素流动的原因之一。区域内地区间在产业结构方面往往具有极大的差异性，由于各地区产业结构的层次不同，因此产业在各地区之间是有规律地进行递推转移的。产业结构的升级不是政府政策能够决定的，而是由高层次地区产业结构的升级决定的。

产业结构的升级对城市物流需求有着极其重要的影响，主要表现在：

（1）就物流需求量而言，首先，由于高技术含量、高附加值产品的增多，物

流需求强度降低了。其次，原材料产品和能源产品的运输半径减小了，即原来运往经济发展中心地区的物流量减小了。最后，轻工业产品的输入量减少了，输出量却增加了。

（2）就物流需求结构而言，产品技术含量增加，单位商品的价值增加，对物流服务质量提出了更高的要求。首先，公路运输逐渐显示出优势，使公路运输成为主导。其次，对仓储条件的要求提高了，对现代化仓库设施的要求逐渐增多。再次，由于低梯度地区的产业一般是成熟产业，利润空间很低，所以企业对于增值服务的重视增强，如产品包装趋于复杂化、服务个性化等，综合物流服务的需求也相应增加。

3. 城市商贸流通对物流需求的影响

商贸流通业是指商品流通和为商品流通提供服务的产业，主要包括批发和零售贸易业、餐饮业、仓储业，并涉及交通运输业等。商贸流通业及商品市场是联结生产与消费的中间环节，是工农、城乡和地区之间经济联系的桥梁和纽带，是社会化大生产的重要环节，是决定经济运行速度效益的引导性力量，是反映经济发展和社会繁荣程度的窗口，是衡量综合国力和居民生活水平的晴雨表，是市场经济成熟程度的体现。

对于全国性的港口城市或以外向型经济为主的城市而言，外贸物流在整个城市物流规模中占有很大的比重。同时，外贸物流对现代物流服务提出了较高的要求，在分析此类城市的物流需求时应充分考虑外贸物流，更好地满足对外经济交流的需要。

随着社会发展，人们消费水平以及物质需求越来越高，对于衣食住行不再只限制于居住地周边。随着互联网的兴起，跨地区购物已经成为一种习惯，用户更多在乎的是产品的质量而无关距离。从而导致城市商贸流通增大，物流正是解决这一问题的关键。所谓物流就是指物的流通，将所制造的产品、创造价值的生产和使用产品的消费连接起来，将生成和消费之间的这些社会、场所和时间的间隔联系起来。

我国商贸流通业发展现状：社会消费品零售总额持续攀升，网络零售额高速增长。

随着我国国民经济的迅猛增长，居民生活水平不断提升，消费理念持续更新，对商品的需求量也日益扩大，社会消费品零售总额呈现持续攀升的格局（图9-2）。

据统计局公布的数据显示，2018年我国社会消费品零售总额达到了38.2万亿元，较上年同期增长7.9%；相较于2013年的23.9万亿元，5年间增长了14.3

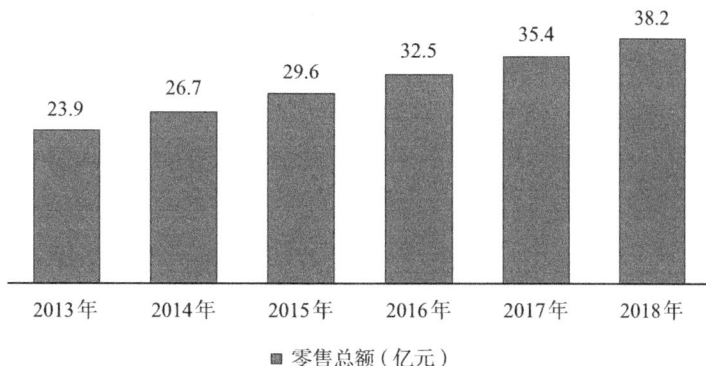

图9-2　2013～2018年社会消费品零售总额

万亿元。2013～2018年间，社会消费品零售总额平均增长率为12%；近年来，随着互联网的普及，B2B、B2C等电子商务交易平台迅速崛起，网络零售额也呈现高速增长的格局。2017年，我国网络零售额达到71751亿元，比上年增长32.2%。其中网上商品零售额54806亿元，增长28.0%，占社会消费品零售总额比重的15.0%。在网上商品零售额中，食品类商品增长28.6%，服饰类商品增长20.3%，日用品类商品增长30.8%。总体而言，随着国内商品的不断繁荣，销售渠道的多元化发展，促使我国社会消费品零售总额持续攀升，网络零售额呈现高速增长的格局。这也标志着我国商贸流通业的繁荣，规模的扩大。

4.城市居民消费水平对物流需求的影响

随着城市经济的发展、城市化水平的提高，城市居民的人均可支配收入也日渐增加，城市居民购买能力也相应增强，多样化、个性化的生活需求逐步显现，为了适应这种要求，具有小批量、多品种、高频率服务的城市配送无疑是居民生活的首选。作为物流需求重要组成部分的城市配送量也将随着城市居民消费水平的提高而"水涨船高"。

2014～2018年间，我国的居民人均消费水平持续增长，直至2018年居民人均消费水平为25002元，相比2017年增长9%，2017年相比2016年增长7.8%，增长速度不断增大，足以体现人们的消费水平在不断提高，从而带动经济增长，增加物流需求。随着城市经济的不断发展、城市化水平的逐步提高，城市居民的消费水平呈现稳步增长的态势（图9-3）。总体来说，由于我国社会经济发展存在地域不均衡性，东部沿海地区的主要城市居民消费水平要高于中西部城市，而消费水平的增幅也表现为沿海城市高于中西部城市。因此可以得出以下结论：城市物流需求随着居民消费水平的提高而增加，而消费能力的强弱也决定了城市物流需求的规模。

17778　　　19397　　　21285　　　22935　　　25002

| 2014年 | 2015年 | 2016年 | 2017年 | 2018年 |

■ 居民消费水平（元）

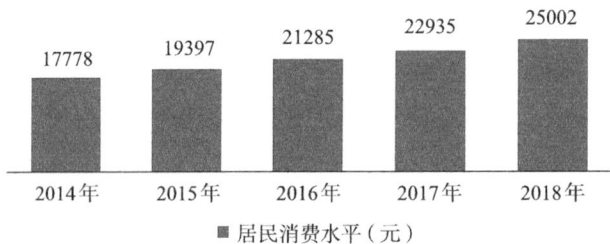

图9-3　2014～2018年居民消费水平

5.市场环境变化对物流需求的影响

市场环境（Market circumstances）是指影响营销管理部门发展和保持与客户成功交流的能力的组织营销管理职能之外的个人、组织和力量。这些因素与企业的市场营销活动密切相关。市场环境的变化，既可以给企业带来市场机会，也可能形成某种威胁。市场环境变化将影响物流需求，包括国际、中国贸易方式的改变，生产企业、流通企业的经营理念的变化以及经营方式的改变（图9-4）。

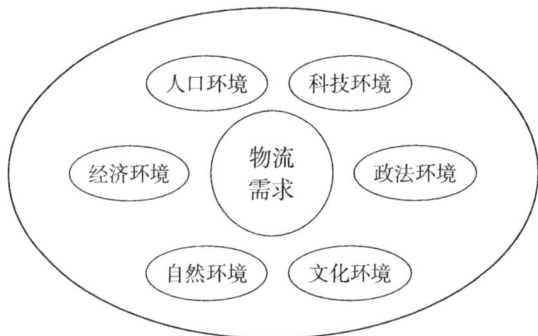

图9-4　市场环境对物流需求影响示意图

（1）人口因素

人是构成市场的首要因素，哪里有人，哪里就产生消费需求，哪里就会形成市场。人口因素涉及人口总量、地理分布、年龄结构、性别构成、人口素质等诸多方面，处于不同年龄段、不同地区的人消费水平是不同的。消费水平高的地区经济也相对发达，从而对物流的需求也更大，物流体系的建设也相对更为完善和领先。

（2）经济因素

它是指一个国家或地区的消费者的收入、消费者支出、物价水平、消费信贷及居民储蓄、货源供应等情况。在市场经济的条件下，产品交换是以货币为媒介的，因此购买力的大小直接影响人们对产品的需求。人们对产品需求的大小决定了一个地区商贸流通的规模，商贸流通越大，对于物流的需求就越高，商贸流通越小，对于物流的需求就越低。

（3）竞争因素

竞争是市场经济的基本规律，竞争可以为物流业不断改进技术、提高质量、降低成本，在市场上处于有利地位。竞争是一种外在压力，物流企业在市场中要敢于竞争、善于竞争。竞争涉及许多方面，有竞争者的数量、产品质量、价格、销售渠道与方式、售后服务等。在经营中，应将竞争对手排序分类，找出影响自己的主要对手，并针锋相对地采取对策，力争在竞争中获胜。从长远看，要不断调整竞争策略。

（4）技术因素

科学技术是第一生产力，技术发展对企业有重大影响，它可能给企业提供新的机会，也可能给企业造成威胁。在物流领域的发展中，很大一部分需要依赖技术的进步，例如智能分拣技术、无人机运货技术，不断地利用先进的科学技术来取代人力，同时提高物流效率。在科学技术飞速发展的时代，谁拥有了技术，谁就占领了市场。

（5）政治因素

国家、政府和社会团体通过计划手段、行政手段、法律手段和舆论手段管理和影响经济。其主要目的有：①保护竞争，防止不公平竞争；②保护消费者一定的权益，避免上当受骗；③保护社会利益。因此，物流必须服从国家管理、遵守法律，在法律规定的范围内活动，合法经营。

（6）文化因素

文化因素涉及风俗习惯、社会风尚、宗教信仰、文化教育、价值观等。文化是一种长期形成的产物，因地区、民族等差异而不同，它会直接影响人们的消费倾向。因此，物流企业在市场分析中一定要注意文化对企业发展的影响。

二、非经济影响因素分析

1.技术进步对物流需求的影响

（1）物流技术的概念

物流技术是指物流活动中所采用的自然科学与社会科学方面的理论、方法，以及设施、设备装置与工艺的总和。它包括在采购、运输、装卸、流通加工和信息处理等物流活动中所使用的各种工具、设备、设施和其他物质手段，以及由科

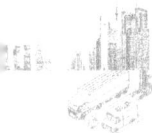

学理论知识和实践经验发展而成的各种方法、技能以及作业程等。物流技术是物流各项功能实现和完善的手段。

（2）现代物流技术的含义

现代物流技术可以理解为包含运输、仓储、包装、装卸搬运、流通加工和配送等诸多功能要素的综合服务技术。物流技术范畴已从流通领域延伸到了生产领域，甚至在工程管理、设备维护等诸多方面都得到广泛应用。

（3）物流技术的分类

1）按形态可分为硬技术和软技术

物流技术包括硬技术和软技术两个方面，物流硬技术是指组织物资实物流动所涉及的各种机械设备、运输工具、仓储建筑、站场设施，以及服务于物流的计算机、通信网络设备等。物流软技术指组成高效率的物流系统而使用的系统工程技术、价值工程技术、信息技术。物流软技术可以使在物流硬技术没有改变的条件下，最合理、最充分地调配和使用现有物流技术装备，从而获取最佳的经济效益。物流技术主要有仓储、运输、包装、流通加工和配送等技术。

物流硬技术是指组织实物流动所涉及的各种机械设备、仓库建筑、站场建筑、运输工具以及支持物流活动的电子计算机、通信网络等；物流软技术是指以提高物流系统整体效益为中心的技术方法。

2）按技术思想来源或科学原理划分

物流技术按技术思想来源或科学原理可以分为物流机械技术、物流信息技术、物流电子技术、物流自动控制技术、计算机技术和物流数学方法等。

3）按应用范围划分

物流技术按应用范围可以分为运输技术、装卸技术、包装技术、保管技术和管理技术等。

随着我国经济的快速发展，物流业相应得到迅速的发展。物流业的迅速发展对提高我国的国际竞争能力有着积极重要的影响，在发展的同时，物流技术作为物流业发展的重要方面，研究其发展更有意义。

近年来，随着物流中心、配送的快速发展，国内连锁企业配送中心大部分都增加了高层立体货架和拆零商品拣选货架相结合的仓储系统；部分通过使用电动高位叉车、低位拣货车和托盘，大大提高了装卸、搬运作业的效率；部分配送中心的信息系统、货场电子化设备和电子标签的应用，使作业人员可以方便有效地按订单取出商品，进行理货和分拣，大幅度提高了速度，降低了差错率，叉车、托盘、物流笼车的使用，也大大提高了门店配送商品的交接效率。

2.运输对物流需求的影响

物流运输技术主要包括运输设施和运输作业两大类，前者属于运输硬技术，后者属于运输软技术。运输硬技术主要包括运输基础设施，如公路、铁路、海运、运输车等基础设施的完善，运输软技术则包括管理方法、物流技术、物流人员素养等。

物流作为现代社会经济活动的重要组成部分，在其发展和运行过程中，与交通运输有着密不可分的内在联系。

首先，交通运输是现代物流的主要组成部分，是物流的核心环节，不论是企业的输入物流还是输出物流，或者流通企业的销售物流，都有赖于运输实现商品的空间转移。

其次，交通运输还影响着物流的其他功能要素，如包装的选择，就要考虑各种运输方式的衔接，运输方式的选择又影响着装卸搬运工具及技术方法的选择，运输条件又影响着仓储量的确定等。

再次，现代化的交通运输体系是实现物流管理现代化的基础，为了适应现代物流的需要，在满足流通需求的同时，追求将服务全过程系统总成本降至最低水平，而流通过程本身则有赖于完善的运输体系。在国外，尤其是发达国家，第三方物流市场已经较为成熟，工商企业的运输业务外包占很大比重，其物流效率很高。而我国，由于专业物流企业的发展相对滞后，大部分工商企业仍处于运输业务自理的状况，运输效率低下，运输供给水平与物流需求失衡，部分物流需求未能得到满足，导致整个物流系统效率不高。

运输在整个物流活动中居于十分重要的地位，运输业的发展势必推动物流的进步，而物流业的发展又将导致物流需求的增长。

（1）铁路运输由于受气候和自然条件影响较小，且运输能力及单车装载量大，其运输的经常性和低成本性占据了优势，再加上有多种类型的车厢，使它几乎能承运任何商品，几乎可以不受重量和容积的限制，而这些都是公路和航空运输方式所不能比拟的。铁路在国家交通建设中占有重要地位，近年以八纵八横铁路通道为路网主骨架重点建设（八纵：为京哈—京港澳、沿海、京沪、京港、呼南、京昆、包海、兰广通道；八横：为京兰、绥满、青银、陆桥、广昆、沿江、沪昆及厦渝通道）。截至2018年底，中国铁路营业里程达到13.1万公里。

（2）公路运输（Highway transportation）是交通运输系统的组成部分之一，是在公路上运送旅客和货物的运输方式。公路运输在时间方面的机动性也比较大，车辆可随时调度、装运，各环节之间的衔接时间较短。公路运输与铁、水、航运

输方式相比，所需固定设施简单，车辆购置费用一般也比较低，因此，投资兴办容易，投资回收期短。公路运输作为物流运输中必不可少的一环，其功能至关重要。近年来，公路建设成效显著，2018年我国公路里程已达到484.65万公里，相比2014年446.39万公里增长了38.29万公里。

（3）内河运输是指使用船舶通过国内江湖河川等天然或人工水道，运送货物的一种运输方式。它是水上运输的一个组成部分，是内陆腹地和沿海地区的纽带，也是边疆地区与邻国边境河流的连接线，在现代化的运输中起着重要的辅助作用。

（4）航空货运，又称空运，是现代物流中的重要组成部分，其提供的是安全、快捷、方便和优质的服务，拥有高效率。能够提供综合性物流服务的机场，在降低商品生产和经营成本、提高产品质量、保护生态环境、加速商品周转等方面将发挥重要的作用。航空公司培养了一支经验丰富、专业敬业的员工队伍，可以为各类特殊货物提供专业、可靠的运输方案。航空货运事业现今已发展成物流体系当中最重要的一个环节，集航空快递、国际快递、铁路、公路运输、仓储、包装、配送、装卸、信息处理等为一体，为客户提供国内国际货物实时跟踪，查询信息等服务，为客户提供完善的服务保障，提供门到门、门到港的24小时、12小时、6小时一站式服务。

3.城市交通系统对物流需求的影响

公共交通系统（Urban public transport system），是由多种城市公共交通方式组成的有机总体。城市公共交通系统可以分为两个子系统，一个是公共交通运输工具和设施，另一个是公共交通规划与运营管理。

城市交通系统指由通道、交通工具、站点设施等要素构成交通服务的运输方式。广义上包括民航、铁路、公路、水运等交通方式；狭义上指城市（乡）范围内定线运营的公共汽车及轨道交通、渡轮、索道等交通方式。住房城乡建设部《城市公共交通分类标准》将我国已有及将来可能会有的公交工具根据交通工具的走行方式分为四大基本类型：①城市道路公共客运交通，包括公共汽车系统、无轨电车系统、出租汽车等；②城市轨道公共客运交通，包括地铁、轻轨、市域快速轨道等钢轮钢轨系统，单轨、导轨等胶轮导轨系统，磁浮列车系统等；③城市水上公共客运交通，包括客轮渡系统等；④城市其他公共交通类型，包括架空索道和缆车系统等。

在城市交通体系中，轨道、道路、停车场和枢纽站等交通设施的组合可以称为硬件系统；公共交通、个体交通和货运交通等运行方式被称为软件系统，各部分紧密衔接，高效安全的交通运行是城市交通的根本目的，而规划、投资、建设、运营、收费、定价及体制与法制等综合管理手段被称为组件系统。

随着电子商务的兴起和网购的普遍化，居民的生活消费习惯逐渐改变，小批量、时效性强的门对门物流配送需求不断增加。同时，城市商场、超市的日常配货、蔬菜等农产品等运输需求也在不断增加，使得作为物流链条的"最后一公里"城市物流，在日益拥挤的城市交通系统面临越来越大的压力，一系列的城市配送问题，让"最后一公里"成了阻碍现代物流配送业务发展的突出问题。

城市物流与城市交通是息息相关的，城市物流离不开城市交通，这是城市物流流动的唯一载体。城市交通的合理性和畅通性是衡量城市物流合理与否的重要标志之一，同时又是保证物流需求得到充分实现的前提。

4.城市区位对物流需求的影响

我国幅员辽阔，地区经济发展不均衡，城市物流需求也由于城市所属区位的不同而存在明显的差异。这种差异主要表现在物流需求的规模和结构上。总体而言，我国东部沿海地区的城市物流需求规模比中西部地区大、需求相对旺盛、增速更为明显，物流需求结构也受能源、矿产资源、产业结构等因素的差异而不同。由本书前文分析可知，我国物流需求的规模与国民经济之间存在着极强的相关性，因此可从地区经济总量的对比来分析区位因素对物流需求的影响。可见，我国地区经济发展不平衡所产生的物流需求势必存在很大差异，其中东部地区的物流需求规模远大于中西部地区。

区位对物流需求的影响除了表现在物流需求总体规模之外，还表现在外贸物流、港口物流上的差异。以东部沿海地区为例，该地区是我国对外贸易最为发达的地区，物流需求的外向性程度较高。

5.信息产业发展对物流需求的影响

信息产业属于第四产业范畴，它包括电信、电话、印刷、出版、新闻、广播、电视等传统的信息部门和新兴的电子计算机、激光、光导纤维、通信卫星等信息部门。主要以电子计算机为基础，从事信息的生产、传递、储存、加工和处理。可以分为：①生产和分发信息及文化产品的行业；②提供传递或分发这些产品以及数据或通信方法的行业；③处理数据的行业。

随着信息产业的快速发展，我们可以看到，新的信息产业逐步取代和改造传统产业，预示着现有的以物质资源高消耗为基础的传统工业经济的衰落。

目前，我国经济发展尚处于工业化阶段，信息化同样冲击着我国的经济。作为服务业的物流产业，面对经济形态的变化，产业结构的升级，也在进行不断地

调整和发展。信息化的发展对于物流需求产生了重要的影响。

（1）信息化降低了运输的需求量

随着高新技术的发展，信息产业迅速成为拉动国民经济发展的主导产业，使世界产业走向轻型化。重型产业的绝对量比重下降，资源密集型产品处于停滞状态，劳动密集型产品震荡性增长，技术密集型产品在工业生产总值中的份额逐渐增大。同样，产品的知识含量不断上升，从而引起货物贸易下降。货物日益向重量轻、体积小、价值高、批量小的方向转变，产品中包含的信息越来越多，包含的物质越来越少，被学者称为的"无重量"的贸易越来越明显，使得货物运输量和物流需求量不断减小。

（2）信息流对货物流和库存的替代影响

信息流指在不同组织间的信息交流，是对信息的收集、传递、处理、储存、检索和分析的渠道和过程。在信息化的综合物流发展时代，物流、信息流和资金流紧密结合，在物流服务中表现为及时做出决策、降低成本和提高效率。由于信息流在物流管理中的协调作用，使货物运输流向有序化，货物运输的平均运距缩短，加快了货物流动速度，大大提高了运输能力的利用，从而提高运输效率，更重要的是减少了社会库存保有量，信息使货物能够有效地调动起来，由此表现为货物运输周转量以及运输能力和库存量的边际需求减少，而仓库的单位时间吞吐量增加。

6.物流产业政策对物流需求的影响

在城市物流发展过程中，政府扮演着不可或缺的角色。政府主要从加大资金投入、制定合理的物流产业政策两个方面对物流业的发展加以引导、推动和调控。

在城市物流发展过程中，政府的推进与支持，有利于城市物流高起点的发展，并在较短时间内完成社会资源的前期整合，在较长的时期保持城市物流良好的运行。在城市物流进入良性发展轨道之后，良好的政策环境仍然必不可少，并转向以宏观调控为主。所以城市物流的发展除了要有相应的内在条件外，还需要具备相对完善的政策环境作为支撑（表9-1）。

为促进我国物流业及其他行业的共同发展，我国不断颁布与物流业相关政策以规划和完善物流市场，不断调整物流结构以适应各行各业的持续发展，推动我国经济发展。随着我国物流业相关政策的颁布，物流市场不断对物流运输结构、规模、技术等进行调整，提高运输效率，降低实体经济物流成本。使我国物流业得以不断发展和完善。

中国 2018 年以来物流政策列表　　　　　　　　　　　　　表 9-1

发布时间	名称	核心要点	发布单位
2018 年 1 月	《快递业信用管理暂行办法》	加强快递业信用体系建设，促进快递业健康发展	国家邮政局
2018 年 1 月 18 日	《关于推广标准托盘发展单元化物流的意见》	加快推广标准托盘、防止单元化物流，促进物流提质增效，3 项工作原则、6 条重大任务与 4 条保障措施	商务部等 10 大部门
2018 年 2 月 7 日	《快递封装用品》	根据减量化、绿色化、可循环要求，对原有标准的相关方面进行补充与完善	国家质检总局、国家标准委
2018 年 3 月 2 日	《快递暂行条例》	立足于包容、审慎、监管和管理创新，对快递服务车辆、包装材料等相关强制性规定作了调整，增加了推动相关基础设施建设、鼓励共享末端服务设施等规定，完善了无法投递快件的处理程序，补充了快递业诚信体系建设的内容	国务院
2018 年 4 月 19 日	《快递业信用体系建设工作方案》	在全国范围内开展快递业信用体系建设	国家邮政局
2018 年 4 月	《关于组织实施城乡高效配送专项行动计划通知》	实施城乡高效配送重点工程	商务部、公安部、国家邮政局、供销合作总社
2018 年 6 月 1 日	《关于物流企业承租用于大宗商品仓储设施的土地城镇土地使用税优惠政策的通知》	物流企业承租用于大宗商品仓储设施的土地税收优惠	财政部、税务总局
2018 年 6 月 22 日	《关于提升快递从业人员素质的指导意见》	提升快递从业人员职业素质、职业保障、职业地位和职业荣誉	国家邮政局
2018 年 8 月 31 日	《中华人民共和国电子商务法》	对物流交付方式、交付时间等进行规定	全国人大常委会表决通过
2018 年 10 月 19 日	《关于进一步规范和优化城市配送车辆通行管理的通知》	改进城市配送运力需求管理；创新配送模式；优化城市配送车辆通行管控，并改善城市配送车停靠条件	公安部
2018 年 10 月 22 日	《邮件快件实名收寄管理办法》	对企业执行实名收寄，在收寄邮件、快件时，要求寄件人出示有效身份证件，对寄件人身份进行查验，并登记身份信息	交通运输部
2018 年 11 月 26 日	《智能快件箱寄递服务管理办法（征求意见稿）》	规范职能快件箱寄递服务	交通运输部
2018 年 12 月 17 日	《快递业绿色包装指南（试行）》	快递业绿色包装标准化、减量化和可循环的工作目标，加强与上下游协同，逐步实现包装材料的减量化和再利用	国家邮政局

第三节 城市物流需求预测方法

一、需求预测方法的概念

需求预测方法是指估计在未来的某个时间内整个产品或特定的产品的需求量和需求金额的方法，大致分为定性预测法和定量预测法。

定性预测法是给予判断、直觉和经验判断的方法，本质来说是主观的。包括德尔菲法、部门主管人员意见法、用户调查法、销售人员意见法等。它们的主观性使得它们很难标准化，准确性有待证实。

定量预测法是根据已掌握的比较完善的历史统计数据，运用一定的数学方法进行科学的加工整理，借以揭示有关变量之间的规律性联系，用于预测和推测未来发展变化情况的一类预测方法。可分为时间序列模型和因果关系模型两大类。

（1）时间序列模型：时间序列是指按一定时间间隔，把某变量数值依发生先后顺序排列起来的序列。这些数值可以是销售数量、收入、利润、产量、运量、事故量等。时间序列模型又可细分为时间序列平滑模型和时间序列分解模型。

时间序列分析是根据系统观测到的时间序列数据，通过曲线拟合和参数估计建立数学模型的理论和方法。时间序列分析的种类可以分为ARMA模型和ARIMA模型。ARMA模型的全称是自回归移动平均（Auto regression moving average）模型，它是目前最常用的拟合平稳序列的模型，它又可以细分为AR模型（Auto regression model）、MA模型（Moving average model）和ARMA模型（Auto regression moving average model）三大类。ARIMA模型又称自回归求和移动平均模型，当时间序列本身不是平稳的时候，如果它的增量，即一次差分，稳定在零点附近，则可以将看成是平稳序列。

（2）因果关系模型：因果分析法是利用事物发展变化的因果关系进行预测的方法。它是以事物发展变化的因果关系为依据，抓住事物发展的主要矛盾与次要矛盾的相互关系，建立数学模型进行预测。运用因果分析法进行市场预测，主要是采用回归分析方法，除此之外，计算经济模型和投入产出分析等方法也较为常用。时间序列只将时间作为唯一独立变量，而将需求作为因变量。实际过程中，需求是由很多因素决定的，如产品服务的定价、政府规定、金融信息等，常见的因果模型有回归模型、经济计量模型、投入产出模型。

二、城市物流需求预测指标体系

我国一般物流服务的主要类别有通过外包或自营方式，为客户提供综合服务（3PL）、仓储服务和运输服务。而在目前的物流市场中，只做仓储服务的企业占比非常少，大多数是综合服务商同时为客户提供仓储、运输及管理等综合型物流服务（表9-2）。

中国国内一般物流服务主要类别及服务内容　　　　表9-2

仓储综合服务商	方案/环节设计、整体管控、管理系统、资源整合、环节外包/自营
快递	快递、快运、即时物流、整车平台、整车运输、专线运输、铁路运输、江河运输
仓储服务	入库、包装、保管、出库、整理、发货、装卸

对于我国目前的综合服务市场来说，第三方物流规模还在持续扩大，规模增长明显，市场需求不断扩大。2018年，我国第三方物流规模达到2406亿美元，增速达17.1%，远超社会物流总费用2018年9.8%的增速。2018年，物流市场规模为240.6亿万元，同比2017年增长12%（图9-5）。

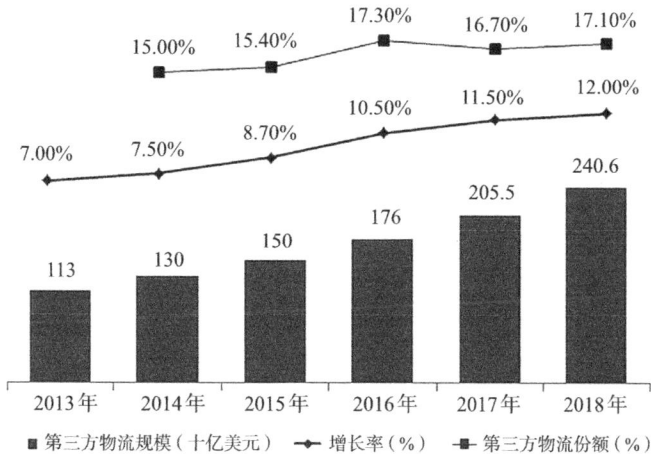

图9-5　2013～2018年中国第三方物流规模增长

目前，我国仓储服务中，现代化电商仓配成为市场热点，仓储服务中电商仓配已经逐渐普及。

（1）中小客户——随着线上和线下的进一步融合，越来越多的中小型电商平台商户提升对仓储的需求，包括仓储面积的需求和仓储服务的需求。

仓储面积需求属于易于满足类型需求，而仓储服务需求会随着市场及电商消费者需求的变动而改变。一方面是小批量进出货的入库出库需求；另一方面是小微融资贷款及账期的需求。

（2）大客户——随着企业电商业务比重的提升，如何提升整体物流供应链的效率以期更好地服务消费者成为各大企业的重要需求。因此，将传统仓库与电商仓打通的电商仓配体系出现。

电商仓配与传统仓配的不同点在于：

（1）仓储品类的不同。传统仓储储存的货物品类是相对单一的，而电商仓则是多品类的集中。它可以通过订单管理系统或自动或人工拣选，形成最终包裹；

（2）管理方式与要求的不同。传统仓主要的管控集中于库内的安全和库存的数量，而电商仓的管理方式和要求则要比传统仓大很多，除了必须满足的库内安全和库存数量，电商仓更讲求仓内作业的时效以及精细化的管理；

（3）装备与技术的不同。和传统仓储不同，电商仓由于其发货的特点是多批次小批量，所以为了保证其整体的正确率，需要通过软件系统和硬件装备来共同完成。软件方面，WMS仓储管理系统以及RFID的条码信息化处理；硬件方面，自动分拣机、巷道堆垛起重机等一系列自动化设备，都是电商仓的差异化优势（表9-3）。

2019年中国物流产业列表 表9-3

综合服务3PL	招商物流、中国外运股份有限公司、KLN、百世供应链、宝供物流、北领、科捷物流、心怡科技
运输服务	中通快递、韵达快递、圆通快递、百世快递、申通快递、EMS
快运	德邦物流、百世快运、安能、壹米滴答、顺丰速运
即时	点我达、蜂鸟配送、美团配送、闪送、达达
车货匹配平台	满帮、货拉拉、福佑卡车、云鸟科技、百世优货
整车零担运输	三志物流、远成集团、招商物流、明亮物流、狮桥物流
海运	中国海运、CMA、CGM、中国远洋海运集团有限公司、APL
铁路	中铁物流集团、中铁快运股份有限公司
江河	海丰国际控股有限公司
物流园区	普洛斯、中国物资储运集团有限公司、丰树、PROLOGIS、宝湾物流、Goodman
国际	DHL、UPS、FedEx、KUEHNE+NAGEL、DB、SCHENKER
冷链	荣庆物流、盛辉物流、郑明现代物流、领鲜、安鲜达、顺丰

随着物流业的发展，物流领域逐渐细分，物流市场也在不断地呈现多元化发展，越来越多的物流企业填补了市场空缺，逐渐形成闭环的良性物流生态系统。无论是综合服务（3PL）、运输服务、快运服务等领域，都是物流业的热门领域，领域内的物流企业不断增大，侧面反映出我国物流需求还在不断扩大，未来还会有更多的企业去填补市场空缺。

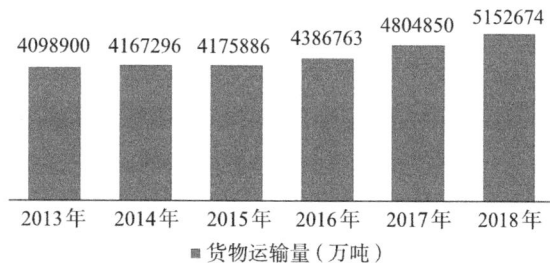

图9-6　2013～2018年货物运输量

如图9-6所示，我国2013～2018年的货物运输量不断增长，2018年达到5152674万吨，相比2017年增长了347824万吨，增长了7.23%。从我国货物运输量可以看出，我国物流需求量还在不断增大，对于物流规划方面还应不断完善以适应物流业的发展，增强物流运输的效率。

三、城市物流需求预测系统指标的选择

判断一个地区的整体发展状况，强相关性的评判指标是该地区的经济发展速度与水平，这些指标是促进物流产业链条产生的基础，也是产业需求量的决定性因素。通常，地区经济总水平越强，经济提升速度越快，物流需求总量就越大。

主要经济指标：GDP、第一产业总产值、第二产业总产值、第三产业总产值、外贸进出口总额、社会消费品零售总额等。通过这些数据指标，才能对物流需求量做出科学、合理的预测。

GDP（国内生产总值）：指一个国家（或地区）所有常驻单位，在一定时期内，生产的全部最终产品和服务价值的总和，常被认为是衡量国家（或地区）经济状况的指标。GDP是国民经济核算的核心指标，也是衡量一个国家的总体经济状况重要指标，但不适合衡量一个地区或城市的经济状况，因为每个城市的生产总值上缴上级或国家的量全部都不同，所以在每个城市留下的财富也就不一样。

根据中华人民共和国国家统计局初步核算，2016年全年国内生产总值为744127亿元，比上年增长6.7%；全年人均国内生产总值53980元，比上年增长

6.1%。国家统计局2018年1月5日发布公告，经最终核实，2016年，中国国内生产总值（GDP）现价总量为743585亿元，比初步核算数减少542亿元；按不变价格计算，比上年增长6.7%，与初步核算数一致。2019年1月21日国家统计局发布，2018年中国国内生产总值90.0309万亿元，按可比价格计算，同比增长6.6%（表9-4）。

国内各项经济指标2014～2018年数据统计表　　　　　　　　表9-4

名称	2018年	2017年	2016年	2015年	2014年
国民总收入（亿元）	896915.6	820099.5	737074	683390.5	642097.6
国内生产总值（亿元）	900309.5	820754.3	740060.8	685992.9	641280.6
第一产业增加值（亿元）	64734	62099.5	60139.2	57774.6	55626.3
第二产业增加值（亿元）	366000.9	332742.7	296547.7	282040.3	277571.8
第三产业增加值（亿元）	469574.6	425912.1	383373.9	346178	308082.5
人均国内生产总值（元）	64644	59201	53680	50028	47005

外贸进出口总额是指实际进出我国国境的货物总金额。进出口总额用以观察一个国家在对外贸易方面的总规模。我国规定出口货物按离岸价格统计，进口货物按到岸价格统计。进出口总额包括：对外贸易实际进出口货物，来料加工装配进出口货物，国际之间、联合国及国际组织无偿援助物资和赠送品，华侨、港澳台同胞和外籍华人捐赠品，租赁期满归承租人所有的租赁货物，进料加工进出口货物，边境地方贸易及边境地区小额贸易进出口货物（边民互市贸易除外），中外合资企业、中外合作经营企业、外商独资经营企业进出口货物和公用物品，到、离岸价格在规定限额以上的进出口货样和广告品（无商业价值、无使用价值和免费提供出口的除外），从保税仓库提取在中国境内销售的进口货物，以及其他进出口货物（图9-7）。

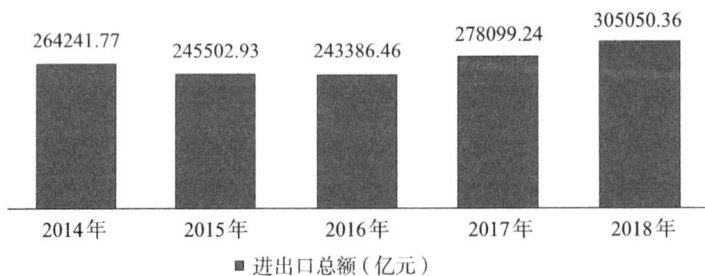

图9-7　2014～2018年我国进口总额

2014～2018年我国进出口总额变化有些许起伏，在2015年时有回落，但在之后几年里进出口总额是持续上升的，直至近两年我国进出口总额依然增长（表9-5）。

2019年3～7月社会消费品零售总额统计表　　　　　表9-5

指标	3月	4月	5月	6月	7月
社会消费品零售总额当期值（亿元）	31725.7	30586.1	32955.7	33878.1	33073.3
社会消费品零售总额累计值（亿元）	97789.7	128375.8	161331.6	195209.7	228282.9
社会消费品零售总额同比增长（%）	8.7	7.2	8.6	9.8	7.6

社会消费品零售总额由社会商品供给和有支付能力的商品需求的规模所决定，是研究居民生活水平、社会零售商品购买力、社会生产、货币流通和物价的发展变化趋势的重要资料。社会消费品零售总额是反映一定时期内人民物质文化生活水平的提高情况，反映社会商品购买力的实现程度，以及零售市场的规模状况。2019年7月，我国社会消费品总额累计值已达到228282.9亿元，同比增长7.6%。

结合前文对物流需求预测内容、影响因素的分析并采用预测指标数据强相关性和可获得性原则，本书主要从物流需求指标和经济指标两个方面建立城市物流需求预测系统的指标集。预测指标如表9-6所示。

预测指标体系表　　　　　表9-6

指标系统	指标种类	划分标准	指标设置
城市物流需求指标	物流需求规模指标	从货运规模角度	货运量、货运周转量
		从物流费用角度	社会物流总成本
		从固定资产投资角度	物流固定资产投资总额
	物流需求结构指标	从运输方式角度	公路运输量、铁路运输量、水运量、空运量、管道运输量
		从物流服务功能角度	运输量、仓储量、配送量、流通加工量、装卸搬运量
		从物流模式角度	自营物流总量、外包物流总量
		从物流流向角度	内部物流总量、对外物流总量
城市物流需求预测经济指标	城市经济规模指标		国内生产总值、人均国内生产总值
	城市产业结构指标		工业生产总值、农业生产总值、第三产业生产总值、建筑业生产总值
	城市内外贸易指标		零售总额、外贸总额
	居民消费水平指标		人均收入、人均消费水平

国内外研究表明，表征物流总量的指标主要包括实物类指标和价值类指标。在实践过程中，物流设施规划，尤其是工程建设要考虑规模，实际上就是要考虑物流"实物量"的问题，而对物流的"价值量"进行研究的目的是要提高整个社会物流的效率，降低物流成本。要全面衡量物流市场容量，需要实物量和价值量指标两种度量体系配合使用。受我国物流统计数据的限制，对于物流需求指标的选择有些能从统计年鉴获得，如货运量、货运周转量等。

对于获取物流需求指标的较大难度，对经济指标的选择就显得相对容易，因为我国对经济指标的统计较为完善，关键是选择具有代表性并与物流需求密切相关的经济指标。通过前文分析，以上选取的经济指标就极具代表性和实际意义。其中，国内生产总值和人均国内生产总值对物流需求规模影响重大，工业总产值、农业总产值、建筑业总产值、第三产业总产值反映了经济结构因素零售总额；外贸总额反映了城市内外商品流通活跃程度；而人均收入、人均消费水平则反映了城市消费领域的个人配送物流状况。因此，可以说经济指标的选择具有较强的代表性，也具有可信度和实际效用。

四、城市物流需求预测方法

定量预测方法的科学理论性强，具有缜密的逻辑关系，所得结果精确全面，需要较强的理论作为基础，是目前应用广泛的预测方法。目前，市场中长期需求较为常见的预测方法有时间序列模型和因果分析定量方法。

（1）时间序列模型：时间序列是指按一定时间间隔，把某变量数值以发生的先后顺序排列起来的序列。这些数值可以是销售数量、收入、利润、产量、运量、事故量等。时间序列模型又可细分为时间序列平滑模型和时间序列分解模型。时间序列平滑模型有简单移动平均法、加权移动平均法、一次指数平滑法、二次指数平滑法等；时间序列分解平滑模型有乘法模型、加法模型等。

步骤：

1）抽样

用观测、调查、统计、抽样等方法取得被观测系统时间序列的动态数据。

2）作图

根据动态数据作相关图，进行相关分析，求自相关函数。相关图能显示出变化的趋势和周期，并能发现跳点和拐点。跳点是指与其他数据不一致的观测值。如果跳点是正确的观测值，在建模时应考虑进去；如果是反常现象，则应该把跳点调整到期望值。拐点则是指时间序列从上升趋势突然变为下降趋势的点。如果存在拐点，则在建模时必须用不同的模型去分段拟合该时间序列，例如采用门限回归模型。

3）拟合

辨识合适的随机模型，进行曲线拟合，即用通用随机模型去拟合时间序列的观测数据。对于短的或简单的时间序列，可用趋势模型和季节模型加上误差来进行拟合。对于平稳时间序列，可用通用ARIMA模型（自回归滑动平均模型）及其特殊情况的自回归模型、滑动平均模型或组合—ARIMA模型等来进行拟合。当观测值多于50个时一般都采用ARIMA模型。对于非平稳时间序列则要先将观测到的时间序列进行差分运算，化为平稳时间序列，再用适当模型去拟合这个差分序列。

时间序列是一种特殊的随机过程，当中取非负整数时，就可以代表各个时刻，可以看作是时间序列（Time series），因此，当一个随机过程可以看作时间序列时，我们就可以利用现有的时间序列模型建模分析该随机过程的特性。

（2）因果分析法：是利用事物发展变化的因果关系进行预测的方法。它是以事物发展变化的因果关系为依据，抓住事物发展的主要矛盾与次要矛盾的相互关系，建立数学模型进行预测。运用因果分析法进行市场预测，主要是采用回归分析方法，除此之外，计算经济模型用投入产出分析等方法也较为常用。因果分析定量方法有回归分析法、弹性系数法和组合预测法以及应用在经济社会系统常见的灰色预测法。

1）回归分析法

回归分析法指利用数据统计原理，对大量统计数据进行数学处理，并确定因变量与某些自变量的相关关系，建立一个相关性较好的回归方程（函数表达式），并加以外推，用于预测今后的因变量的变化的分析方法。根据因变量和自变量的个数分为：一元回归分析和多元回归分析；根据因变量和自变量的函数表达式分为：线性回归分析和非线性回归分析。

回归分析法的步骤如下：

①根据自变量与因变量的现有数据以及关系，初步设定回归方程；

②求出合理的回归系数；

③进行相关性检验，确定相关系数；

④在符合相关性要求后，即可根据已得的回归方程与具体条件相结合，来确定事物的未来状况，并计算预测值的置信区间。

2）弹性系数法

弹性系数分析在经济预测模型中是一种常用的方法，通过弹性系数的分析可以了解到，作为影响因素的自变量对某种求解的因变量的反应或影响程度。

弹性分析法又称弹性系数分析法，它是通过计算两个变量的增减率的比值，考察两个有联系现象间的数量关系、变化特征和规律。弹性系数是指因变量y的增减率与自变量x的增减率之比，常用E表示。它说明自变量x每变化1%，因变量y能相应地变化百分数。

计算公式为：

$$E = \frac{y_i - y_{i-1}}{y_{i-1}} \bigg/ \frac{x_i - x_{i-1}}{x_{i-1}} = \frac{y_i - y_{i-1}}{x_i - x_{i-1}} \cdot \frac{x_{i-1}}{y_{i-1}} = \frac{\Delta y x_{i-1}}{\Delta x y_{i-1}}.(i = 1, 2, \cdots, n) \tag{9-1}$$

以上是逐期弹性的计算公式。本期弹性亦等于本期边际（$\Delta y_i / \Delta x_i$）乘以上期水平系数（y_{i-1}/x_{i-1}）的倒数。若需计算若干期的平均弹性系数$\bar{E}$，有下列几种方法可供选择。

①水平法。用因变量和自变量的总增减率对比求$\bar{E}$：

$$\bar{E} = \frac{y_n - y_0}{y_0} \bigg/ \frac{x_n - x_0}{x_0} = \frac{y_n - y_0}{x_n - x_0} \cdot \frac{x_0}{y_0} \tag{9-2}$$

②几何法。用几何法求得的x，y的平均增长率对比：

$$\bar{E} = \left(\sqrt[n]{\frac{y_n}{y_0}} - 1 \right) \bigg/ \left(\sqrt[n]{\frac{x_n}{x_0}} - 1 \right) \tag{9-3}$$

③函数法。先确定x，y两个变量的函数方程式，再求平均弹性；用函数法求平均弹性，通常需要与回归分析相结合：

$$\bar{E} = \frac{\mathrm{d}y}{\mathrm{d}x} \cdot \frac{\bar{x}}{\bar{y}} = f'(x) \cdot \frac{\bar{x}}{\bar{y}} \tag{9-4}$$

弹性可按数值大小、取值正负、衡量对象不同进行分类。

按弹性系数的大小，可分为零弹性（$E=0$）、低弹性或弱效应弹性（$|E|=0$）、等效应弹性（$|E|=1$）、强效应弹性（$|E|>1$）。

按弹性系数取值正负，分为正效应弹性$E>0$和负效应弹性$E<0$。前者说明两个变量之间同向变动，即正相关；后者说明两个变量之间异向变动，即负相关。

按弹性衡量对象不同，可分为需求弹性、供给弹性和产出弹性等。其中每一类弹性又可细分为不同的弹性，如需求弹性可分为需求的收入弹性、需求的价格弹性、需求的交叉弹性或交互价格弹性。产出弹性可分为产出的劳动力弹性、资本弹性和能源弹性等。

3）组合预测法

组合预测方法是对同一个问题，采用两种以上不同预测方法的预测。它既可以是几种定量方法的组合，也可以是几种定性的方法的组合，但实践中更多的则是利用定性方法与定量方法的组合。组合的主要目的是综合利用各种方法所提供的信息，尽可能地提高预测精度。

组合预测有两种基本形式：

①等权组合，即各预测方法的预测值按相同的权数组合成新的预测值。

②不等权组合，即赋予不同预测方法的预测值的权数是不一样的。

这两种形式的原理和运用方法完全相同，只是权数的取定上有所区别。根据已进行的预测结果，采用不等权组合的组合预测法结果较为准确。

组合预测法的应用原则以及一般步骤。

①应用原则：

定性分析与定量分析相结合原则；

系统性原则；

经济性原则。

②步骤：

以经济预测为例，一般步骤是根据经济理论和实际情况建立各种独立的单项预测模型；

运用系统聚类分析方法度量各单项模型的类间相似程度；

根据聚类结果，逐层次建立组合预测模型进行预测。

组合预测有以下模型。

模式一：线性组合模型；

模式二：最优线性组合模型；

模式三：贝叶斯组合模型；

模式四：转换函数组合模型；

模式五：计量经济与系统动力学组合模型。

4）灰色预测法

灰色预测法是就灰色系统所做的预测。所谓灰色系统是介于白色系统和黑箱系统之间的过渡系统。其具体的含义是，如果某一系统的全部信息已知为白色系统，全部信息未知为黑箱系统，部分信息已知，另一部分信息未知，那么这一系统就是灰色系统。

一般地说，社会系统、经济系统、生态系统都是灰色系统。例如物价系统，导致物价上涨的因素很多，但已知的却不多，因此对物价这一灰色系统的预测可以用灰色预测方法。

灰色系统理论认为对于既含有已知信息又含有未知或非确定信息的系统进行预测，就是对在一定方位内变化的、与时间有关的灰色过程的预测。尽管过程中所显示的现象是随机的、杂乱无章的，但毕竟是有序的、有界的，因此这一数据集合具备潜在的规律，灰色预测就是利用这种规律建立灰色模型，对灰色系统进行预测。

灰色预测通过鉴别系统因素之间发展趋势的相异程度，即进行关联分析，并对原始数据进行生成处理来寻找系统变动的规律，生成有较强规律性的数据序列，然后建立相应的微分方程模型，从而预测事物未来发展趋势的状况。其用等时距观测到的反应预测对象特征的一系列数量值构造灰色预测模型，预测未来某一时刻的特征量，或达到某一特征量的时间。

第四节　京津冀实例分析

一、京津冀城市物流市场现状

京津冀物流基础设施是区域物流发展的基础条件，因此分析京津冀地区的运输基础设施状况很有必要。

1.公路

京津冀目前已经形成京张、京承、京通、京津、京廊、京石六个方向的公路网，基本上形成了密度大、范围广、等级高的公路网网络格局。如表9-7所示，京津冀地区公路网密集且覆盖率高，公路运输里程占全国总公里比重较大。

京津冀地区公路运输里程（万公里）　　　　　表9-7

年份 地区	2012年	2013年	2014年	2015年	2016年	2017年
北京	2.15	2.17	2.18	2.19	2.20	2.22
天津	1.54	1.57	1.61	1.66	1.68	1.65
河北	16.30	17.45	17.92	18.46	18.84	19.17
京津冀	19.99	21.19	21.71	22.31	22.72	23.04

续表

地区＼年份	2012年	2013年	2014年	2015年	2016年	2017年
全国	423.75	435.62	446.39	457.73	469.63	484.65
比重	5%	5%	5%	5%	5%	5%

2. 铁路

京津冀的铁路是该区域交通运输网络的骨干，也是我国铁路最密集的地区之一。区域内铁路以北京为中心向外辐射，纵横交错，四通八达。其中，铁路干线主要包括京广、京沪、津秦等高铁，还有秦沈、石太等客运专线及京津城际铁路，以及京广、京沪、京山、石太等普速铁路，并且邯黄铁路已建成通车，大秦、朔黄、京秦铁路等提速扩能，张唐铁路也已在加速推进，构成了网络状的铁路网，通向区域内部及全国各地。如表9-8所示，京津冀地区的铁路运输里程在全国总铁路里程中占比也相对较高，铁路网覆盖率也较高。

京津冀地区铁路运输里程（万公里）　　　　　　　　　　表9-8

地区＼年份	2012年	2013年	2014年	2015年	2016年	2017年
北京	0.13	0.13	0.13	0.13	0.13	0.13
天津	0.09	0.10	0.10	0.10	0.11	0.11
河北	0.56	0.63	0.63	0.70	0.70	0.72
京津冀	0.78	0.86	0.86	0.93	0.94	0.96
全国	9.76	10.31	11.18	12.1	12.4	12.7
比重	8%	8%	8%	8%	8%	8%

3. 民航

目前，京津冀地区有北京首都国际机场、天津滨海国际机场、石家庄正定机场、北京南苑机场、秦皇岛山海关机场和邯郸机场等八个民用运输机场。2013年全年完成货邮吞吐量214万吨，占全国的比重为16.1%。可见，京津冀机场的航空业务量已形成很大规模，并且区域内的机场一直在进行改建、新建和扩建，航空运输工具也在不断地更新和升级（表9-9）。

237

京津冀主要机场（首都机场）货邮吞吐量（吨）　　　　　　　表9-9

地点	2008年	2009年	2010年	2011年	2012年	2013年	2014年
首都机场	1367710.3	1475656.8	1551471.6	1640231.8	1799864	1843681.1	1848000

4.水运

京津冀濒临渤海，拥有众多重要港口，具有天然的区位优势，如天津港、秦皇岛港、京唐港、黄骅港、唐山港和曹妃甸港等。天津港和秦皇岛港是其中两个重要的优良港口，以其强大的集输运能力在该区域占据着重要地位，并且在物流网络中的组织作用不可忽视。其中，2014年天津港完成货物吞吐量5.4亿吨，同比增长7.9%，集装箱吞吐量突破1406万标准箱，同比增长8.1%。秦皇岛港2014年全年完成货物吞吐量2.74亿吨，实现了港口吞吐量的持续稳增长，并且随着渤海津冀港口投资发展有限公司的成立，津冀港口辐射带动作用将进一步增强。由表9-10可知，天津和河北主要港口货物吞吐量比重总体达到全国水平的12%，港口的快速发展为京津冀物流资源整合提供了可行性，也为该区域实现多式联运提供了基础设施基础。

京津冀地区主要港口货物吞吐量（万吨）　　　　　　　　　　表 9-10

地区 \ 年份	2009年	2010年	2011年	2012年	2013年	2014年
天津市	38111	41325	45338	47697	50063	54002
河北省	50874	60343	71300	76234	88983	95030
全国	766000	893000	1004000	1077600	1176700	1245215
比重	12%	11%	12%	12%	12%	12%

二、京津冀城市物流需求预测实例分析

在京津冀未来的现代化物流业发展规划中，根据影响物流需求因素的分析，选择GDP、第一产业总产值、第二产业总产值、第三产业总产值、外贸进出口总额和社会消费品零售总额这6个主要经济指标，作为预测京津冀综合货运量的依据，如表9-11所示。

京津冀物流发展各指标原始数据（2014～2018年）　　　　　　　　表9-11

年份	京津冀GDP（亿元）	第一产业（亿元）	第二产业（亿元）	第三产业（亿元）	外贸进出口总额（亿美元）	社会消费品零售总额（亿元）	综合货运量（万吨）
2014	66478.91	3806.35	30476.55	26551.2	264241.77	26.7	286250
2015	69358.89	3788.48	29795.31	29230.09	245502.93	29.6	266881
2016	75624.97	3842.82	30399.63	33508.35	243386.46	32.5	281826

续表

年份	京津冀GDP（亿元）	第一产业（亿元）	第二产业（亿元）	第三产业（亿元）	外贸进出口总额（亿美元）	社会消费品零售总额（亿元）	综合货运量（万吨）
2017	80580.45	3419.36	31033.39	36613.41	278099.24	35.4	300764
2018	85139.89	3629.4	31259.68	38686.45	305050.36	38.2	322359

一元线性回归预测是指成对的两个变量数据的散点图呈现直线趋势时，采用最小二乘法，找到两者之间的经验公式，即一元线性回归预测模型。根据自变量的变化，估计因变量变化的预测方法。一元线性回归预测法是分析一个因变量与一个自变量之间的线性关系的预测方法。

该方法只能解释一个主要因素对因变量的影响，其预测公式为：$Y = a + b X$，根据物流需求影响因素分析结果，影响综合货运量的最显著因素为GDP，由此，利用GDP预测京津冀未来15年的综合货运量（表9-12）。

京津冀货运量原始数据（1999～2018年）（万吨） 　　　　表9-12

时间	序号	天津市	河北省	北京市	京津冀总货物量
1999年	1	26313	74708	28306	129327
2000年	2	26026	75604	30714	132344
2001年	3	27988	78886	30608	137482
2002年	4	30052	82226	30799	143077
2003年	5	32014	77089	30729	139832
2004年	6	36237	83672	31321	151230
2005年	7	39219	88342	32113	159674
2006年	8	41939	90831	33008	165778
2007年	9	50261	96891	19877	167029
2008年	10	34114	106922	20525	161561
2009年	11	42324	123065	20470	185859
2010年	12	40013	156596	21762	218371
2011年	13	43601	189799	24663	258063
2012年	14	46015	219130	26162	291307
2013年	15	45233	198009	25748	268990
2014年	16	49753	209946	26551	286250
2015年	17	48779	198024	20078	266881

时间	序号	天津市	河北省	北京市	京津冀总货物量
2016 年	18	50506	210586	20734	281826
2017 年	19	51800	228854	20110	300764
2018 年	20	52221	249265	20873	322359

按照一元线性回归模型预测方法的表达式：

$$Y_T = a + bx$$

$$b = \frac{n\sum xy - \sum x \sum y}{n\sum x^2 - \left(\sum x\right)^2}$$

$$a = \frac{\sum y - b\sum x}{n}$$

从 1999～2018 年依次排序为 1～20，以序号为 x 轴，以货运量为 y 轴，做出一元线性回归方程趋势图，如图 9-8、表 9-13 所示。

（货运量）

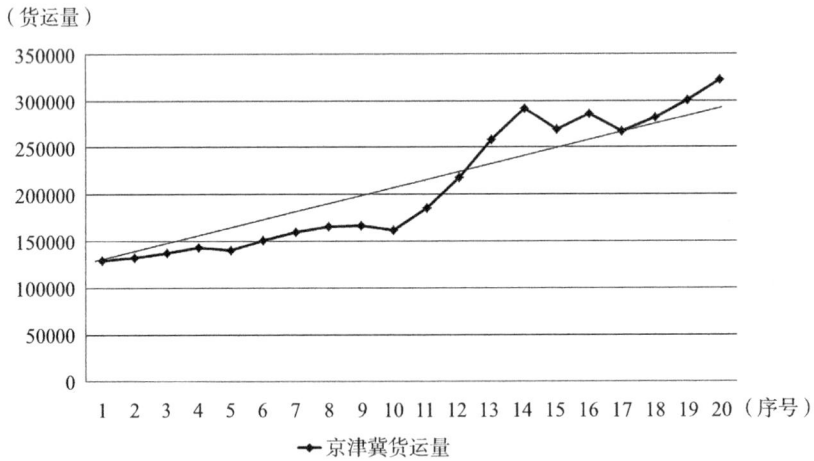

图 9-8　京津冀货运量一元线性回归趋势图

一元线性回归计算　　　　　　　　　　表 9-13

	x	y	x^2	xy
	1	129327	1	129327
	2	132344	4	264688
	3	137482	9	412446
	4	143077	16	572308
	5	139832	25	699160

续表

x	y	x^2	xy
6	151230	36	907380
7	159674	49	1117718
8	165778	64	1326224
9	167029	81	1503261
10	161561	100	1615610
11	185859	121	2044449
12	218371	144	2620452
13	258063	169	3354819
14	291307	196	4078298
15	268990	225	4034850
16	286250	256	4580000
17	266881	289	4536977
18	281826	324	5072868
19	300764	361	5714516
20	322359	400	6447180
求和	190	3845645	2870	44585351

$$b = \frac{20 \times 51032531 - 4168004 \times 210}{20 \times 2870 - 210 \times 210} = 10930$$

$$a = \frac{4168004 - 10930 \times 210}{20} = 93635.2$$

$$Y = 93635.2 + 10930x$$

对接下来的几年进行预测（表9-14）：

京津冀货运量2019～2030年预测值 表9-14

年份	序号	预测货运量
2019年	21	323165.2
2020年	22	334095.2
2021年	23	345025.2
2022年	24	355955.2
2023年	25	366885.2
2024年	26	377815.2
2025年	27	388745.2
2026年	28	399675.2

年份	序号	预测货运量
2027年	29	410605.2
2028年	30	421535.2
2029年	31	432465.2
2030年	32	443395.2

小　结

　　物流需求分析是指将物流需求与生产需求的社会经济活动进行相关分析的过程。由于物流活动日益渗透到生产、流通、消费等整个社会经济活动过程之中，与社会经济的发展存在着密切的联系，是社会经济活动的重要组成部分，故物流需求与社会经济发展有着密切的相关性，社会经济发展是影响物流需求的主要因素。

　　物流需求的预测研究是城市物流规划的重要内容，是政府部门和相关机构确定地区资源合理分配、物流基础设施建设规模和制定各项相关政策的主要依据，也是相关企事业单位评价物流市场、制定本单位战略决策的依据。

　　选取物流需求的度量可以使用货运量、库存量、加工量、配送量等实物量作为度量体系。在做较为科学的物流需求预测时通常选取的主要经济指标：GDP、第一产业总产值、第二产业总产值、第三产业总产值、外贸进出口总额、社会消费品零售总额。

　　需求预测方法是指估计在未来的某个时间内，整个产品或特定产品的需求量和需求金额的方法。需求预测方法大致分为定性预测法和定量预测法。

　　常见的定性预测法有线性回归预测法、弹性系数预测分析法、灰色预测法、组合预测法。除此之外，还有研究学者不断地提出新的更加科学准确的预测方法，例如基于经济密度的城市物流需求综合预测方法、基于多种回归模型的区域物流需求预测方法，以及时间序列分析方法等。

第十章

城市物流发展联动效应研究

本章重点理论

　　随着经济的不断发展，人们对生活和工作中的各种需求也在不断提升，城市物流就是为了满足城市及以城市为中心的周围经济区域内人们生活及经济活动的需要而进行的城市内及城市与外界之间的物流活动，而这种活动是建立在城市之上的一种需求。在全球化背景下，城市物流迅速发展，被誉为促进经济发展的"加速器"、国民经济发展的动脉和基础。城市物流在城市中的迅速发展，对城市社会、经济、环境要素等产生作用和影响，也将引起城市经济结构、产业结构、综合交通、区域物流等发生变化。

第一节　城市物流对城市经济的带动作用

　　物流涉及物资移动过程中的运输、保管、包装、装卸、流通中的加工、配送以及相伴随的信息处理等。现代社会城市经济快速发展，而城市物流也扮演着越来越重要的角色。城市经济与城市物流的交叉是必然，物流业作为经济的重要组成部分和工业化进程中最为经济合理的综合服务模式，正在全球范围内得以迅速发展。在未来，我国城市化的发展进程中，城市物流系统对于推动城市经济发展和提高城市竞争力有着重要的作用。

一、城市物流与城市经济的关系

　　依据城市物流发展水平与城市经济发展水平的一致程度，可将其分类为超

243

前、匹配和滞后三种状态。只有城市物流与城市经济发展水平匹配，效用才会最大。他们的匹配是强调城市物流供给与城市经济发展的需求相匹配。所谓匹配考察不仅包括单纯的量上的匹配，更强调质上的匹配。

（1）超前区：城市物流需求不足，小于城市物流服务供给。超前区里可能是城市经济并没有预期繁荣，物流需求量不足，导致物流供给量过剩，市场反馈出来的现象是物流设施设备大量闲置。另一种情况，是物流企业不顾城市整体经济较落后的现实情况，引进各种先进的物流技术，大量增加物流成本使得物流需求方无法接受。

（2）匹配区：城市物流需求与供给基本均衡，其表现为市场上基本无闲置物流资源，也不存在需求得不到及时满足的现象。匹配区内的城市物流，技术可能不是最先进的，物流设施不是最新的，物流发展水平也不是最高的时，但其职能效用得到最大化，对城市经济的辅助协调作用体现得最为明显。

（3）滞后区：城市物流需求明显大于物流服务供给，市场反馈出来的现象为物流设施落后，误时延时频率高，物流管理水平低，进而导致物流成本高。造成上述现象的原因是物流发展水平远比城市经济发展水平落后。

二、城市物流对城市经济的影响

城市物流支撑着城市日常经济活动的正常运行。在第一、第二利润源相继枯竭的21世纪，作为第三利润源的物流对城市经济的影响作用不言而喻。值得一提的是，城市物流对经济发展有正负两面影响，在带来大量正面影响的同时，也会产生一些不可避免的负面影响。

1.负面影响

无论城市物流发展水平是位于超前区或滞后区，对城市经济和环境的消极作用远大于积极作用。当城市物流水平滞后于城市经济发展时，其典型表现是库存仓储量大、服务水平低、物流成本高、货物不能通畅其流。低效率的物流运作水平，妨碍了商品流通与区域城市间职能分工与合作，严重损害了区域城市经济的"吸收"与"辐射"面积，更不利于生产效率的提高。

另一种伪命题是，认为城市物流发展水平越快越好。须知，若城市经济发展速度跟不上，导致物流有效需求不足，同样会造成物流资源大量闲置，物流成本居高不下，最后物流产业只能成为当地产业的累赘。

2.正面影响

在匹配状态下，城市物流水平与城市经济发展之间能产生良性互动，从而在节约交易成本、扩大就业、优化产业结构、促进城市产业布局等方面都有积极的作用。

（1）节约交易成本，提高经济运作效率

城市物流与经济的匹配发展，对节约交易成本的促进作用尤其大。从交易过程和交易主体行为两方面的考察，可以见证现代物流对节约交易成本的积极作用。首先，在商品交易过程中，物流业越来越现代化、科技化，无疑减少了人工，提高了服务水平，节约了时间，从而降低了相关交易费用。其次，从交易的主体行为看，现代物流业发展导致供应链体系和供应网络体系的兴起，其中核心企业和各节点企业之间的关系不仅是相互协调、互利互惠，更是一个相互"组织学习"的过程，这减少了因交易主体的"有限理性"而产生的交易费用。供需双方交易成本的降低，最终反映在产品价格上，使商品具有低价格的优势，从而使区域经济核心竞争力得到提升。

（2）扩大就业

物流业作为第三产业，从服务行业的特点和发展史来看，它是一个有助于社会扩大就业的行业。随着城市物流业的繁荣，其吸纳高、中、低等人力劳动力的数量越多，扩大就业的能力也就越强。在我国，近十几年来交通运输业、仓储业、邮电通信业等与物流相关的从业人数由1978年底的750万人增长到2010年的5000多万人，呈现快速上升趋势。

（3）成为新区域城市的经济增长点

对于枢纽型城市，政府可以把物流业定位为主导产业。因为合理的物流产业规划有利于当地扮演区域专业分工的交通枢纽角色，它能作为区域经济的一个增长极。而物流业的高关联性和高辅助性，使得它的高速发展带动了相关产业的兴旺，从而形成一个新的经济增长点。

（4）影响城市的产业布局

城市各产业的分布情况会受到物流业发展状况的影响。若物流产业在城市经济中占有重要地位，其产业带动性的作用就能得以充分发挥。另外，它还能吸引机械制造业、会展业和信息服务业等服务性行业的聚集。物流园区、物流中心等的集聚效应对城市的产业布局形成了显著的影响。

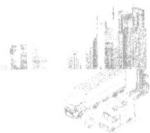

三、城市物流对城市经济的支撑作用

1.城市物流支撑城市中心集散功能的形成

城市是城市物流的汇聚地。要建立多功能、高层次、集散功能强、辐射范围广的社会化综合物流中心，城市是必要、必需的载体。而中心城市对物流的综合服务功能的要求越来越高、依赖性越来越强。高效率、高水平的城市物流对于中心城市的聚集和扩散功能的形成和发挥的促进作用越来越显著。

在城市经济中心的优势聚集之下，许多企业会为了自身或集团的利益最大化而在城市形成优势区位聚集，带动资金、人口、资源的聚集。而城市物流能有效提高城市资源的利用效率、加快物资循环速度，从而增强中心城市的聚集和扩散功能。一方面，城市物流的发展使制造过程更加合理，有效降低了企业的库存和积压产品，减少残次品率，提高资源的使用效率，从而减少对自然资源的浪费；另一方面，通过物流技术的使用，实现集约化、规模化经营，提高了单位的物流能力，通过提高自然资源利用效率，挖掘第三利润源；最后，发展城市物流能够有效解决区域内的资源运达调配问题，方便边缘城市资源进入中心城市流转的同时，中心城市先进的知识技术和设备进入边缘城市，从而实现区内资源的优化配置，实现城市群内各个组成部分的协同发展。

城市作为经济区域内各方面综合实力最强，经济发展起主导作用的核心枢纽，在城市物流的支撑下，充分发挥其集聚的区域优势，扩散生产设备与技术，带动周边地区、中小城市及农村的繁荣发展。形成以物流、信息流、商流、资金流等多种资源形成的经济循环体系，发挥城市经济优势集散功能，形成整个大环境的经济增长，促进周围和地区经济生产的共同发展。

2.城市物流支撑城市经济可持续发展

美国经济学家彼得·德鲁克1962年在美国经济刊物《财富》杂志上发表了一篇文章，文中说道"物流是降低成本的最后领域，是经济的黑暗大陆"，可见，现代物流业的发展对降低商品成本与流通成本起到了关键的作用。我们可以从农业、工业两个方面进行阐述。

农业提供食物和其他基本生活、生产资料，是人们的衣食之源，生存之本。没有物流、没有交通，城市里的人吃什么、工业如何发展都是很大的问题。城市物流则很好地解决了这个问题，它通过信息技术支撑，以农业现代化、产业化为目标，整合区域农业物流资源，实现农资、农产品、农业加工产品等从生产地到消费地，从农村到城市的快速便捷的转移。

工业是我国目前发展的重点战略，而城市作为工业生产的中心，物流是其中关键的一个环节。在城市工业中，存在着不同程度的规模经济，以家电为例，这几年在国内产生了很大的经济规模，如冰箱、空调、液晶电视，年产数达到几十万甚至上百万台的数量。大量的产品从零配件组装到销售，支撑它的运输成本是可观的。如果在整个从生产到销售的过程中，运输条件得到改善并实现合理化运输，生产成本自然也会下降。不同的制造业、工业通过城市物流，有不同的降低成本的方法，例如造纸厂会将工业基地设在原料产地，而饮料厂则会把生产基地建在靠近消费地的地方。制药厂通过在全国各城市建立配送中心，满足不同地区对药品的需求量。这些都是通过城市物流中的各个环节来实现的。

3.城市物流支撑城市经济增长方式的转变

与国际水平相比，我国经济呈现明显的粗放型增长特征，以这种方式实现经济增长，不仅消耗和成本较高，而且产品质量难以提高，经济效益较低。我国现在正从粗放型经济向集约型经济转变。而城市物流，在其中发挥了巨大的作用，主要体现在：城市物流的发展将会提高物流的供给能力，保证货物在空间中的有效配置，调整经济和资源的有效整合，从而推动经济增长。

城市物流对于集约型经济增长方式的要求能够得到合理的实现。城市工业化步伐的加快，使得工厂对市场信息能够做到及时掌握，将物流各环节进行调整，例如缩短流通时间、降低流通费用、建设物流园区、改善配送线路等，促进经济和资源的可持续发展，在保护环境、节约资源、发展循环经济的同时，大力发展物流业，使得在城市物流的支撑下，对每个物流环节进行有效的节约、整合、一体化一站式服务，让工业产品通过物流环节的优化实现降低生产成本、加快资金周转、节约自然资源、保护生态环境，达到转变经济增产方式、提高经济增长质量与效益的目的。

我国未来只有通过转变经济增长的方式，才能实现科学发展，更好地满足人们日益增长的物质文化需求，构建社会主义和谐社会。城市物流对于实现集约型增长的方式有利于城市各行各业对自有体系的转变，不再是传统的保守的生产和销售方式。改善体系、实现经济的增长，有利于提高城市的市场竞争，提高行业核心竞争力。

4.城市物流支撑城市产业结构优化

城市的经济发展对高效率、高品质物流服务的需求，使物流业拓展了新的业务领域，推动城市产业结构进行优化和升级，高品质的城市物流连接中心城市与边缘城市、促使城市与农村的协调发展并促进城市的第三产业逐步形成支柱行业。因此，城市物流的发展有助于城市产业结构的优化，促进产业结构升级。

城市物流影响着城市活动的各个方面，单从运输来说，随着越来越多的"农超对接"，降低了农产品物流成本，且"快速送达"保证了农产品的新鲜程度，既满足了中心城市消费者的需求，又促使农业对市场需求的应变能力变得更强。发展城市物流可以降低农产品的流通费用，降低农业生产成本和运输成本，间接发展农村经济，推动城市与农村的共同发展。城市物流不仅包括运输，还包括储存、包装、流通加工、配送、信息技术等，随着社会对物流业需求的增大，各项分支业务也得到快速发展，由于城市物流的产业关联度高，发展城市物流有利于提高城市工业的经济效益。物流管理技术可以将诸如制造业等产品业务外包，发展核心竞争力，既节约了生产成本，又可以专注于企业核心产品及技术的发展，提高了产品质量的层次，从而提高了经济效益。城市物流使生产与消费紧密联系，体现出先进的组织方式和管理技术，对于优化配置资源和节约成本、提高经济运行的质量和效益、加快经济运行的速度起到了十分关键的作用，因此物流业也被称为"第三利润源"。可见，发展城市物流不仅可以带动相关的产业发展，如批发零售、餐饮、金融、信息、仓储的发展，还提高了第三产业中高附加值行业的比重。对于优化区域产业结构、繁荣区域经济有着十分重要的影响。

四、城市经济对城市物流的反作用

随着城市经济的发展，城市物流水平也随之不断上升，因此城市物流的发展是以城市经济的发展为前提，而城市经济的发展也以城市物流为基础，城市物流与城市经济本质上是一种相辅相成、互促共进的关系。物流业作为专门提供物流服务的行业，其发展对于满足企业和社会日益增长的物流需求，提高物流服务的供给质量和社会化程度，降低物流成本等具有重要作用。物流产业支撑着规模巨大的物资实体在全球范围内进行合理流通，没有物流产业的高度发展，经济发展也就失去了重要的基础。

1.经济增长使物流需求由数量向质量转变

物流需求是一种派生需求，产生于工商企业和事业部门经营的需要以及个人和家庭生活的需要，物流需求的规模与质量同经济发展水平紧密相关。经济的快速发展必然会对物流产生影响，这种影响主要体现在数量和质量两个方面。就物流数量（规模）而言，人们往往会将之同货物运输量相联系，经常以货运量作为物流量的代理指标使用。按照传统认识，物流量主要表现为货物运输量，而且随着经济总量的增长，货运量也会相应增长。但如果仔细分析便会发现，当经济发展到一定阶段以后，这种对应关系会变得越来越弱。相反，产业结构的变化对于物流的影响却越来越大，其对货运的影响主要体现在货运结构上。

2.产业结构调整提升物流需求的质量

伴随着产业结构的调整和企业经营方式的转变，物流服务需求的结构和质量也呈现出多样化、高度化的趋势。产业结构调整的结果是机电产业、生物和医药产业、IT产业、汽车产业等新兴产业以及外贸产业的比重大幅度提高，从而使得物流需求结构发生了变化。由于这些产业所创造的产品附加值高，单位价值量大，市场周期短，市场风险相对较高，因而对于物流服务的质量要求也非常高。加之企业进行全球采购和销售的比重越来越大，致使企业在采购、库存、商品配送等领域的运作方式发生了根本性转变。缩小库存周期，加快流通速度，提高物流服务的准确性和快速反应程度，成为高附加值商品对物流服务的基本要求。

3.商业发展使城市配送产生旺盛的需求

连锁经营逐步成为重要的商业运作模式，这必然会对城市配送系统和配送中心产生旺盛的需求，因为连锁经营的重要目的是通过集中进货、集中配送等运营手段形成规模效益以降低流通费用，提高企业竞争力。因此在商业企业产生的物流需求中，城市圈内的配送需求将逐渐增大，同时对产品包装、流通加工、信息查询等物流增值服务的需求也会迅速增加。

4.经济与社会发展产生新的物流需求

产业结构的调整以及新兴产业的发展在许多领域逐步释放出新的物流需求，形成新的物流市场。

（1）国际贸易

国际贸易的增长特别是在高科技产业基地落户的跨国企业，将会对进出口报关、货运代理、原料采购等相关的物流服务产生旺盛的需求，从而为物流业提供新的市场空间。此外，伴随着国际企业的进入，国际速递、档案资料保管等物流服务项目也将进入活跃期，与之相关的国际运输代理、仓库保管业也会从中找到新的市场。

（2）现代制造业领域

汽车工业会对相关产业产生巨大的带动作用，其特有的生产方式将对物流服务提出全新的要求。及时化物流服务、零部件采购供应物流服务、整车运输服务等都将成为物流业的潜在市场。

（3）个人消费领域

个人消费结构的变化和消费档次的提高，直接或间接地促进了诸如整车物流、搬家服务、城市内配送、包裹快递等物流服务的发展。

（4）会展业领域

会展业在支持商务、会议、拍卖、租赁、咨询、展览、展示等服务业的发展方面起到了重要作用。但会展业的发展离不开物流业的支撑，如果没有发达的现代物流体系作保障，会展业也难以发挥其应有的作用。

展品物流服务是一个崭新的服务领域，尤其是综合性展销会、博览会、交易会的展品，品种多、数量多、价值高，涉及通关、包装、多式联运、安装等多项物流服务，运作起来更为困难，但展品物流蕴含着巨大的商机。展品物流需要专门的包装、装卸、搬运和运输技术，属于高品质的物流服务，可以获得较大的利益回报。

通过以上分析我们不难看出，城市经济的发展对于物流的影响，已经由扩大物流总量规模转向了追求高度化和多样化的物流服务。经济的快速发展在为物流业提供广阔市场的同时，也对物流业提出了新的要求。物流业面对不断变化的市场，必须加快服务内容的调整，探索新型服务模式，提高物流技术水平。只有这样，物流业才能同经济一起发展壮大。另一方面，经济的持续发展也离不开物流业的支撑，因而需要加大对物流业的培育力度，推动物流业的现代化。

第二节　城市物流对城市交通带动作用

一、城市交通运输与城市物流的关系

（1）城市交通运输是城市物流的有机组成部分。

整个城市物流活动是由包装、装卸、保管、库存管理、流通加工、运输和配送等活动组成的，其中城市交通运输是城市物流活动的主要组成部分，是城市物流的核心环节，不论是企业的输入物流、输出物流，还是流通领域的销售物流，都依靠运输来实现商品的空间转移，可以这样说，没有运输，就没有物流。为了适应物流的需要，要求具有一个四通八达，畅行无阻的运输线路网系统作为支持。

现代物流以交通运输技术和信息技术为基础，在满足流通需求的同时，追求将服务全过程的系统总成本（包括时间成本和增值服务成本）降至最低水平，而流通过程本身则依托信息系统为支撑的运输系统来完成。没有运输就谈不上物流，但仅依靠运输也不可能满足当今社会经济发展所产生的日趋复杂的、多样化的流通服务需求，且运输费用在整个物流费用中占很大比例。从这个意义上说，交通运输是物流的有机组成部分，是物流大系统中极为重要的子系统。同时，运输也与物流其他环节关系密切。

第一，运输与包装的关系。物资的包装材料、包装规格、包装方法等都不同程度地影响运输。因为包装的外廓尺寸与承运车辆的内部尺寸构成可约为倍数时，车辆的容积才可以得到充分的利用。

第二，运输与装卸的关系。装卸是运输的影子，有运输活动发生就必然有装卸活动。一般一次运输伴随两次装卸活动，装卸质量将影响运输质量，如果装卸不好，在途中进行二次装卸将影响运输时间，装卸是各种运输方式的衔接手段。

第三，运输和储存的关系。运输活动组织不会延长物资在生产者仓库中的存放时间，同时也会使消费者的库存增加，因为运输组织不会使消费者的安全库存数量增大。

（2）城市交通运输是城市物流发展的基本功能和重要支撑，对于物流发展具有决定性意义。

运输是物流系统八大功能要素中最基本、最具有活力的功能因素，没有运输活动，物流就不能实现。高效的物流活动离不开高效的运输服务的支撑。此外，运输过程优化和成本控制对于物流成本的降低具有决定性作用。从发达国家的发展历程看，物流成本降低的最初来源主要是运输环节和网络的优化、运输成本的降低和效率的提高，而后将供应链的理念引入物流管理，实现从包括仓储、运输和管理等整个物流链条上成本的降低。因此，运输成本的降低对于我国物流成本的下降具有决定性的意义。

251

（3）城市物流需求是城市交通运输发展的主要来源，是城市交通运输业优化升级的重要推动力。

现代竞争环境对于物流需求提出了更高的要求，而在我国物流市场不是十分完善，物流企业竞争力不强的背景下，这些要求即为传统交通运输业的发展提供了挑战和机遇。我国交通运输领域在管理体制、枢纽建设、组织衔接、信息技术应用等各方面与现代物流的要求尚有一定的差距，具有广阔的发展空间。如果能够抓住机遇，按照现代竞争环境和物流发展的要求，整合交通运输资源、打通交通运输环节、理顺组织关系，必然能够大幅提升交通运输业的发展水平，实现交通运输业的优化升级，更好地为物流发展和国民经济服务。

二、城市物流发展对城市交通运输发展的促进作用

（1）建立统一的运输管理体制和统筹协调机制，为城市物流发展创造更好的制度环境。我国目前各种运输方式从规划到建设主要仍以纵向管理为主，缺乏横向协调，直接影响各种运输方式的有效衔接，不利于现代物流的发展。我国正在推进的大部制改革是建立统一协调的交通运输管理体制过程中最重要的一步，但是还有待深化。尤其是铁路的改革，应尽快将铁路并入交通运输部，加快统一的交通运输管理体制的改革步伐。此外，国家应出台综合运输政策，鼓励和支持综合运输和现代物流的发展。

（2）积极培育优质的市场主体，推动传统交通运输企业向现代物流企业转变，城市物流成功运作的关键是要有一批网络化、规模化的物流企业，才能满足现代物流运作的要求。而我国现有的物流企业普遍具有多、小、散、弱的特点。交通运输企业也是我国现代物流企业的主要来源，应该加以扶持，使其成为我国物流市场的竞争主体，对于提升我国的物流发展水平具有重要的意义。应该加大对传统交通运输企业兼并重组的政策支持力度，鼓励交通运输企业通过参股、控股、兼并、联合、合资、合作等多种形式进行资产重组，培育一批服务水平高、国际竞争力强的大型现代物流企业。通过选择、扶持具备条件的运输企业向现代物流企业拓展转型，形成示范效应。

（3）加强物流枢纽和节点的建设，制定统一协调的基础设施规范。我国目前正处于交通运输快速发展时期，交通运输基础设施的供给能力不断提升，使交通运输对国民经济的瓶颈制约起到缓解作用。但也应该看到，目前的交通基础设施建设仍然采用分方式独立发展的格局，城市交通运输中各个方式的线路和枢纽之间缺乏高效的衔接和协调。城市物流的发展促使城市综合交通运输枢纽站场的建设。以城市中心为试点，进行综合交通运输枢纽场站布局规划研究，指导综合交通运输枢纽场站规划建设，确定若干综合交通运输枢纽场站建设示范工程，加大投资、项目审批等方面的扶持力度，加快建成一批功能完备、布局合理、集疏运体系完善的现代综合交通运输枢纽站场。

（4）加快城市交通运输装备和实施的升级和改造，提高城市物流装备的现代化水平。与发达国家相比，我国总体的物流设施和装备的现代化水平还比较低下，这不仅限制了城市物流效率的提升，也限制了其他先进技术在物流领域的应用，因此应该加快城市交通运输装备和设施的升级和改造，城市公路运输车辆应该按照专业化和重型化的发展要求，推进集装箱运输车辆、厢式货车等专业化运输车辆的开发与应用。

（5）推进信息技术在城市物流领域中的应用，构建城市物流信息网络。信息技术广泛应用于现代物流领域是必然的趋势，我国的物流信息化建设已经逐步展开，一些大型的企业已经建立了自己的物流信息系统，在一些港口和枢纽场站已建立起实用的EDI系统，获得了一定的效益。随着这些先进技术的应用，城市物流也在进一步加强信息技术的应用，建立城市信息网络，促进城市物流信息共享，对城市综合交通体系资料进行全面的收集和管理，不断实行智能城市物流规划。

第三节　城市物流对区域物流发展的影响

一、城市物流与区域物流的关系

城市物流是区域物流的核心，区域物流相对于城市物流是一个完整的系统。区域物流是指特定区域范围内的经济区域、城市群、城市、农村等区域范围的物流活动以及他们相互之间的物流活动，在某种程度上相当于区域物流又包含于城市物流。

（1）一般情况下区域物流的范围是指国际区域物流、国内区域物流以及某地区区域性物流。存在区域物流的原因是该区域地理位置相连，区域内部的物流资源互补，在该区域内可以对物流资源进行协调以达到高效物流运转；该区域内产业结构互补、产业分工依存度高，相邻产业相互依存形成良好的生态系统，使得该区域成为一个整体；物流网络密集，各物流节点相距较近，物流运转快捷，交通快捷便利，物流流量大；该区域人才交流密切，科技教育共享，使得该区域合作式共同发展。

（2）而城市物流是在一定的城市规划约束下，通过应用先进的信息技术，在城市范围内实现物品的包装、装卸、搬运、运输、配送等活动。从范围上看，城市物流有一个清晰的界限，它把城市中各种局部物流系统综合起来作为一个整体进行优化；从对象上看，城市物流研究的是整个城市的物流节点的数量和类型以及如何合理分布，并使之适应城市的功能特点和发展趋势。

由此看出两者具有相同之处，也有不同之处，区域物流从区域的划分上可以包含城市物流，也可能被城市物流所包含，所以两者是相互依存的关系。

二、城市物流对区域物流发展的影响

1.促进区域物流工程完善

城市物流发展鼓励企业应用现代物流管理技术，适应电子商务和连锁经营发展的需要，在大中城市发展面向流通企业和消费者的社会化共同配送，促进流通的现代化，扩大居民消费。加快建设城市物流配送项目，鼓励专业运输企业开展城市配送，提高城市配送的专业化水平，解决城市快递、配送车辆进城通行、停靠和装卸作业问题，完善城市物流配送网络。城市物流配送网络的完善直接影响城市所在区域物流网络的发展，随着区域物流中区域成员物流工程的完善，并加强各区域成员的协作，区域物流工程也会越来越完善。

2.促进区域物流公共信息平台工程完善

加快城市物流建设有利于信息资源共享的行业和区域物流公共信息平台项目，重点建设电子口岸、综合运输信息平台、物流资源交易平台和大宗商品交易平台。鼓励企业开展信息发布和信息系统外包等服务业务，建设面向中小企业的物流信息服务平台。信息化不仅是现代物流的重要特征，也是完善城市物流配送网络中重要的一环。对整天在城市中穿梭的配送车辆、人员来说，信息平台的建设带来的好处将是直接的，城市物流信息资源共享平台的建立与完善可以进一步加强区域物流的信息资源共享，便于区域物流统一协作和管理。

3.促进区域物流服务的社会化和专业化发展

城市物流鼓励现有运输、仓储、货代、联运、快递企业的功能整合和服务延伸，加快向现代物流企业转型。加强运输与物流服务的融合，为物流一体化运作与管理提供条件。大力推进城市物流与第三方物流的融合发展，提高企业的竞争力。社会离不开物流，但人们对物流的认识却远远不够，很多企业甚至把物流当成企业自己的行为。物流服务的社会化和专业化的提出，或许会让制造企业、连锁超市不再一味追求"小而全""大而全"的物流，对第三方物流更多一些了解与信任。城市物流提高物流服务的社会化和专业化水平，就是提高城市所在区域物流的总体社会化和专业化水平，促进区域物流提升总体服务水平。

4.促进区域物流综合竞争力水平

区域物流发展水平依靠区域物流中区域成员的综合水平，区域中城市物流的发展水平提高了，区域物流的总体发展水平也就得到了提高。城市物流发展的主要目的是降低货物运输配送的成本，加快运输配送的速度，提高效率，同时降低城市的环境污染和能源消耗。当区域物流中城市物流发展实现低成本、高效率的运输水平时，区域内部各成员之间的物流运转也会更为高效，从而提高了区域物流的综合竞争力水平。

小　结

本章探讨了城市物流的发展给城市经济、城市交通以及区域物流带来的影响，每小节先从城市物流与城市经济、城市交通和区域物流的关系出发，基于此详细阐述了城市物流在其中起到的作用。此外，第一节在讨论了城市物流对城市经济的影响之后，还介绍了城市经济对城市物流的反作用，因此，二者的发展实质是一种循环往复的相互促进过程；第四节在说明城市物流与区域物流的关系之前，首先对区域物流的概念和特征进行了总结。

参考文献

［1］唐秀丽.城市物流[M].北京：中国物资出版社，2011.

［2］Taniguchi E，Noritake M，Yamada T，et al. Optimal size and location planning of public logistics terminals[J]. Transportation Research Part E Logistics & Transportation Review，1999，35（3）：207-222.

［3］后锐，张毕西. 基于城市空间演化的物流设施布局与规划[J].城市问题，2006（4）：32-35.

［4］王之泰.新编现代物流学 第4版[M].北京：首都经济贸易大学出版社，2018.

［5］Behrends S.Recent Developments in Urban Logistics Research–A Review of the Proceedings of the International Conference on City Logistics 2009 – 2013[J].Transportation Research Procedia，2016，12（6）：278-287.

［6］Kiba-Janiak M.Key Success Factors for City Logistics from the Perspective of Various Groups of Stakeholders[J].Transportation Research Procedia，2016，12（5）：557-569.

［7］Mesjasz-Lech A.Urban Air Pollution Challenge for Green Logistics[J].Transportation Research Procedia，2016，16（8）：355-365.

［8］张潜，吴汉波.城市物流[M].北京：北京大学出版社，2011.

［9］赵宇贤，李明阳.成都城市物流与区域经济发展调研[J].广西质量监督导报，2019（6）：30.

［10］戴敏.常州市城市物流现状分析与发展研究[D].阜新：辽宁工程技术大学，2014.

［11］贾帆帆.东莞城市物流发展现状与对策研究[J].物流工程与管理，2017，39（12）：24-25.

［12］王欣悦.我国智慧物流发展问题及对策研究[J].铁道运输与经济，2017（4）：37-41.

［13］张春霞，彭东华.我国智慧物流发展对策[J].中国流通经济，2013，27（10）：35-39.

［14］郝书池，姜燕宁.发展区域智慧物流的长效机制探讨[J].商业经济研究，2016（6）：84-85.

［15］吴丹丹，王红春.基于时间序列的京津冀区域物流网络演化分析[J].物流科技，2018，41（10）：1-5.

［16］邢虎松.区域物流合作理论及应用研究[D].北京：北京交通大学，2014.

［17］蚁向文.第三方物流现状及前景对策研究[J].现代营销（经营版），2018（11）：48.

［18］丘枫.现代物流发展中的第四方物流研究[J].价格月刊，2017（7）：79-82.

［19］赵洁玉，刘然，刘哲，崔丹丹，岳高，解菲.中国绿色物流的发展现状及建议[J].中国经贸导刊（中），2019（8）：46-47.

［20］李可佳.哈尔滨市物流产业对城市经济增长的影响及传导机制研究[D].哈尔滨：哈尔滨工业大学，2017.

［21］陈文君.物流园区对城市空间结构影响研究[D].西安：长安大学，2016.

［22］王春来.浅析唐山现代物流发展环境与战略[J].物流工程与管理，2010，32（7）：18-19.

［23］王彦.武汉市现代物流业发展策略研究[D].武汉：华中师范大学，2013.

［24］窦瑞华，李海军.现代城市智能物流系统的构建策略研究[J].电子商务，2013（4）：15-19.

［25］陈海明.大力推动城市物流智慧化与标准化建设[J].现代盐化工，2018，45（3）：59-60.

［26］徐涛.厦门市发展现代物流产业经济环境分析[D].武汉：武汉理工大学，2002.

［27］白晓欧.现代物流产业政策研究[D].西安：长安大学，2014.

［28］李学兰.中国现代物流法制环境建设[J].法学论坛，2004，19（2）：55-59.

［29］巫宇南.城市物流发展评价体系研究[D].武汉：武汉理工大学，2011.

［30］方凤平，曾艳英.城市物流信息平台规划与设计实证分析[J].交通企业管理，2010（1）：56-58.

［31］王云岗.互联网发展水平对物流业的影响研究[D].太原：太原理工大学，2019.

［32］雷凯.北京市物流业对经济发展的影响研究[D].北京：北京交通大学，2010.

［33］王琛.城市物流枢纽空间布局方法的实证研究[D].北京：北京交通大学，2016.

［34］王艺.基于多元统计分析的北京市城区经济发展研究[J].现代商业，2019（19）：68-71.

［35］张阿钊.新城市定位下北京城市物流发展现状及建议[J].物流科技，2019，42（8）：137-138+144.

［36］Donald N.Industrial Clusters and Regional Logistics Strategy[J]. International Journal of Logistics，Vol.12，2002：42-53.

［37］方虹.城市物流研究[M].北京：高等教育出版社，2006.12.

［38］刘辉.河南省城市物流竞争力评价研究[D].郑州：河南工业大学，2016.

［39］龚迪.城市物流发展模式的研究与应用[D].成都：西南交通大学，2008.

［40］李倩.邯郸新兴国际商贸物流聚集区运营分析及优化[D].石家庄：河北科技大学，2014.

［41］夏敏华.基于多重竞争优势的区域物流发展模式决策研究[D].成都：西南交通大学，2006.

［42］杨海荣.现代物流系统与管理[M].北京：北京邮电大学出版社，2003.

［43］林海明，杜子芳.主成分分析综合评价应该注意的问题[J].统计研究，2013，30（8）：25-31.

［44］马立平.层次分析法——现代统计分析方法的学与用[J].北京统计，2000（7）：38-39.

［45］Chen S.Fuzzy recognition theoretical model[J]. Research Gate，1993.

［46］Syrquin M，Chenery H.Three Decades of Industrialization[J].World Bank Economic Review，1989，3（2）：145-181.

［47］杨鹏展.京津冀协同目标下河北省商贸物流业发展的财税政策研究[D].石家庄：河北经贸大学，2017.

［48］王亚娜.京津冀城市物流竞争力评价研究[D].秦皇岛：燕山大学，2018.

［49］高慧文.京津冀协同发展下的物流模式研究[D].北京：首都经济贸易大学，2017.

［50］范春梅，辛若朋.物流绩效评价研究现状综述[J].物流技术，2004（9）：16-19.

［51］满孜孜.关于物流绩效评价的理论发展[J].湖南商学院学报，2005，12（4）：23-25.

［52］巫宇南.城市物流发展评价体系研究[D].武汉：武汉理工大学，2011.

［53］彭剑锋.人力资源管理概论[M].上海：复旦大学出版社，2003.

［54］张德.人力资源开发与管理[M].北京：清华大学出版社，2004.

［55］OECD.Working Definitions，http：//www.oecd.org 2000.

［56］黄福华.物流绩效管理研究[M].长沙：湖南人民出版社，2007.

［57］Gloria A.Grizzle，1999，"Measuring State and Local Government Performance：Issues to Resolve Before Implementing a Performance Measurement System.In Richard C.Keamey，Evan M. Bermaned.Public Sector Performance：Management，Motivation，and Measurement".Boulder，Colorado：Westview Press，Vol.329.

［58］李孟涛.城市物流绩效评价研究：理论方法与实证分析[J].东北财经大学，2013.

［59］Lambert D M，Emmelhainz M A，Gardner J T.Developing and Implementing Supply Chain Partnerships[J]. The International Journal of Logistics Management，1996，7（2）：1-18.

［60］Hatzfeld，U.and Hesse，M，Urban logistics less logistics but more interests[J]. Internationales Verkehrswesen，1994：46-53.

［61］Murphy，P.Poist，Green perspectives and practices："a comparative Logistics，study"[J]. Suppy Chain Management：An Tnternational Journal，2003：122-131.

［62］Colvile，R，Kaur，S，Britter，R，Robins，A et al.Sustainable development of urban transport systems and human exposure to air pollution[J]. Science of The Environment，2004：481-487.

［63］Stephen Anderson Julian Allen，Michael Browne，Urban logistics how can it meet policy makers sus tainability[J]. Jurnal of Transport Geography，2005（13）：71-81.

［64］李岩，申金升，等.城市物流运输的可持续化发展建议[J].山西交通科技，2004（2）：82-84.

［65］李孟涛.和谐社会下的城市物流[J].物流技术，2005（11）：20-22.

［66］童梦达.论区域现代物流发展评价指标体系[J].集装箱化，2002（9）：11-13.

［67］史秀苹，刘志英，关志民.城市物流评价指标体系初探[J].冶金经济与管理，2004（4）：43-45.

［68］李孟涛，冯康.辽宁省城市物流绩效评价[J].物流技术，2007（1）：73-103.

［69］石树新，王花兰.城市物流规划评价指标体系与评价方法研究[J].铁道运输与经济，2007，（6）：57-59.

259

［70］袁亮，钱志洪.基于层次分析法和模糊综合评价法的城市物流竞争力研究——基于江苏城市的实证[J].生态经济（学术版），2009（2）：142-150.

［71］石树新，王花兰.城市物流规划评价指标体系与评价方法研究[J].现代物流，2007，（29）：57-59.

［72］Rodrigo Alarc，Juan Pablo Ant，Angelica Lozano，"Logistics competitiveness in a megapolitan network of cities：A theoretical approach and some application in the Central Region of M 6 xico"，Procedia -Social and Behavioral Sciences，2012：739-752.

［73］包云.基于AHP的物流业可持续发展指标评价体系研究[J].物流科技，2007，（1）：46-51.

［74］汪波，杨天剑，赵艳彬.区域物流发展水平的综合评价[J].工业工程，2005，（1）：83-93.

［75］马金麟，陈龙.基于FCE-DEA-AHP的城市物流绿色度评价研究[J].武汉理工大学学报（交通科学与工程版），2012（6）：583-586.

［76］Anjali Awasthi，Satyaveer S Chauhan，A hybrid approach integrating Af nity Diagram，AHP and fuzzy TOPSIS for sustainable city logistics planning[J]. Applied Mathematical Modelling，2012：573-584.

［77］玉民，李旭宏，毛海军，吴继冈.基于主成分分析的区域物流综合评价及发展战略[J].交通运输系统工程与信息，2004，（2）：91-95.

［78］孟兵，吴群英.基于主成分分析在山东省物流绩效评价中的应用[J].现代经济，2007，（9）：37-39.

［79］孙迎，韩增林.区域物流业绩效评价问题探讨[J].海洋开发与管理，2008，（5）：21-24.

［80］LV P，Wang Y，Xu FW.Research on Evaluation System of City Logistics Development Level[J]. Logistics and Supply Chain Research in China，2010：320-327.

［81］李孟涛.辽宁省城市物流绩效评价[J].物流技术，2007（1）：73-76.

［82］孙植华.城市物流产业竞争力时空演变研究[J].物流技术，2014（9）：259-263.

［83］顾央青.基于主成分分析的城市物流发展水平评价研究[J].物流科技，2012（2）：138-140.

［84］陈相汝，李熠.成都都市圈物流竞争力[J].甘肃科学学报，2014（6）：130-132.

［85］顾晓峰，韦慧.提升城市物流竞争力的分析[J].物流技术，2013（9）：209-212.

［86］孔源.基于DEA方法的物流业可持续发展能力评价[J].物流技术，2008，（10）.

［87］何明祥，李冠.现代物流管理系统动态绩效评价[J].数学的实践与认识，2003（8）：56-59.

［88］吴念蔚，汝亦红.基于DEA交叉模型的城市物流能力评价[J].物流技术，2010（2）：120-123.

［89］魏静，王江.基于DEA和BP神经网络的城市物流能力评价研究[J].物流管理，2011（28）.

［90］刘满芝，周梅华，杨娟.基于DEA的城市物流效率评价模型及实证[J].统计与决策，2009（6）：50-52.

［91］肖丹，刘联辉.基于SE-DEA模型的广东城市物流效率评价分析[J].物流技术，2011（6）：101-104.

［92］史秀苹.一种城市物流的模糊综合评价方法[J].物流技术，2007（2）：107-109.

［93］崔洪运.基于因子分析法的区域物流绩效研究［D］.厦门：厦门大学，2009.

［94］李志，何小勇.物流系统评价指标权重的确定方法［J］.统计与决策，2010（8）：60-61.

［95］Chris Caplice and Yossi Sheffi，A Review and Evaluation of Logistics Metrics[J]，International Journal of Logistics Management；1994：12-28.

［96］Duin，J，"Evaluation and evolution of the city distribution concept"，In 3rd International Conference on Urban Transport and the Environment for the 21st Century，Terni，Italy，pp.1997：327-337.

［97］Taniguchi，E，Thompson，R.G.，Yamada T and Duin，R.，City Logistics Network Modelling and Intelligent Transport Systems[J]，Logistics and Supply Chain Research in China，2009：134-141.

［98］史秀苹.河南省城市物流综合实力评价［J］.物流系统与工程，2010（2）：24-26.

［99］陶存新.城市发展与城市物流［J］.综合运输，2006（12）：55-57.

［100］廖伟.城市物流服务体系评价指标及方法［J］.铁道运输，2008（10）：1-3.

［101］王阿娜.城市物流发展纵向和横向比较研究［J］.经济纵横，2010（3）：66-68.

［102］史秀苹.河南省城市物流综合实力评价［J］.物流工程与管理，2011（3）：17-19.

［103］李兆磊.区域物流系统演化机理研究［D］.西安：长安大学，2008.

［104］王娟，黄培清.物流绩效的财务评价系统［J］.物流技术与应用，2000（3）：27-28.

［105］世界银行.物流绩效指数报告［Z］.2016-12-08.

［106］海梦飞.成渝城市群物流绩效评价研究［D］.重庆：重庆交通大学，2018.

［107］邓龙.基于双射软集合的城市物流绩效评价研究［D］.重庆：重庆交通大学，2016.

［108］Porter M E.The Competitive Advantage of Nations.New York，The Free Press[J]. Competitive Intelligence Review，1990，1（1）：427.

［109］现代物流管理课题组编.物流成本管理［M］.北京：中国人民大学出版社，1999.

［110］Wood，D.F，Barone，A.，Murphy，P，&Wardlow，D.L.1995.International logistics[J]. Chapman&Hall Materials Management/logistics，34（4）：231-247.

［111］Eiichi Taniguchi，Rob E.C.M.Van Der Heijden.An evaluation methodology for city logistics[J].Transport Reviews，2000，20（1）：65-90.

［112］李孟涛.和谐社会中的城市物流［J］.物流技术，2005，（11）：20-22.

［113］Bookbinder J H，Tan C S.Comparison of Asian and European logistics systems[J]. International Journal of Physical Distribution & Logistics Management，2003，33（1）：36-58.

［114］Torbianelli V A，Mazzarino M.Optimal Logistics Networks：the Case of Italian Exports to Russia[J].Transition Studies Review，2010，16（4）：918-935.

［115］Alarc–N R，An J P. Lozano A.Logistics Competitiveness in a Megapolitan Network of Cities：A Theoretical Approach and Some Application in the Central Region of Mexico[J]. Procedia-Social and Behavioral Sciences，2012，39（2312）：739-752.

[116] Goh M，Ang A.Some logistics realities in Indochina[J]. International Journal of Physical Distribution & Logistics Management，2013，30（10）：887-911.

[117] Kouvelis P，Milner J M.Supply chain capacity and outsourcing decisions：the dynamic interplay of demand and supply uncertainty[J]. Iie Transactions，2002，34（8）：717-728.

[118] 王子龙，谭清美.江苏省高新技术产业的区位研究[J].西南交通大学学报（社会科学版），2005（2）：32-35.

[119] 崔国辉，李显生.区域物流与经济协调性的评价方法[J].统计与决策，2010（15）：46-48.

[120] 张林，董千里，申亮.节点城市物流产业与区域经济的协同发展研究——基于全国性物流节点城市面板数据[J].华东经济管理，2015，29（2）：67-73.

[121] 蔡海亚，谢守红.长江三角洲物流发展及与经济增长关系的实证研究[J].北京交通大学学报（社会科学版），2016，15（2）：89-96.

[122] 史秀苹，刘志英，关志民.城市物流评价指标体系初探[J].冶金经济与管理，2004（4）：43-45.

[123] 吕璞，王杨，徐丰伟.城市物流发展水平评价指标体系研究[J].中国市场，2009（6）：13-15.

[124] 李东华.城市群社会物流竞争力分析[J].物流科技，2008（4）：81-84.

[125] 袁亮，钱志洪.基于层次分析法和模糊综合评价法的城市物流竞争力研究——基于江苏城市的实证[J].生态经济（中文版），2009（10）：142-143.

[126] 赵莉琴，郭跃显.城市物流竞争力评价方法研究[J].地域研究与开发，2011，30（2）：78-81.

[127] 宋大杰.海峡西岸经济区物流业综合评价[D].厦门：厦门大学，2009.

[128] 刘满芝，周梅华，杨娟.基于 DEA 的城市物流效率评价模型及实证[J].统计与决策，2009（6）：50-52.

[129] 袁敏.城市物流竞争力评价研究[D].重庆：重庆交通大学，2009.

[130] 金芳芳，黄祖庆，虎陈霞.长三角城市群物流竞争力评价及聚类分析[J].科技管理研究，2013，33（9）：183-187.

[131] 汪红林.城市物流竞争力评价及发展对策研究——以江西省为例[D].南昌：南昌大学，2014.

[132] 史秀苹.河南省城市物流综合实力评价[J].物流工程与管理，2010，32（2）：24-26.

[133] 孙荣霞.河南省物流业竞争力评价研究[J].物流技术，2014，33（5）：200-202.

[134] 刘佳希.中三角经济区城市物流竞争力评价研究[D].南昌：南昌大学，2016.

[135] 石美慧.基于区域视角的城市物流竞争力研究[D].北京：北京交通大学，2016.

[136] 戎陆庆，付蓓，陈飞.基于 E-GRA 与聚类分析的广西城市物流竞争力研究[J].价格月刊，2017（3）：89-94.

[137] 刘辉.河南省城市物流竞争力评价研究[D].郑州：河南工业大学，2016.

[138] 孙国钊.长江经济带区域城市物流竞争力评价研究[D].重庆：重庆理工大学，2018.

［139］张金昌.国际竞争力评价的理论和方法[M].北京：经济科学出版社，2002：34-35.

［140］Dong-Sung Cho.A dynamic approach to international competitiveness[J]. Journal of Far Eastern Business，1994：17-36.

［141］金碚.中国工业国际竞争力——理论、方法与实证研究[M].北京：经济管理出版社，1997：56-89.

［142］裴长洪.利用外资与产业竞争力[M].北京：社会科学文献出版社，1998：35-75.

［143］厉无畏，王秀治.产业竞争力理论[J].上海经济，001（6）：9-17.

［144］赵彦云.中国制造业产业竞争力评价和分析[M].北京：中国标准出版社，2005：89-90.

［145］杨光华.区域物流网络结构的演化机理与优化研究[D].长沙：中南大学，2010.

［146］陆华.区域物流枢纽演进机理及规划研究[D].北京：北京交通大学，2015.

［147］徐杰，鞠颂东.城市物流网络体系的构建[J].中国流通经济，2008，22（1）：10-12.

［148］谢守红，蔡海亚.中国物流产业的空间集聚及成因分析[J].工业技术经济，2015（4）：51-58.

［149］黄丽丽.物流产业集群形成机理与空间结构演化研究[D].成都：西南交通大学，2016.

［150］张璐璐，赵金丽，宋金平.京津冀城市群物流企业空间格局演化及影响因素[J].经济地理，2019，39（3）：125-133.

［151］郭湖斌.区域物流与区域经济协同发展研究[J].物流科技，2008，31（7）：83-86.

［152］刘荷，王健.基于轴辐理论的区域物流网络构建及实证研究[J].经济地理，2014，34（2）：108-113.

［153］傅为忠，李孟雨.京津冀区域物流与区域经济协同发展评价研究[J].合肥工业大学学报（社会科学版），2016，30（6）：1-8.

［154］Porter M E.Location，Competition，and Economic Development：Local Clusters in A Global Economy'[J]. Economic Development Quarterly，2000，14（1）：15-34.

［155］Porter M.The Economic Performance of Regions[J]. Regional Studies，2003，37（6-7）：549-578.

［156］Sheffi Y.Logistics-Intensive Clusters：Global Competitiveness and Regional Growth[M]// Handbook of Global Logistics.2013.

［157］邢璐霞.京津冀"轴—辐"物流网络构建研究[D].石家庄：河北师范大学，2017.

［158］蔡海亚，徐盈之.长江三角洲物流产业发展格局及影响机理研究——基于空间经济学的视角[J].华东经济管理，2016，30（10）：15-23.

［159］赵宇，李剑.我国物流产业集聚的空间效率与区域差异[J].经济问题，2016（12）：65-70.

［160］陈国荣，鄢萍，彭军，等.一种基于成长的物流网络建模方法[J].华南理工大学学报（自然科学版），2008，36（5）：24-29.

［161］付江月，张锦，陈以衡，等.城市物流网络空间结构集聚扩散演化模型[J].长安大学学报：自然科学版，2016，36（4）：86-94.

［162］付江月，陈刚.城市物流网络演化模型与算法[J].计算机工程与应用，2015，51（15）：

263

17-21.

[163] 崔冬初，宋之杰.京津冀区域经济一体化中存在的问题及对策[J].经济纵横，2012（5）：228-228.

[164] 高素英，张烨，杨文娜，王羽婵.京津冀城市物流产业空间特征及治理路径分析[J].河北工业大学学报（社会科学版），2016，8（2）：1-7.

[165] 吴丹丹，王红春.基于时间序列的京津冀区域物流网络演化分析[J].物流科技，2018，41（10）：7-11.

[166] 王红春，吴丹丹.京津冀区域物流业空间结构演化及影响因素研究[J].北京建筑大学学报，2019，35（2）：16-23.

[167] 杨光华，邹敏.区域物流网络结构演化分析与实证[J].物流科技，2010，33（8）：40-42.

[168] 钟祖昌.空间经济学视角下的物流业集聚及影响因素——中国31个省市的经验证据[J].山西财经大学学报，2011（11）：55-62.

[169] 严熹.城市物流演化因素分析及阶段初步探讨[J].四川建筑，2013，33（3）：16-18.

[170] 秦璐.城市物流空间结构特征及演化理论研究[D].北京：北京交通大学，2012.

[171] 刘伟华，刘文华，刘松涛. 论城市物流配送发展的新趋势[J]. 重庆交通大学学报（自然科学版），2003，22（3）：86-89.

[172] 陈罕琳.信息技术让物流货畅路通[J].计算机周刊，2001，（1）：14.

[173] 兰洪杰，沈家洪.电子商务下配送问题浅析[J].中国流通经济，2001，（1）：80-82.

[174] 陈景，杨开忠.电子商务环境下我国物流企业发展对策探讨[J].经济地理，2001，（5）：554-558.

[175] 张潜，孙毅.城市物流配送模型及优化调度研究[J].沈阳大学学报，2006（5）：60-63.

[176] 叶伟媛.城市物流模式研究[J].物流科技，2018，41（9）：37-39.

[177] 陈镝.城市物流配送中心选址方法及应用研究[D].北京：华北电力大学，2016.

[178] 丁浩，李电生.城市物流配送中心选址方法的研究[J].华中科技大学学报（城市科学版），2004，21（1）.

[179] 李珍萍，王瑞，陈青.考虑地理阻断的竞争性配送中心选址问题研究[J].物流技术，2014（1）：102-104.

[180] Dantzig G B，Ramser J H.The Truck Dispatching Problem[J]. Management Science，1959，6（1）：80-91.

[181] 方金城，张岐山.物流配送车辆路径问题（VRP）算法综述[J].沈阳工程学院学报（自然科学版），2006，2（4）：357-360.

[182] Clarke G，Wright J W.Scheduling of Vehicles from a Central Depot to a Number of Delivery Points[J]. Operations Research，1964，12（4）：568-581.

[183] Glover F.Future paths for integer programming and links to artificial intelligence[J]. Computers&Operations Research，1986，1（3）：533-549.

[184] Laporte.G，Osman.I.H.Metaheuristicsin Combinatorial Optimization：a Bibliography[J].

Ann Operations Research，1996，63：513-628.

［185］Ombuki-Berman B M，Runka A，Hanshar F T.Waste collection vehicle routing problem with time windows using multi-objective genetic algorithms[C]. Iasted International Conference on Computational Intelligence.2007.

［186］Bent R，Van Hentenryck P.A Two-Stage Hybrid Local Search for the Vehicle Routing Problem with Time Windows[J]. Transportation Science，2004，38（4）：515-530.

［187］Prescott-Gagnon E，Desaulniers G，Rousseau L M.A branch-and-price-based large neighborhood search algorithm for the vehicle routing problem with time windows[J]. Networks，2010，54（4）：190-204.

［188］Yousefikhoshbakht M，Didehvar F，Rahmati F.Solving the heterogeneous fixed fleet open vehicle routing problem by a combined metaheuristic algorithm[J]. International Journal of Production Research，2014，52（9）：2565-2575.

［189］Kim G，Ong Y S，Chen K H，et al.City Vehicle Routing Problem（City VRP）：A Review[J]. IEEE Transactions on Intelligent Transportation Systems，2015，16（4）：1654-1666.

［190］Yusuf，Baba，Iksan.Applied Genetic Algorithm for Solving Rich VRP[J]. Applied Artificial Intelligence，2014，Vol.28，Iss.10，pp.957-991（10）：957-991.

［191］Pop P C，Matei O，Sitar C P，et al.A Genetic Algorithm for Solving the Generalized Vehicle Routing Problem[C]. International Conference on Hybrid Artificial Intelligence Systems.2010.

［192］Kurniawan R，Sulistiyo M D，Wulandari G S.Genetic Algorithm for Capacitated Vehicle Routing Problem with considering traffic density[C]. 2015 International Conference on Information Technology Systems and Innovation（ICITSI）.IEEE，2015.

［193］Fatnassi E，Chaouachi J.Design and Development of a Genetic Algorithm for the Distance Constrained Vehicle Routing Problem with Environmental Issues：Genetic Algorithm for the Green Distance Constrained Vehicle Routing Problem[C]. Companion Publication of the.2015.

［194］杨锐锐，王颖.蚁群算法的研究现状及发展趋势分析[J].南方农机，2018，49（15）：46+50.

［195］李士勇.蚁群优化算法及其应用[M].哈尔滨：哈尔滨工业大学出版社，2004.

［196］段海滨.蚁群算法原理及其应用[M].北京：科学出版社，2005.

［197］郎茂祥.基于遗传算法的物流配送路径优化问题研究[J].中国公路学报，2002，15（3）：76-79.

［198］赵辰.基于遗传算法的车辆路径优化问题研究[D].天津：天津大学，2012.

［199］周艳聪，孙晓晨，余伟翔.基于改进遗传算法的物流配送路径优化研究[J].计算机工程与科学，2012，34（10）：118-122.

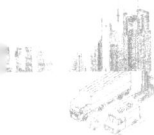

［200］姜代红.改进的遗传算法在多目标物流配送路径中的应用[J].科学技术与工程，2013，13（3）：762-765.

［201］麻存瑞，柏赟，赵欣苗，等.快递配送车辆路径优化研究[J].交通运输系统工程与信息，2017，17（4）：182-187.

［202］陈建军.蚁群算法在物流配送路径优化中的研究[J].计算机仿真，2011，28（2）：268-271.

［203］王力锋，杨华玲.物流配送车辆最优网络路径选取仿真[J].计算机仿真，2018，35（05）：162-165+208.

［204］沈鹏.物流配送路径优化问题求解的量子蚁群算法[J].计算机工程与应用，2013，49（21）：56-59.

［205］邓必年.基于蚁群优化算法的物流配送路径研究[J].现代电子技术，2017（15）：175-178.

［206］樊世清，娄丹，孙莹.生鲜农产品冷链物流车辆配送路径优化研究[J].保鲜与加工，2017（06）：114-119.

［207］潘国强，胡俊逸，洪敏.考虑GIS的物流配送区域划分与路径规划算法[J].大连海事大学学报，2015，41（1）：83-90.

［208］裴小兵，贾定芳.基于模拟退火算法的城市物流多目标配送车辆路径优化研究[J].数学的实践与认识，2016，46（2）.

［209］陈晓峰，姜慧研.量子禁忌搜索算法的研究[J].电子学报，2013，41（11）：2161-2166.

［210］GLOVER F.Tabu search：Part I I[J].ORSA Journal on Com-puting，1990，2（1）：4-32.

［211］郎茂祥，胡思继.车辆路径问题的禁忌搜索算法研究[J].管理工程学报，2004（1）：81-84.

［212］李松，刘兴，李瑞彩.基于混合禁忌搜索算法的物流配送路径优化问题研究[J].铁道运输与经济，2007（3）：66-69.

［213］郎茂祥，胡思继.用混合遗传算法求解物流配送路径优化问题的研究[J].中国管理科学，2002，V（5）：51-56.

［214］王铁君，邬月春.基于混沌粒子群算法的物流配送路径优化[J].计算机工程与应用，2011，47（29）：218-221.

［215］巩固，胡晓婷，卫开夏，等.物流配送车辆路径问题的优化研究[J].计算机工程与科学，2011，33（5）：106-111.

［216］罗庆，周军.基于混合遗传算法的物流配送路径优化分析[J].中央民族大学学报（自然科学版），2016，25（3）：50-56.

［217］钮亮，张宝友.基于云计算求解城市物流配送最短路径研究[J].科技通报，2015（5）：184-188.

［218］张京敏，牛群.关于城市物流配送交通路径规划仿真研究[J].计算机仿真，2017（6）.

［219］葛显龙，许茂增，王伟鑫.基于联合配送的城市物流配送路径优化[J].控制与决策，2016（3）.

[220] 张锦，谢克明.蚁群算法在医药物品配送路径优化中的应用[J].太原理工大学学报，2009，40（6）：600-603.

[221] 向敏，袁嘉彬，于洁.电子商务环境下鲜活农产品物流配送路径优化研究[J].科技管理研究，2015，35（18）：166-171.

[222] 缪小红，周新年，林森，等.第3方冷链物流配送路径优化研究[J].运筹与管理，2011，20（4）：32-38.

[223] 宋汶轩.城市快递配送车辆路径规划研究[D].北京：北京邮电大学，2019.

[224] 高铁生，郭冬乐.中国流通产业发展报告[M].北京：中国社会科学出版社，2004：502-506.

[225] 张锦，陈义友.物流"最后一公里"问题研究综述[J].中国流通经济，2015（4）：23-32.

[226] 洪琼，张浩，聂家林，万玉龙.物流"最后一公里"配送问题研究综述[J].物流科技，2018，41（1）：22-24.

[227] 王俊.电子商务环境下"最后一公里"物流配送模式研究[D].北京：北京交通大学，2017.

[228] 许鹏.高校中的电商"最后一公里"配送模式研究[D].北京：北京建筑大学，2016.

[229] 刘溶剑.城市配送"最后一公里"问题研究[J].现代经济信息，2017（1）：339.

[230] 张利学.城市物流需求预测方法研究[D].南京：东南大学，2006.

[231] 陈娅娜，赵启兰.区域物流规划中物流需求分析及体系构建[J].铁道物资科学管理，2005（1）：27-28.

[232]《关于解决深圳现代物流业发展瓶颈问题》课题组.抓住机遇，打通瓶颈，加速发展深圳现代物流业[J].特区经济，2001（9）：11-18.

[233] 孙启鹏，丁海鹰.区域物流需求量预测理论及模型构建[J].物流技术，2004（10）：31-34.

[234] 赵启兰，王稼琼，刘宏志.物流规划中的需求与潜在需求分析[J].中国软科学，2004（2）：96-99.

[235] 王琰.福州市物流需求预测方法及应用研究[J].物流科技，2016，39（4）：106-110.

[236] 赵红云.京津冀物流一体化效应分析与发展对策[D].天津：天津商业大学，2016.

[237] 陈荣秋，马士华.生产运作管理[M].北京：机械工业出版社，2009.

[238] 金真.物流与供应链管理[J].河南商业高等专科学校学报，2000（4）：5.

[239] 万玉龙，胡田田，章艳华.基于多种回归模型的区域物流需求预测实证分析[J].物流科技，2017，40（10）：6-9.

[240] 仇莉，王宇.京津冀一体化下物流网络节点城市选址规划[J].商业经济研究，2016（14）：64-66.

[241] 张驰.区域一体化背景下京津冀城市群物流网络结构研究[D].天津：天津工业大学，2018.

[242] 万玉龙，胡田田，章艳华.基于多种回归模型的区域物流需求预测实证分析[J].物流科技，2017（10）.

[243] 高波.论现代物流对城市经济发展的支撑作用[J].商，2013（16）：230.

[244] 宋则行，杨玉生.后发经济学[M].上海：上海财经大学出版社，2003.

[245] 吕律，陈鑫，董姗姗.城市物流对城市经济发展的影响研究[J].东方企业文化，2014
（22）：225.

[246] 张金锁，康凯.区域经济学[M].天津：天津大学出版社，1998.

[247] 刘斌.城市物流与城市经济发展的互促共进关系分析[J].生产力研究，2010（9）：136-
138.

[248] 翁心刚，亓涛.北京经济发展对物流的影响[J].中国流通经济，2004（2）：15-18.

[249] 范默.城市物流网络系统规划浅议[J].科学与财富，2010（2）：90-91.

[250] 张运.论城市交通规划与城市物流相结合[J].综合运输，2005（4）：41-43.

[251] 李弢，林坦.交通运输在现代物流发展中的地位和作用[C].第十五届中国科协年会第11
分会场：综合交通与物流发展研讨会.2013.

[252] 岑丽阳.中国—东盟区域物流合作研究[J].中国流通经济（7）：25-28.

[253] 李建军.区域物流协同成长研究[D].南昌：江西财经大学，2013.